自立自强——
职业院校新生入学教育

主　编　耿际华　王桂珍　解金键

副主编　崔晓柳　吴　娜　李家俊　高云云　王晓菲

参　编　潘美如　韩吉祥　韩怀闯　张晨晨　袁　可
　　　　于　慧　马　梦　吴春燕　王常胜　安爱红
　　　　孙超静　孟　媛　陈　静　董宝奎

机械工业出版社

本书为即将步入职业院校的新生编写，旨在帮助新生快速融入校园，热爱学习、热爱生活、广交挚友，增强自我适应、自我成长、自我保护的意识和能力。

本书共分十章，内容包括职业教育、法治护航、军事训练、校园生活、学习交友、劳动教育、心理健康、学生活动、人生规划、自助求助。本书以学生需求和兴趣为导向，附有大量案例、图片、小故事等，力求达到让学生愿意翻书学习的目的。为帮助学生更好地理解所要讲述的内容，本书增加了思考讨论、典型案例、自我拓展练习等内容，以期能达到学以致用的效果；提供了较为实用的法律条文等内容，有利于引导学生健康成长成才；特别增加了创新创业等方面的知识，力求做到知行合一。

本书可作为职业院校、技师学院新生入学教育课程的教材，也可供个人读者阅读使用。

图书在版编目（CIP）数据

自立自强：职业院校新生入学教育 / 耿际华，王桂珍，解金键主编. -- 北京：机械工业出版社，2024.8.
ISBN 978-7-111-76063-4

Ⅰ. G718.5

中国国家版本馆 CIP 数据核字第 2024ZA6578 号

机械工业出版社（北京市百万庄大街22号　邮政编码100037）
策划编辑：张雁茹　　　　　责任编辑：张雁茹
责任校对：甘慧彤　李　婷　封面设计：张　静
责任印制：任维东
北京中兴印刷有限公司印刷
2024年8月第1版第1次印刷
184mm×260mm・14.75印张・373千字
标准书号：ISBN 978-7-111-76063-4
定价：49.80元

电话服务　　　　　　　　网络服务
客服电话：010-88361066　机 工 官 网：www.cmpbook.com
　　　　　010-88379833　机 工 官 博：weibo.com/cmp1952
　　　　　010-68326294　金 书 网：www.golden-book.com
封底无防伪标均为盗版　机工教育服务网：www.cmpedu.com

前 言

习近平总书记在党的二十大报告中指出："办好人民满意的教育。教育是国之大计、党之大计。培养什么人、怎样培养人、为谁培养人是教育的根本问题。育人的根本在于立德。全面贯彻党的教育方针，落实立德树人根本任务，培养德智体美劳全面发展的社会主义建设者和接班人。坚持以人民为中心发展教育，加快建设高质量教育体系，发展素质教育，促进教育公平。""统筹职业教育、高等教育、继续教育协同创新，推进职普融通、产教融合、科教融汇，优化职业教育类型定位。"所以，努力培养造就更多大国工匠、高技能人才是职业教育工作者的重要任务。

"青年强，则国家强"，职业院校学生生逢其时，施展才干的舞台无比广阔，实现梦想的前景无比光明。尽快适应基础教育到职业院校阶段的角色转变，树立正确的世界观、人生观和价值观，系好人生第一粒扣子，完善个人品德，处理好人际关系，培养自立自强能力，做好职业生涯规划，是新时代高素质技能型人才需要具备的基本职业素养，也是一个人综合素质的直接体现和可持续发展的根本性保障。

新生入学教育是职业院校学生思想政治教育的重要组成部分，是教育和引导新生尽快适应职业院校学习生活的有效途径。为切实做好思想政治教育工作，确保新生健康成长、全面发展，学校需要在新生中开展入学教育系列活动，引导广大学子立志成才、全面发展、奋发有为。

在此背景下，我们坚持聚焦为党育人、为国育才的使命任务，全面准确领会和融入党的二十大精神，充分发挥教材的铸魂育人功能，根据多年职业院校实际教学及工作经验，在吸取该领域先进理论成果的基础上，紧密结合学生学习、生活实际，在专家的指导和各位编者的共同努力下编写了此书。

本书由耿际华、王桂珍、解金键（山东劳动职业技术学院）担任主编，崔晓柳、吴娜、李家俊、高云云（山东技师学院）、王晓菲担任副主编，潘美如、韩吉祥、韩怀闯、张晨晨、袁可、于慧、马梦、吴春燕、王常胜、安爱红、孙超静、孟媛、陈静、董宝奎（山东天鹅棉业机械股份有限公司）等参加编写；许有财担任主审。本书编写分工如下：前言由解金键编写，第一章由潘美如、耿际华负责编写，第二章由韩吉祥、王桂珍负责编写，第三章由韩怀闯、李家俊负责编写，第四章由崔晓柳、高云云负责编写，第五章由张晨晨、王晓菲负责编写，第六章由袁可、孙超静负责编写，第七章由吴娜、安爱红负责编写，第八章由于慧、王常胜负责编写，第九章由马梦、董宝奎负责编写，第十章由解金键、吴春燕负责编写，全书案例的搜集及整理工作由孟媛、陈静负责，最后由耿际华和解金键统稿。

在本书编写过程中，我们借鉴了有关专家和学者的教材、著作以及相关材料，并引用了其中的一些内容和案例，在此表示诚挚的谢意。

由于时间仓促，加之编者水平有限，书中难免存在疏漏和不足之处，恳请专家和广大读者批评指正。

编　者

目 录

前言

第一章 职业教育——时代风尚，前途广阔 ………… 1

第一节 历史悠久，时代风尚 ………… 2
 一、职业教育的含义 ………… 2
 二、职业教育的意义 ………… 3
 三、职业教育的内涵 ………… 3
 四、中国职业教育的发展历程 ………… 3

第二节 前途广阔，大有可为 ………… 7
 一、职业教育的发展现状 ………… 7
 二、职业教育发展的推动因素 ………… 8
 三、职业教育与普通教育的区别 ………… 9
 四、职业教育的发展前景 ………… 10
 五、职业教育的未来趋势 ………… 12

第三节 适应转变，梦想启航 ………… 13
 一、树立正确的学习态度和价值观 ………… 13
 二、加强职业素养的培养 ………… 14
 三、拓宽知识面和技能储备 ………… 14
 四、积极参与实践和实习活动 ………… 15
 五、建立良好的人际关系 ………… 15
 六、不断反思和调整学习策略 ………… 15

第四节 匠心追梦，技能报国 ………… 16
 一、大国工匠精神的内涵 ………… 16
 二、大国工匠精神的时代意义 ………… 17
 三、大国工匠精神的培育 ………… 18
 四、大国工匠精神的运用 ………… 20

自我拓展练习 ………… 20

第二章 法治护航——遵纪守法，幸福生活 ………… 21

第一节 知法懂法，防入歧途 ………… 22
 一、法律的概念 ………… 22
 二、法律的性质 ………… 23
 三、我国的法律体系 ………… 25

第二节 遵法用法，远离犯罪 ………… 26
 一、治安管理 ………… 26
 二、刑事处罚 ………… 29

第三节 遵纪守法，安全生活 ………… 32
 一、友好和谐相处，避免肢体冲突 ………… 32
 二、遵守交通规则，避免交通事故 ………… 35
 三、共守网络道德，维护网络安全 ………… 35
 四、远离精神污染，维护心理健康 ………… 37

第四节 洁身自好，远离毒品 ………… 39
 一、关于毒品 ………… 40
 二、扫毒战争 ………… 41

三、我国法律关于禁毒的规定……42
四、自觉远离毒品……43
自我拓展练习……45

第三章 军事训练——精益求精，纪律严明……46

第一节 军事训练，磨炼意志……47
　一、军事训练的背景与重要性……48
　二、军事训练对意志力的具体磨炼……48
第二节 各项科目，整齐划一……49
　一、整齐划一的重要性……50
　二、整齐划一的要求……51
　三、整齐划一的训练方法……51
第三节 内务训练，井井有条……54
　一、内务训练的起源与意义……54
　二、内务训练的内容与要求……54
　三、内务训练在职业院校教育中的重要性……55
　四、如何有效进行内务训练……57
第四节 军事阅兵，气势磅礴……57
　一、军事阅兵的概念与意义……58
　二、军事阅兵的重要性……58
　三、如何重视军事阅兵……59
自我拓展练习……60

第四章 校园生活——群情欢洽，意气风发……61

第一节 和谐宿舍，窗明几净……62
　一、打造和谐宿舍的意义……63
　二、宿舍关系……64
　三、宿舍文化建设……67
第二节 遵守规定，安室利处……69
　一、宿舍安全……69
　二、宿舍纪律示例……76
第三节 合理消费，量入为出……78
　一、消费高的原因……78

二、培养正确的消费观……79
三、校园防诈骗……81
第四节 健康生活，精神焕发……84
　一、作息规律……85
　二、适当锻炼……85
　三、注意饮食……86
　四、勿沉迷手机……89
　五、远离烟酒……90
自我拓展练习……91

第五章 学习交友——人生有限，学海无涯……92

第一节 认识自我，自我管理……93
　一、认识自我概述……93
　二、认识自我的重要性……94
　三、认识自我的途径与方法……95
　四、进行自我管理……96
第二节 学会方法，自主学习……98
　一、自主学习概述……98
　二、自主学习的重要性……99
　三、自主学习的途径与方法……100
　四、运用科学的学习方法……100
第三节 依托平台，巧用资源……103
　一、图书馆资源的重要性……103
　二、使用图书馆资源的途径与方法……104
　三、网络资源的重要性……104
　四、利用网络资源的途径与方法……105
第四节 拓宽途径，交往合作……106
　一、建立良好人际关系的重要性……106
　二、建立良好人际关系的途径与方法……107
　三、实现高效合作的重要性……109
　四、实现高效合作的途径与方法……109
自我拓展练习……111

第六章 劳动教育——以劳育人，以行铸魂……112

第一节 正本清源，反求诸己 ……… 113
　一、劳动教育的内涵 ……………… 113
　二、劳动教育的意义 ……………… 114
　三、劳动教育的形式 ……………… 115
第二节 吃苦耐劳，脚踏实地 ……… 116
　一、劳动精神的传承与创新 ……… 117
　二、劳动素养的培育与实践 ……… 118
　三、如何更好地参与劳动教育 …… 120
第三节 身体力行，知行合一 ……… 122
　一、劳动实践的重要性 …………… 123
　二、劳动实践的形式与内容 ……… 124
　三、劳动实践的改进方法 ………… 125
　四、劳动实践的发展趋势与展望 … 126
第四节 价值引领，凝心铸魂 ……… 128
　一、劳动教育评价原则的确定 …… 128
　二、劳动教育评价内容的设置 …… 129
　三、劳动教育评价方法 …………… 130
　四、劳动教育评价指标体系 ……… 130
自我拓展练习 ………………………… 132

第七章 心理健康——阳光心理，你我同行 ……………… 133

第一节 健康人生，从心出发 ……… 134
　一、心理健康的定义 ……………… 134
　二、心理健康的标准 ……………… 135
　三、心理健康的意义 ……………… 137
第二节 认识心结，防患未然 ……… 138
　一、心理困扰 ……………………… 138
　二、心理障碍 ……………………… 140
第三节 慢调心灵，共绘心曲 ……… 141
　一、培养正确的自我意识 ………… 142
　二、提高抗挫折能力 ……………… 142
　三、做情绪的主人 ………………… 145
　四、调控情绪，自助自立 ………… 145
第四节 疗愈心弦，缔造健康 ……… 147
　一、善待友谊与爱 ………………… 147

　二、心理咨询的功能 ……………… 148
　三、心理咨询方面的几个不
　　　等式 ……………………………… 150
自我拓展练习 ………………………… 152

第八章 学生活动——能力提升，素质拓展 ……………… 154

第一节 文艺展示，陶冶情操 ……… 155
　一、文艺活动的定义 ……………… 156
　二、校园文艺活动的分类 ………… 156
　三、校园文艺活动的特点 ………… 159
　四、校园文艺活动的意义 ………… 160
第二节 体育竞技，强身健体 ……… 161
　一、体育运动的定义 ……………… 162
　二、体育运动的分类 ……………… 162
　三、体育运动的特点 ……………… 162
　四、常见的校园体育运动项目 …… 163
　五、体育运动的作用 ……………… 165
　六、体育运动的注意事项 ………… 166
第三节 学术科技，推动创新 ……… 167
　一、学术科技活动的定义 ………… 168
　二、学术科技活动的分类 ………… 168
　三、学术科技活动的意义 ………… 171
第四节 社会实践，开阔视野 ……… 172
　一、社会实践活动的定义 ………… 173
　二、社会实践活动的主要形式 …… 173
　三、"三下乡"社会实践活动 …… 176
　四、社会实践活动的意义 ………… 176
自我拓展练习 ………………………… 178

第九章 人生规划——披荆斩棘，大展宏图 ……………… 179

第一节 职业生涯，大浪淘沙 ……… 180
　一、职业生涯及其规划 …………… 180
　二、职业生涯规划的影响因素 …… 181
　三、职业生涯规划的意义 ………… 182

第二节　知己知职，百战不殆……183
　一、认识职业……184
　二、认识自己……186
第三节　就业准备，未雨绸缪……188
　一、客观分析，制订规划……189
　二、抓住学校时光，打牢就业基础……190
　三、求职材料准备——简历制作……192
　四、面试技巧与礼仪……193
第四节　权益保护，扬帆远航……195
　一、就业类型……195
　二、劳动合同的签订……196
　三、求职过程中的权益维护……197
自我拓展练习……199

第十章　自助求助——同心协力，自强不息……201

第一节　资助政策，了然于胸……202
　一、国家助学金……202
　二、国家奖学金……204
　三、国家励志奖学金……207
　四、勤工助学……208
　五、其他资助政策……209
第二节　医疗保险，保驾护航……209
　一、大学生医疗保险……210
　二、大学生医保的特点……210
　三、济南市大学生医保……210
　四、学生团体平安保险……213
第三节　主动自觉，奋勇争先……213
　一、自我管理的定义及特征……214
　二、自我管理的内容及类型……214
　三、班级的自我管理……217
　四、学生社团组织的自我管理……220
第四节　问题求助，谘师访友……221
　一、树立信心，制订计划……221
　二、同学之间，融洽互助……222
　三、良师益友，主动求助……223
自我拓展练习……225

参考文献……226

第一章

职业教育——时代风尚，前途广阔

导读

职业教育是国民教育体系和人力资源开发的重要组成部分，是广大青年打开通往成功、成才大门的重要途径，肩负着培养多样化人才、传承技术技能、促进就业创业的重要职责。习近平总书记在世界职业技术教育发展大会致信中强调："职业教育与经济社会发展紧密相连，对促进就业创业、助力经济社会发展、增进人民福祉具有重要意义。"

本章节将介绍职业教育的含义、发展历程以及发展前景，并探讨在现代职业教育快速发展的背景下，职业院校的学生应当如何适应与转变以提高自身竞争力。通过对职业教育的学习，可以更好地理解职业教育在当今社会的重要性和未来发展趋势。

职业教育

学习目标：

知识与技能目标： 掌握职业教育的含义和基本概念；了解职业教育的发展历程，包括不同时期的职业教育的形式和特点；理解职业教育的意义和价值，包括对个人和社会发展的贡献；掌握职业教育的前景和发展趋势，包括技术进步和社会经济发展对职业教育的影响。

过程与方法目标： 通过研究和分析职业教育的发展历程和前景，培养历史思辨性思维和问题解决能力；通过参与讨论和实践活动，培养团队合作和沟通能力；学习如何制订个人学习和发展计划，培养自我管理和自我发展能力。

素养目标： 树立正确的职业观念，认识职业教育的重要性和价值；培养对职业发展和个人成长的积极态度与追求目标；增强社会责任感和使命感，为未来的职业发展和社会进步做出贡献。

学习重点： 了解职业教育的内涵与发展历程；深刻认识职业教育的发展前景，把握未来发展趋势。

学习难点： 掌握有效适应现代职业教育的学习与成长方法；学会从三个层面分析大国工匠精神的培育路径。

第一节　历史悠久，时代风尚

【情境导入】

广西壮族自治区苍梧县盛产六堡茶，小祝从小就跟着外公种茶、采茶、制茶，但其家乡地处深山，销售渠道一直不畅。小祝说："以前大伙儿辛苦种茶，挑着担子到外面卖，却一直卖不上价。六堡茶历史悠久、品质优良，然而酒香也怕巷子深。"中学毕业后，小祝决定走出大山，去职业院校学习专业技能，成为职业人才，助力家乡产业振兴。

在校期间，小祝不仅学习了电子商务基础理论知识与技能，更多次到电商企业实习，锻炼提高了自己的业务能力。"摆好样品、拍照编辑、上传抖音，一键发送即可。"小祝熟练操作，发布了一条制作六堡茶的视频，不一会儿，近 60 个客户下单购买。小祝将所学的电子商务技能运用到家乡的传统产业中，带领村民掌握电商新型农业技术，会干直播新农活，拓宽了六堡茶的销售渠道，使这个小村庄逐渐变得繁荣起来。小祝满怀信心地说："我们还计划成立六堡茶合作社，创建品牌，实行标准化生产，为家乡的乡村振兴注入新的动能！"

电商助农

💡 思考讨论：

1. 什么是职业教育？职业教育的内涵包含哪几个方面？
2. 发展现代职业教育有什么重要意义？
3. 多元化职业教育体系是如何发展的？

一、职业教育的含义

职业教育是一种以职业为导向的教育，它通过学校、培训机构等途径，培养学生的职业技能和职业素养，提高其就业能力和职业发展水平。职业教育不仅关注学生的知识学习，更注重其实践能力和职业素养的培养。

在我国，职业教育侧重于培养受教育者具备从事某种职业或者职业发展所需要的职业道德、科学文化与专业知识、技术技能等综合素质。职业教育与普通教育是不同的教育类型，具有同等重要的地位，是国民教育体系和人力资源开发

职业教育和普通教育同等重要

的重要组成部分，是培养多样化人才、传承技术技能、促进就业创业的重要途径。

二、职业教育的意义

（一）满足社会对人才的需求

职业教育以就业为导向，培养符合社会和经济发展需求的高素质技能型人才，提高劳动者的就业能力和适应能力，满足社会对不同领域人才的需求。

（二）促进经济社会发展

职业教育提高劳动者的技能水平和综合素质，为经济社会发展提供强有力的人才支撑。同时，职业教育的发展也有利于促进产业结构调整和升级，推动经济高质量发展。2022年修订的《中华人民共和国职业教育法》第十四条提出："国家建立健全适应经济社会发展需要，产教深度融合，职业学校教育和职业培训并重，职业教育与普通教育相互融通，不同层次职业教育有效贯通，服务全民终身学习的现代职业教育体系。"

（三）提高全民素质

职业教育提高全民素质，培养劳动者的职业意识和职业道德，促进社会文明进步。同时，职业教育也能够提高劳动者的文化素养和科学知识水平，促进社会文化繁荣发展。

（四）促进就业创业

职业教育培养劳动者的职业技能和创业能力，提高其就业竞争力和创业成功率。党的二十大报告指出："健全终身职业技能培训制度，推动解决结构性就业矛盾。"这也充分说明了职业教育有助于缓解就业压力，提高社会就业率，推动创新型经济的发展。

三、职业教育的内涵

（一）实践性

职业教育注重实践操作，着力培养学生的实际操作技能和解决问题的能力，强调学生的实践操作能力。

（二）职业性

职业教育以培养学生的职业技能和职业素养为目标，注重学生的职业发展，具有鲜明的职业导向性。

（三）与市场需求紧密相连

职业教育与市场需求紧密相连，专业设置和课程内容根据市场需求进行调整和更新，以适应市场需求的变化。

职业教育的更新

四、中国职业教育的发展历程

中国职业教育的发展经历了漫长的历史进程。从最初的学徒制到近代的实业教育，再到现代的学校职业教育与多元化职业教育体系，中国的职业教育始终与国家的经济发展和社会进步紧密相连。改革开放以来，中国的职业教育得到了更多重视与发展，源源不断地为国家的经济发展提供了大量人才支持。近年来，随着科技进步和产业结构调整，中国的职业教育也在不断创新和发展，以适应时代的需求和挑战。

（一）中国古代的学徒制

在古代，学徒制是最为普遍的一种职业教育形式。这种制度以家庭传承或师徒关系为基础，儿童或徒弟在家庭中接受父辈或师傅的技艺传承。中国古代的学徒制还包括了行会等组织形式，这些组织对行业的技艺水平和职业道德进行监管和规范。

这种学徒制的特点是强调实际操作和经验学习，注重实践能力的培养。然而，由于社会等级观念和儒家思想的影响，这种学徒制也存在一定的局限性，例如，技艺传承的封闭性和难以大规模推广等问题。

1. 夏商周时期

在夏商周时期，学徒制主要以家庭教育为主，师傅将自己的技能和知识传授给儿子或亲属。这种学徒制形式相对简单，主要依赖于家族传承和私人教学。

2. 春秋战国时期

春秋战国时期，随着社会经济的发展和政治制度的变革，学徒制逐渐从家庭教育中走出，向社会扩展。这一时期出现了许多手工业、商业、军事等方面的师傅，他们通过收徒传授技艺，培养出了大量人才。鲁班作为著名的木匠，他的技艺被后人传承下来，形成了鲁班学派。

鲁班

3. 秦汉时期

秦汉时期，国家加强了对教育的管理，实行"以吏为师"的制度。官员既是管理者，又是教师，通过学徒制的形式培养官员后备力量。同时，职业教育开始与官学相结合，出现了官办的技术学校，这些学校培养了一批批技术人才，为国家的建设和发展提供了人才保障。颇具代表性的是汉武帝设立的太学，培养了一批土木工程技术人员，为汉朝的建设提供了技术支持。

4. 唐宋时期

唐宋时期，职业教育得到了进一步的发展，设馆教民是官办职业教育的主要形式，例如，中书省太医署开办的医学校、太卜署的卜筮学校、太仆寺的兽医学校。除了作为官办的职官教育职业学校外，还包括民间私学、家学业传、佛道教授、艺徒制等，通过不同的教育形式为社会培养了大批的一线高技能人才。

5. 元明清时期

元明清时期，形成了较为完善的学徒制度。政府对学徒制的管理更加严格，规定了学徒的学习年限、学习内容等。同时，随着手工业、商业的进一步发展，学徒制在这些领域的应用也更加广泛。

中国古代学徒制的发展历史源远流长，随着社会政治经济的发展而不断演变。从家庭传承到社会推广，从私人教学到政府管理，学徒制在中国古代教育体系中扮演了重要角色。

学徒制

（二）中国近代的实业教育

1. 旧民主主义革命时期

列强入侵下的中国逐渐沦为半殖民地半封建社会，中国人民英勇反抗，追求国家独立和人民解放，这一时期的职业教育以"实业教育职业化"为主要特点。洋务派张之洞在湖北创办了自强学堂，开设了多个与工业相关的专业，这是中国第一所正式的职业教育学校。维新派创建了一批如农务学堂、茶务学堂、蚕桑公院等手工业实业学堂。我国著名教育家黄炎培先生创办的中华职业学校是民国时期著名的职业学校之一，它注重实践教育，培养了大量的技术工人和工程师。

2. 新民主主义革命时期

（1）抗日战争时期　党提出一切教育活动以战争需要为重的教育方针，通过设立农业学校、手艺学校、畜牧学校及中医学校，提升边区生产，改良人民卫生，职业教育成为培养革命力量和提高军队战斗力的重要手段。

（2）解放战争时期　党在持续开办职业学校的同时，依据当时实际情况进行长远设计。1946年苏皖边区政府在发布"暂行学制"时提出，设置初级职业学校、在职干部短期学校及专科院校，积极引导职业教育趋向规范化与有序化，为新中国职业教育制度建立提供了有益经验。

边区生产

（三）中国现代的职业教育

新中国成立后，中国面临着重建国家、发展经济和文化的艰巨任务，中国职业教育的发展与当时的政治、经济形势密切相关，为了满足国家建设的需求，职业教育在这一时期得到了广泛的关注和大力支持。

1. 新中国成立后的职业教育发展

（1）人民政权巩固时期　1949年，党中央在《中国人民政治协商会议共同纲领》中明确提出，将加强中高等教育、注重技术教育作为新中国教育方针。

（2）社会主义革命时期　20世纪50年代，多数专科学校被并入本科院校或降为中专，中专学校与技工学校快速发展壮大。1954年，国家劳动部成立技术工人培训司，高等教育部发布《中等专业学校章程》，将技术学校与中等专业学校统称为中等专业学校。就此，中国职业教育开始以中专与技工学校为主体，加强了实践环节，提高了教学质量。

(3) 社会主义建设时期　20世纪60年代，职业教育发展到达顶峰，然而由于发展与社会实际脱节，教育质量严重滞后。"文革"期间，中等教育结构严重失调，大批职业学校被迫停办，使得中国职业教育发展处于停滞状态。直到党的十一届三中全会后，邓小平同志决定加强教育工作的整顿与拨乱反正，这才为职业教育发展带来重生的契机。

2. 改革开放后的多元化职业教育体系

改革开放以来，我国开始大力发展职业教育，逐步建立起多元化的职业教育体系。这个体系以中等职业学校为基础，高等职业学校为骨干，职业培训机构为补充，形成了多层次、多类型的职业教育体系。这个时期的职业教育强调与市场需求紧密结合，注重实践能力的培养和职业素养的提升。

（1）中等职业教育的恢复与发展　20世纪80年代初，随着经济体制改革的深入，中等职业教育得到了恢复和发展。1983年，邓小平同志提出了"教育要面向现代化，面向世界，面向未来"的指导方针，为中等职业教育的发展提供了更为明确的方向。

（2）高等职业教育的兴起　1980年，国务院批转了教育部和原国家劳动总局《关于中等教育结构改革的报告》，该报告作为改革开放以来首份关于调整中等教育结构的文件，对这一阶段职业教育的发展做出了系统性规划与部署。此背景下，金陵职业大学等13所首批职业大学建立，标志着我国高等职业教育正式成型。随着五年制技术专科学校的试点，国家教育委员会针对职业教育发展路径的明确以及职业资格证书的推行,中等职业教育与普通教育双轨并行,高等职业教育蓬勃发展的教育体系逐步形成。

教育要面向现代化,面向世界,面向未来。

邓小平 一九八三年国庆节

"三个面向"

（3）职业教育的法制化与规范化　1996年《中华人民共和国职业教育法》颁布,标志着中国职业教育的法制化和规范化,为职业教育的发展提供了强有力的法律保障。在国家高度重视下,20世纪90年代,职业教育法制体系基本形成,办学模式不断多元化,职业教育的发展对建设人力资源大国意义重大。

（4）职业教育的现代化　进入21世纪后,中国职业教育更加注重与市场需求和经济发展紧密结合,通过实施产教融合战略、完善"德技并修、工学结合"的育人体系,努力建设中国特色职业教育体系,加快推进职业教育的现代化进程。党的二十大报告指出:"统筹职业教育、高等教育、继续教育协同创新,推进职普融通、产教融合、科教融汇,优化职业教育类型定位。"

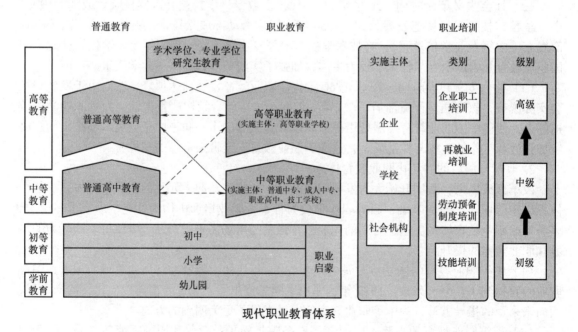

现代职业教育体系

总体来说,职业教育的发展历程是一段与国家政治、经济、文化等各个领域紧密相连的过程。在这段发展历程中,我们可以看到中国职业教育不断发展和完善的过程,以及为国家建设和发展做出的重要贡献。

第二节 前途广阔，大有可为

【情境导入】

衢州市"百优工匠"、某国家高新技术企业副总兼总工程师、衢州职业技术学院外聘教师吾晓辉，出生在衢江区一个偏远山村，中考失利后就读于衢州中专机电专业。"偏科严重，高中也未必能有改观，我又喜欢机电专业，而且我也想早点出来赚钱改善家里的条件。"进入衢州中专机电专业后，吾晓辉认真努力，充分发挥自己动手能力强的优点。中专一年级时，吾晓辉就用车床加工出一个优质铁锤，被师生交口称赞。中专毕业后，吾晓辉去企业工作，工作内容是负责车间机器的维护和保养。工作之余，吾晓辉通过自学掌握了机械设计和电气设计原理，熟练掌握 Auto CAD 绘图、SolidWorks 建模、PLC 编程等专业技能。

自 2015 年 4 月起，吾晓辉陆陆续续拿到了 24 项专利。吾晓辉的专利发明给所在企业带来了数百万元的效益，他的职位收入也得以一路提升，成了这家电线电缆公司的总工程师兼副总，荣获了衢州市"百优工匠"、衢州市十佳工业设计师、衢州市优秀高技能人才等荣誉称号。吾晓辉说："我也曾因为中考失利而迷茫，我的人生经历告诉我，偏科不可怕，可怕的是失去对学习的热爱。社会需要大量的高技能工匠，希望和我一样偏科的学生走对路，不放弃，我为我的选择而骄傲。"

光明未来

💡 **思考讨论：**

1. 中专毕业的吾晓辉是如何实现人生逆袭的？
2. 为什么说职业教育前途广阔、大有可为？

一、职业教育的发展现状

（一）办学质量提升

近年来，中国职业教育招生规模不断扩大，职业学校数量和学生人数均有所增长。根据教育部发布的数据，2022 年全国中等职业学校（不含技工学校）和高等职业学校招生人数分别达到 484.78 万人和 546.61 万人，在校生总数分别达到 1339.29 万人和 1693.77 万人。

职业教育学校根据市场需求和行业发展，设置了一系列专业课程，涵盖了现代制造业、战略性新兴产业和现代服务业等领域。同时，学校注重实践教学，通过实验、实训等方式提高学生的实践能力和操作技能。

职业教育学校注重教学质量和教学方法的改革，加强师资队伍建设，提高教师的专业素养和实践能力。同时，学校还积极引进先进的教学理念和教学方法，如项目式教学、案例式教学等，提高教学效果。

2022 年全国职业院校办学规模示意图

（二）就业前景光明

根据教育部发布的数据，中国职业教育学生的就业率一直保持在较高水平。2022 年，全国中等职业学校和高等职业学校毕业生就业率分别超过 95% 和 90%，专业对口就业率稳定在 70% 以上。职业教育学生在就业市场上具有较高的竞争力，薪资水平也不断提高。

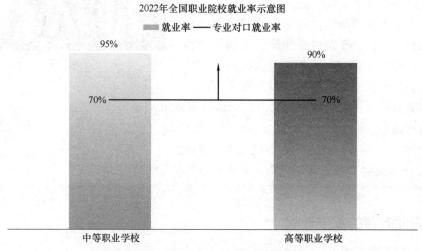

2022 年全国职业院校就业率示意图

许多学生在工作中表现出色，获得了晋升和职业发展的机会。同时，职业教育也为国家经济发展提供了大量高素质技能人才，为中国产业链和供应链保持强大韧性、行稳致远提供了保障。

二、职业教育发展的推动因素

（一）经济发展和产业结构调整需求日益凸显

随着经济发展和产业结构升级，对于技术技能型人才的需求越来越大，这为职业教育的发展提供了广阔的空间。

（二）政策支持力度不断加大

政府对职业教育的重视程度不断提高，出台了一系列政策措施，为职业教育的发展提供了有力保障。

（三）教育体系改革有力推动

教育体系改革为职业教育的发展提供了更多的机会和空间，使得职业教育在教育体系中的地位得到提升。

（四）企业参与度极大提高

越来越多的企业开始参与到职业教育中来，通过校企合作等方式，为职业教育提供实践教学和实习机会，提高了毕业生的就业竞争力。

（五）国际化趋势明显加速

随着全球化进程的加速和国际竞争的加剧，职业教育的国际化趋势日益增强。中国职业教育学校积极开展国际交流与合作，引进国际先进的职业教育理念和实践经验，提高自身的国际化水平，为培养具有国际竞争力的技术技能型人才奠定基础。

（六）个人职业发展需求不断增强

随着社会经济的发展和就业市场的变化，越来越多的个人开始认识到职业教育对于个人职业发展的重要性，选择职业教育来实现自我价值和职业发展。

职业教育发展的推动因素

三、职业教育与普通教育的区别

2022年修订的《中华人民共和国职业教育法》明确规定："职业教育是与普通教育具有同等重要地位的教育类型，是国民教育体系和人力资源开发的重要组成部分，是培养多样化人才、传承技术技能、促进就业创业的重要途径。"

职业教育和普通教育具有同等重要地位，但是两种不同的教育类型，它们在教育目标、教学内容、教学方法等方面存在明显的区别。下面将通过对比分析职业教育和普通教育的区别，进一步阐述职业教育的广阔发展前景。

职业教育与普通教育

（一）教育目标

普通教育的目标是培养学生的基础知识、基本技能和综合素质，为其未来的学习和工作打下基础。而职业教育的目标是培养学生的职业技能和职业素养，为其未来职业发展提供支持。

（二）教学内容

普通教育注重学科知识的传授，注重学生的全面发展和综合素质的提高。而职业教育注重实践技能的培养，注重学生的职业能力和职业技能的提高。

（三）教学方法

普通教育采用传统的教学方法，以课堂教学为主，注重知识的传授和记忆。而职业教育采用项目式、案例式等教学方法，注重实践操作和实践能力的培养。

通过对比分析可以看出，职业教育在我国教育体系中具有独特的特点和优势，它不仅满足了社会对技能人才的需求，也为国家经济发展提供了大量高素质技能人才的支持。此外，在市场需求的增加、政策支持的强化以及教育创新的推动等因素的综合作用下，职业教育的发展前景十分广阔。

四、职业教育的发展前景

（一）就业前景广阔

1. 技能型人才需求大

随着经济的发展和产业升级，对技术技能型人才的需求越来越大。职业教育培养的学生具备实际技能和专业知识，能够快速适应工作岗位，满足市场需求。

2. 行业覆盖广泛

职业教育涵盖了众多行业领域，如制造业、信息技术、医疗保健、建筑工程等，学生可以选择符合自己兴趣和特长的专业方向，获得更好的就业机会。

职业教育前途广阔

3. 就业稳定与职业发展空间大

技能型人才通常在行业中具有较高的稳定性和职业发展潜力。通过不断学习和提升自己的技能，学生可以在职场中逐渐晋升，实现个人职业目标，前途广阔，大有可为。

（二）创新创业机会较多

1. 创新思维与实践能力的培养

职业教育注重培养学生的创新思维和实践能力，鼓励学生参与创新创业活动。学生可以选择自主创业或加入创新型企业，发挥自己的专业技能和创造力，开展创新项目。

2. 创业政策与资源保障力度

《中华人民共和国就业促进法》第五章第四十四条规定："国家依法发展职业教育，鼓励开展职业培训，促进劳动者提高职业技能，增强就业能力和创业能力。"中国政府对职业教育学生的创业给予了大力支持，提供了创业培训、资金扶持、税收减免等政策支持。学生可以充分利用这些资源，降低创业风险，提高成功率。

创新创业机会多

3. 创新创业教育与孵化器建设

学校和地方政府积极推动创新创业教育与孵化器建设，为学生提供创新创业的培训、指导和资源支持，帮助学生将创意转化为商业项目。

（三）终身学习与发展空间大

中共中央办公厅、国务院办公厅《关于促进劳动力和人才社会性流动体制机制改革的意见》指出："拓宽技术技能人才上升通道。推进职业资格与职称、职业技能等级制度有效衔接，推动实现技能等级与管理、技术岗位序列相互比照，畅通新职业从业人员职业资格、职称、职业技能等级认定渠道。鼓励用人单位建立首席技师、特级技师等岗位，建立技能人才聘期制和积分晋级制度。支持用人单位打破学历、资历等限制，将工资分配、薪酬增长与岗位价值、技能素质、实绩贡献、创新成果等因素挂钩。"

1. 职业发展与晋升空间扩展

职业教育注重培养学生的职业素养和终身学习能力，学生可以通过持续学习和职业技能提升培训，不断提高自己的竞争力，获得更多的职业发展和晋升机会。

2. 跨行业发展机会增多

由于职业教育培养的是具有实用技能的人才，学生在职业生涯中可以更容易地从一种岗位转换到另一种岗位，实现职业转型和发展。同时，学生也可以根据市场需求和个人兴趣，在不同行业领域寻找新的机会。

3. 终身学习平台广阔

政府和学校积极构建终身学习平台，为职业教育学生提供继续教育和培训机会。学生可以通过参加各种培训课程和学习项目，不断更新知识和技能，保持竞争力。

（四）国际交流与合作的新机遇涌现

1. 国际化视野拓展

职业教育强调培养学生的国际视野和跨文化交流能力。通过国际交流与合作项目，学生有机会了解不同国家的职业教育体系和行业发展趋势，拓宽自身的国际化视野。"鲁班工坊"是由天津率先主导推动实施的职业教育国际知名品牌，该平台在为推广中国优秀职业技术和职业文化，共建"一带一路"提供人才支撑，推动职业教育国际化发展等方面做出了突出贡献。

终身学习与发展空间大

终身学习平台广阔　　　　　　　　国际交流与合作

2. 跨国企业就业与发展机会涌现

中国职业教育与国际企业的合作日益密切，学生有机会获得跨国企业的就业和实习机会。通过在国际企业工作，学生可以接触到更广阔的市场和先进的管理理念，提升自身职业素养。

3. 留学深造机会增加

职业教育学生也可以通过留学途径进一步深造，获取更高学历和更广泛的知识背景，为自身的未来发展提供更多的选择和机遇。

五、职业教育的未来趋势

（一）个性化教育

随着教育理念的变革和技术的进步，个性化教育将成为职业教育的重要趋势。学校将更加注重学生的个体差异和兴趣特长，提供个性化的课程设置和教学方式，以满足学生的不同需求和发展潜力。

（二）终身学习

随着社会的发展和技术的迭代，终身学习将成为每个人的必然选择。职业教育将更加注重培养学生的自主学习能力和终身学习习惯，提供多样化的学习方式和资源支持，以适应不断变化的市场需求和职业发展。

（三）跨学科融合

未来的职业领域将更加注重跨学科融合和跨界合作。因此，职业教育将更加注重跨学科课程设置和综合性人才培养。学生将需要掌握多个领域的技能和知识，以适应复杂多变的职业环境和社会需求。

（四）社会责任感和道德素养的培养

随着社会的发展和变革，社会责任感和道德素养将成为职业人才的重要素质之一。职业教育将更加注重培养学生的社会责任感和道德素养，通过课程设置、实践活动、校园文化等多种方式进行培养和熏陶。

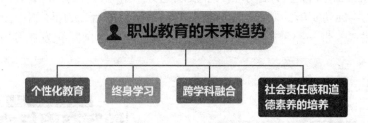

职业教育的未来趋势

我国的职业教育具有广阔的发展前景和巨大的潜力。在市场需求增长、政策支持、国际化趋势、科技驱动发展以及产学研结合模式的创新等因素的推动下，职业教育将继续保持快速发展态势。未来，个性化教育、终身学习、跨学科融合以及社会责任感和道德素养的培养将成为职业教育的核心趋势和发展方向。我们相信在未来的发展中，职业教育将为更多的人提供实现自我价值和人生目标的机会和平台。

职业教育的广阔前景

第三节 适应转变，梦想启航

【情境导入】

荣获国家奖学金的学生胡蓉，在刚入学时也曾感到非常困惑和迷茫，无法适应职业院校的学习与生活。但是她在老师的积极引导下，最终坚定了选择职业教育的信心。

"职业教育是人生的起点，而不是终点"，胡蓉同学积极做出改变，勤奋刻苦，精益求精，专业课成绩始终保持前三名。胡蓉表示："在日常学习中，我会尽量做到今日事今日毕，保质保量完成每天自己所规划的事情，尽量不落下专业课，并且会积极复习巩固所学的专业知识。"与此同时，胡蓉还积极参加学校共青团活动、国旗下主题教育活动、主题班会活动、五四青年活动以及技能月活动，丰富的活动

适应转变，梦想启航

经历也成为她进一步成长的阶梯。胡蓉满怀激情地说："如果再让我重新选择一次，我还会选择职业院校，因为职业教育让我看到了优秀的专业前景，让我找到了自己努力的方向！"

💡 思考讨论：

1. 胡蓉同学为什么说重新选择一次，仍然选择职业院校？
2. 胡蓉同学是如何进行自我转变的？

一、树立正确的学习态度和价值观

（一）确定学习目标

学生需要明确自己的学习目标，了解自己想要学什么、为什么学以及如何去学。有了明确的目标，学生就会有自驱力。因此，学生在学习过程中需要有目的地去制订计划和安排时间，确保自己能够实现目标。

（二）培养自主学习能力

学生应主动参与学习，培养自主学习的能力，提高自我管理和解决问题的能力。自主学习能力包括良好的学习习惯、有效的学习方法和自我调节的能力。学生可以通过多种方式培养自主学习能力，例如，利用互联网资源、参加线上课程、阅读专业书籍等。

（三）培养创新精神和实践能力

高素质技术型人才不仅需要掌握一定的知识和技能，

学习态度

还需要具备创新精神和实践能力。学生应该勇于尝试新的思路和方法，不拘泥于传统的框架和模式，通过不断实践和创新来提高自己的能力。此外，实践能力也是非常重要的。学生应该积极端正学习态度，参加各种实践活动，如实验、项目、实习等，通过实际操作来提高自己的技能水平。

二、加强职业素养的培养

（一）培养良好的职业道德

职业道德是职业素养的重要组成部分，也是学生未来职业生涯中不可或缺的品质。学生应该树立正确的职业道德观念，遵守职业道德规范，以诚信、正直、负责的态度对待工作。同时，学生还需要了解行业内的职业道德标准，以便更好地适应未来的工作环境。

（二）培养职业沟通能力

职业素养不仅包括个人能力的提高，还包括与他人沟通合作的能力。学生需要具备良好的沟通能力和团队协作精神，以便更好地与同事、客户和领导进行交流合作。在沟通过程中，学生需要注意言谈举止、表达清晰、倾听理解等方面，以便更好地达到沟通效果。此外，学生还需要学会如何处理人际关系和解决冲突，以便更好地适应未来的工作环境。

（三）培养职业形象和仪态

职业形象和仪态是个人职业素养的直观体现，也是影响个人职业发展的重要因素。学生需要注重自己的仪表和形象，以整洁、大方、得体的形象出现在工作和社交场合中。同时，学生还需要了解不同场合下的礼仪和规矩，以便更好地展现自己的职业素养和形象。

三、拓宽知识面和技能储备

（一）学习多学科知识

在现代社会中，各领域之间的交叉融合越来越多，学生需要具备跨学科的知识和视野。除了本专业知识外，学生还需要了解相关学科的内容和发展趋势。通过多学科的学习，学生可以更好地拓展自己的知识面和技能储备，为未来的职业生涯打下坚实的基础。

（二）学习实用技能

除了学科知识外，学生还需要掌握一些实用技能，如语言能力、计算机技能、数据分析等。这些技能在未来的职业生涯中会发挥重要作用，也有助于提高学生的综合素质和竞争力。学生可以通过参加培训课程、自学和实践等方式来学习这些实用技能。

（三）学习职业技能

学生还需要了解自己所从事的职业所需的技能和知识，以便更好地适应未来的工作需求。可以通过实习、实践等方式了解职业所需的技能和素质要求，并通过学习和实践不断提高自己的职业技能水平。同时，学生还需要关注行业动态和发展趋势，以便更好地把握职业发展的方向和机会。

拓宽知识面和技能储备

四、积极参与实践和实习活动

（一）参与实习和实训

在当今竞争激烈的社会中，实践经验和实际操作能力对于学生来说尤为重要。因此，学生应该积极参加实习和实训活动，将所学理论知识应用到实际工作中，提高自己的实践能力。实习和实训不仅可以帮助学生了解行业动态，还可以让学生提前适应职场环境，为未来的职业生涯做好准备。

参与实习和实训

（二）参加职业竞赛和技能大赛

参加职业竞赛和技能大赛是提高自己专业技能和综合素质的重要途径。通过参加各种竞赛，学生可以检验自己的学习成果，发现自己的优点和不足，从而更好地调整学习方法和策略。此外，竞赛还有助于培养学生的团队协作和应对压力的能力，为未来的职业生涯打下坚实基础。

（三）参加社会实践和志愿服务

社会实践和志愿服务是学生锻炼自己综合能力的重要途径。通过参加社会实践和志愿服务活动，学生可以将所学知识运用到实际生活中，培养自己的社会责任感和公民意识。同时，这些活动还有助于拓宽学生的视野，增加人际交往经验，提高沟通协调能力。

五、建立良好的人际关系

（一）建立良好的师生关系

师生关系对于学生的学习和成长具有重要影响。学生应该尊敬师长，与老师保持良好的沟通，积极向老师请教问题，争取得到老师的指导和帮助。

（二）建立融洽的同学关系

同学关系是学生在学校中最为密切的人际关系。学生应该珍惜与同学之间的友谊，互相帮助，互相学习，共同进步。在与同学相处的过程中，学生还应该学会理解和包容，处理好人际关系，避免因为小事产生矛盾和冲突。

（三）建立和谐的团队关系

团队合作能力是现代社会对人才的重要要求。学生应该学会在团队中发挥自己的作用，与他人协同合作，共同完成任务。在团队合作中，学生还应该学会倾听他人的意见，尊重团队成员，充分发挥团队的整体优势。

六、不断反思和调整学习策略

（一）定期总结学习情况

学习是一个持续的过程，学生需要不断地反思和总结自己的学习情况。通过定期总结学习情况，学生可以了解自己的优点和不足，找到适合自己的学习方法和策略。同时，总结还可以帮助学生明确学习目标，激发学习动力，提升学习效果。

（二）调整学习方法和计划

学习方法和计划是影响学习效果的关键因素。学生应该根据自己的实际情况，不断调整学习方法和计划，以提高学习效率。在学习过程中，学生可以尝试多种学习方法，如预习、复习、做笔记等，找到最适合自己的方法。同时，学生还应该合理安排学习时间，确保学习计划的执行。

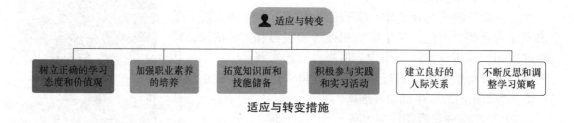

适应与转变措施

第四节　匠心追梦，技能报国

【情境导入】

国家电网山东省电力公司超高压公司变电检修中心电气试验工冯新岩扎根电力一线23年，因其坚韧不拔的精神和卓越的技艺，被誉为2022年度"大国工匠"。

冯新岩始终坚持"大国工匠"精神，他认为，作为一名工匠，最重要的是要有一颗敬业和爱岗的心，要有一种精益求精、追求卓越的精神。他以此为指导，独创"多类型传感器融合的干扰识别方法"等行业内领先的带电检测新方法、新工艺，发现特超高压电网设备重大缺陷100余次，避免可能导致的损失超10亿元。此外，他还开展了《特高压变电站局部放电带电检测抗干扰及定位关键技术研究》等8项前沿课题研究，突破30多项特高压带电检测技术难题，研制了世界首台"变压器局部放电典型信号发生装置"等一系列典型创新成果。经过不懈努力，冯新岩获得全国五一劳动奖章、齐鲁大工匠、山东省劳动模范、山东省优秀共产党员、全国电力行业技术能手等荣誉称号。

冯新岩用自己的行动，展现了大国工匠的精神风貌，为我们树立了一个良好的榜样。

大国工匠

思考讨论：
1. 冯新岩的先进事迹对你有哪些启示？
2. 你认为大国工匠精神是什么？

一、大国工匠精神的内涵

党的二十大报告明确指出："加快建设国家战略人才力量，努力培养造就更多大师、战略科学家、一流科技领军人才和创新团队、青年科技人才、卓越工程师、大国工匠、高技能人才。"工匠精神是以爱国主义为核心的民族精神和以改革创新为核心的时代精神的生动体现,是鼓舞全党全国各族人民风雨无阻、勇敢前进的强大精神动力。

(一)工匠精神是一种执着专注的精神

这既体现在他们对工作的热爱和投入,又体现在他们对细节的关注,对每一个环节、每一个步骤都要求做到最好。航空修理上的"神医华佗"杨景德,从青涩到耄耋,从未离开过航空修理岗位;晒纸车间里的"铁人"毛胜利专注晒纸30年,续写宣纸传奇;"航天焊将"陈久友的衣角被高温金属蒸汽烫焦,他竟浑然不知。他们聚精会神地投入工作,用才智长期坚守本职工作,达到一种忘我的境界,即使面对丰厚物质利益的诱惑,也不改其心、不移其志。

(二)工匠精神是一种精益求精的精神

这既体现在不满足于现状,总是在寻求更好的方法和更高的标准,又体现在不断提高自己,提升自己的技能和能力,从而提高工作效率和质量。中国新一代运载火箭总装第一人崔蕴,始终坚持践行"干工作就得做到极致,有多大劲使多大劲"的信念;"绝世刀工"龙小平,将每一件产品都当成自己的孩子来孕育;"中国陶瓷艺术大师"朱文立,不断精益求精、超越自我,终于烧制出了如同古老传世品一般的天青釉瓷器。

(三)工匠精神是一种一丝不苟的精神

这既体现在对待工作严谨认真,对每一个细节都要求严格,又体现在始终保持高度的警惕性,对于任何可能影响工作质量的问题都会及时发现并解决。"深海钳工"管延安负责港珠澳大桥岛隧工程沉管舾装安装工作,他对自己的要求近乎苛刻,安装前反复练习,安装中高度专注,安装后再三检查,手中拧过60多万颗螺钉且零失误,创下了5年零失误的深海奇迹。一丝不苟的精神突出表现在注重细节上,在细节中打磨出高品质。

(四)工匠精神是一种追求卓越的精神

大国工匠精神的内涵

这主要体现在对自身技艺和工作内容的超越性追求上。赵郁从一名普通装调工成长为中国汽车工业的杰出人物,源自其"当工人就要把自己锻造成一块好钢"的追求。姜涛从一名普通电焊工人成长为技能大师,源自其"既然选择了做一名工人,就要做一名好工人"的追求。追求卓越,就要不断创新,把技能技艺提升到更高层次。

二、大国工匠精神的时代意义

(一)推动科技创新发展

大国工匠精神是科技创新的重要支撑和动力,它鼓励人们不断探索新技术、新工艺、新材料,推动科技的发展和进步。在现代工业制造领域,大国工匠精神的作用尤为重要,它能够提高产品的质量和生产效率,提升企业的竞争力。随着中国制造业向中高端转型,大国工匠精神将发挥越来越重要的作用,成为推动中国制造走向世界的重要力量。

(二)培养高素质人才

大国工匠精神是一种精益求精、追求卓越的精神状态,它能够激励人们不断学习、不断进步,不断提高自己的专业技能和素质。在现代社会中,人才是国家发展的重要资源之一,而大国工匠精神的培养正是为了培养高素质的人才,为中华民族复兴提供强大的人才支持。通过培养一批具有大国工匠精神的高素质人才,可以推动中国经济的升级和转型,实现经济的高质量发展。

（三）弘扬中华文化

大国工匠精神是中华文化的重要组成部分。在中华传统文化中，工匠被视为"手艺人"，他们的工作不仅仅是为了赚钱，更是为了传承中华文化的精髓和智慧。大国工匠精神能够激发人们对中华文化的热爱和尊重，推动中华文化的传播和发展，让更多人了解博大精深的中华文化。同时，大国工匠精神也能够促进不同国家、不同文化之间的交流与融合，增进各国人民之间的友谊和合作。

（四）提升国家形象和软实力

大国工匠精神是中国优秀传统文化的重要组成部分，它代表着中华民族的优秀品质和文化传统。在当今全球化的背景下，一个国家的形象和软实力对于其在国际社会中的地位和影响力至关重要。大国工匠精神能够为中国树立良好的国际形象，展示中国的文化底蕴和文化自信。同时，大国工匠精神也能够增强中国的文化软实力，提高中国在国际社会中的影响力和话语权。

（五）推动社会文明进步

大国工匠精神是社会文明进步的重要标志之一，它体现了人类对于美好生活的追求和向往。在现代社会中，人们的生活质量越来越高，对于产品的需求也越来越高。通过大国工匠精神的培养和推广，可以提高产品的品质和服务水平，满足人们对于美好生活的追求。

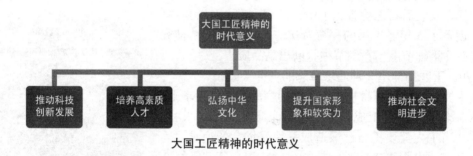

大国工匠精神的时代意义

三、大国工匠精神的培育

（一）社会层面——营造尊重技能人才的氛围

1. 提高社会对技能人才的认知和尊重程度

政府、媒体和社会各界应当加强对大国工匠的宣传报道，让更多的人了解他们的辛勤付出和卓越成就，树立起尊重劳动、尊重知识、尊重人才的社会风尚。同时要加大表彰奖励力度，让大国工匠在社会上得到应有的尊重和荣誉。

2. 加强媒体宣传，弘扬工匠精神文化价值

媒体作为舆论引导的重要力量，应积极发挥其作用，大力宣传工匠精神的文化价值。通过制作和播放纪录片、专题片等节目，展示大国工匠精湛的技艺和崇高的职业操守，传播工匠精神的核心价值观。此外，还应鼓励和支持媒体对大国工匠故事的报道，让更

尊重技能人才

多的年轻人了解和学习工匠精神，为实现中华民族伟大复兴贡献力量。

3. 建立激励机制，提高大国工匠的社会地位和经济待遇

为了激发更多人投身于职业教育，成为大国工匠，政府应建立健全激励机制，提高其社会地位和经济待遇。具体措施包括：完善职业资格认证制度，确保工匠的技能水平得到权威认可；推动制定相关法律法规，保障工匠的合法权益；设立专项资金，支持工匠的技术研究和发展；加大对企业的政策扶持力度，鼓励企业提高工匠的薪酬待遇。

（二）职业院校层面——培养具有工匠精神的技能人才

1. 将工匠精神融入课程体系，强化实践教学环节

职业院校作为培养技能人才的主要阵地，应将工匠精神融入课程体系之中。在课程设置上，要加强实践教学环节，增加实习和实训课程的比重；在教学内容上，要将工匠精神的核心价值观融入课堂教学，引导学生树立正确的职业观念；在教学方法上，要注重启发式教学和案例分析，培养学生的实际操作能力和创新能力。

2. 建设高素质师资队伍，提升教师的实践能力和教育教学水平

职业院校要培养具有工匠精神的技能人才，必须建设一支高素质的师资队伍。首先，要加强师资队伍建设，选拔优秀人才担任教师；其次，要对教师进行定期培训，提升教师的实践能力和教育教学水平；最后，要加强校企合作，邀请企业专家参与学校教学工作，为学生提供更加贴近实际的教育。

3. 加强校企合作，提供丰富的实践平台和就业机会

校企合作是职业院校培养技能人才的重要途径。职业院校应积极与企业合作，共同打造产学研一体化的人才培养模式。通过校企合作，可以为学生提供丰富的实践平台和就业机会，让学生在实践中锻炼技能、培养工匠精神。同时，校企合作还可以帮助企业解决用工难题，为企业输送更多优秀的技能人才。

（三）学生层面——树立职业理想，培养工匠精神

1. 明确职业规划，立志成为技能型人才

要培养大国工匠精神，首先要引导学生树立正确的职业观念和职业规划。学生应当明确自己的职业兴趣和发展方向，立志成为技能型人才。同时，学生还要树立远大的理想和目标，为实现中华民族伟大复兴贡献力量。

2. 注重实践能力的培养，积极参加实习和实训活动

树立职业理想，培养工匠精神

实践是检验真理的唯一标准。学生要想成为优秀的技能人才，就必须重视实践能力的培养。在学习过程中，学生要积极参加实习和实训活动，通过实际操作提高自己的技能水平；在课余时间，学生可以参加各类技能竞赛和社团活动，锻炼自己的团队协作和组织能力；在就业过程中，学生要敢于面对挑战，勇于创新，不断提高自己的综合素质。

3. 培养团队精神和创新意识，为成为优秀工匠打下基础

团队精神和创新意识是成为优秀工匠的重要素质。学生应学会与他人合作，发挥团队的力量，并勇于尝试新的方法和思路。在实践活动中，应注重团队协作，尊重他人的意见和建议，共同完成任务；善于发现问题并提出解决方案，不断推动技术革新和创新发展。

四、大国工匠精神的运用

（一）树立正确的职业观念

学生应该明确自己的职业方向和目标，树立正确的职业观念和职业理想。要了解自己所学专业的特点和要求，掌握相关技能和知识，为将来的职业发展打下坚实的基础。

（二）注重细节和品质

在学习和工作中要注重细节和品质，追求完美和卓越。要认真对待每一个环节和步骤，做到精益求精、一丝不苟。

（三）持续学习和进步

要不断学习和进步，了解行业最新动态和技术趋势，掌握新技能和新知识。同时也要注重自我提升和完善，不断提高自己的综合素质和能力水平。

（四）发挥创造力和创新精神

在学习和工作中要发挥创造力和创新精神，积极探索新的思路和方法。要勇于尝试和试验新的技术和工艺，不断创新和进步。

（五）传承和弘扬优秀传统文化

要传承和弘扬优秀传统文化，将传统文化与现代科技相结合。要尊重和保护文化遗产和传统技艺，为传承和发展中华优秀传统文化贡献自己的力量。

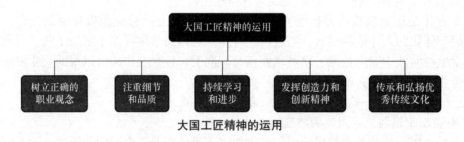

大国工匠精神的运用

职业教育是培养适应社会需求的技能型人才的教育形式。通过学习，我们了解了职业教育的含义、意义、内涵和发展历程。同时，我们也看到了职业教育的光明前景和大国工匠精神的重要性。为了在职业院校里保持高效学习，我们需要适应并调整自己，更好地规划自己的前程，为未来的发展打下坚实的基础。

自我拓展练习

1. 在现代职业教育快速发展的背景下，职业院校的学生应当如何适应与转变？
2. 职业院校的青年学子应当如何培养大国工匠精神？

第二章

法治护航——遵纪守法，幸福生活

导读

在我们生活的社会当中，存在着许多适用于不同场景、群体、关系的"规矩"，如纪律、规章、条例、法律。虽然呈现方式各异、内容效力不一，但它们都在起着"规范"人、"保护"人和"约束"人的作用，对于维护社会公平正义、促进社会稳定和谐有着无可替代的作用。所以，养成良好的规矩意识，自觉守法而行、遵规而动能够使我们和谐地处理与他人的关系，从而能自由、稳定、长久地发展自身，贡献社会。

不同的"规矩"

学习目标：

知识与技能目标： 掌握基本的法律知识；养成遵纪守法的好习惯；学会运用法律知识分辨身边行为是否违法违规，并自觉远离违法违规行为。

过程与方法目标： 通过知识学习、案例分析、场景模拟、结对讨论增强实际操作和问题处理能力，提高遵纪守法意识与能力。

素养目标： 树立法治意识，建立对法律法规的敬畏，自觉依法行事，建立与他人合法合理和谐的人际关系。

学习重点： 掌握基本的法律知识，树立法治意识，养成守法习惯。

学习难点： 将所学法律知识内化于心、外化于行，学以致用，既能用法律规范行为以免自身违法犯罪，又能用法律知识分析身边涉法问题，维护各方合法权益，自觉同违法犯罪行为作斗争。

第一节　知法懂法，防入歧途

【情境导入】

案例一：张大爷看到外卖员把别人订的外卖放在楼前边的外卖台上后就离开了，又见四下无人，就把外卖顺走了。待失主通过查监控找到他时，张大爷不以为然："外卖员把东西放在那里就走了，我以为没人要就拿回来了。你要是还要的话为什么没立马拿走呢？"一句话说得失主哭笑不得。

案例二：大海和小江是很要好的朋友。大海生日这天晚上，二人一起在大海家里庆祝，又是喝酒又是唱歌，大吵大闹到很晚。住同楼的邻居们找来，劝他们不要影响他人休息，小江却说："我们是在自己家里喝酒唱歌，声音自己要往外跑，我们也没办法。"之后依然我行我素。邻居们无奈只能报警。警察以深夜扰民为由对二人进行了行政处罚。

偷拿外卖

思考讨论：

1. 张大爷和大海、小江错在哪里？
2. 当我们遇到此类事件时应如何处理？

我们在生活中经常能听到"法律"一词，例如，某某因某事触犯某法律，并因此要承担某法律责任，最终受到某处罚，这一系列过程都是围绕"法律"展开的。接下来我们就一起来学习一些关于法律的基本知识。

一、法律的概念

法律是由国家制定或认可并以国家强制力保证实施的，反映由特定物质生活条件所决定的统治阶级意志的规范体系。

（一）法律是由国家制定的

在我国，国家法律（如《中华人民共和国宪法》、《中华人民共和国刑法》）由全国人民代表大会（以下简称全国人大）及其常务委员会（以下简称常委会）进行

行政处罚

制定和修改，地方性法规（如《山东省地方立法条例》、《山东省未成年人保护条例》）由地方人大及其常委会在不同宪法、法律、行政法规相抵触的前提下制定，但是需要报全国人大常委会备案。

（二）法律的实施由国家强制力保证

法律制定出来就必然要得以实施并产生作用，而这个作用由代表国家强制力的公安、司法、检察等部门的工作共同保证。例如，当你违反交通法规违章停车时，交警就会对你进行相应的行政处罚。

（三）法律代表统治阶级意志

我国是人民民主专政的社会主义国家，人民就是国家的主人，所以我国法律代表了广大人民群众的意愿和利益。违反法律也就是违背了广大人民的意愿、触犯了广大人民的利益，势必要受到法律的制裁，换个角度说也就是受到人民的制裁。例如，人民群众对自己的合法财产具有所有权和支配权，谁都不愿意自己的财产被侵害，这种意愿通过法律的形式被固定下来。例如抢劫，这种行为与人民的意愿相违背，故而这种行为也就是违法的。

二、法律的性质

法律作为人类社会的一种思想产品，带有强烈的社会属性。一方面，法律是相对于自然界而言的人类社会的产物；另一方面，在不同的人类社会中法律又有不同的内容。具体而言，可以概括为以下三个主要方面。

（一）社会性

法律作为统治阶级意志的体现，是代表着它所存在的特定社会中掌握统治权的群体的意愿和利益的。

例如，在封建社会，法律代表的是封建地主阶级的意志。在《钦定大清律例》中就有"八议"之说，即在皇亲国戚、王公大臣等犯罪之后审判量刑之时都应特别对待，"奏闻取旨，不许擅自勾问"。由此可见，所谓的"天子犯法与庶民同罪"不过是统治阶级为了维护统治而愚弄百姓的谎话。

而作为人民民主专政的社会主义国家，今天的中国正努力推进全面依法治国。法律的制定来源于代表人民群众意愿的议案，由人民群众选举出的人大代表按照民主集中制原则表决通过，施行过程中又有人民群众的直接监督，真正实现了法律来自人民、代表人民、依靠人民、服务人民。

《钦定大清律例》

依法治国

（二）普遍性

法律的普遍性体现于它平等地适用于它所存在的社会群体内的所有成员，即"法律面前人人平等"。某一个人想要融入某一社会，就必须首先认同并遵守该社会内施行的法律，而后才能被以"合法者"的身份对待；反之，如果该群体内有人不愿再遵守既定的法律，则其极有可能会与其他成员产生矛盾甚至冲突，成为"违法者"，随之而来的就会是法律的制裁，轻者要接受法律再教育从而再次成为"合法者"，重者则要被驱逐出该社会。例如，《中华人民共和国刑法》第六条规定："凡在中华人民共和国领域内犯罪的，除法律有特别规定的以外，都适用本法。凡在中华人民共和国船舶或者航空器内犯罪的，也适用本法。犯罪的行为或者结果有一项发生在中华人民共和国领域内的，就认为是在中华人民共和国领域内犯罪。"

> **案例链接：**
>
> 2023年11月24日上午，北京市第三中级人民法院依法对吴某某强奸、聚众淫乱上诉一案公开宣判，裁定驳回上诉，维持原判。
>
> 北京市朝阳区人民法院对被告人吴某某以强奸罪判处有期徒刑十一年六个月，附加驱逐出境；以聚众淫乱罪判处有期徒刑一年十个月。数罪并罚，决定执行有期徒刑十三年，附加驱逐出境。一审宣判后，吴某某提出上诉。
>
> 北京市第三中级人民法院经审理认为，吴某某违背妇女意志，利用多名被害人醉酒之机与其发生性关系，其行为构成强奸罪；聚众进行淫乱活动，且系首要分子，其行为又构成聚众淫乱罪，应依法并罚。原判认定事实清楚，证据确实、充分，定罪及适用法律正确，量刑适当，审判程序合法，裁定驳回吴某某的上诉，维持原判。
>
> 吴某某系加拿大籍在华艺人。审判期间其近亲属、加拿大驻华大使馆官员旁听了二审宣判。
>
> **思考：**
> 1. 境外身份是"免死金牌"吗？
> 2. 吴某某的有期徒刑是在国内执行还是在国外执行？

驳回上诉

（三）强制性

法律的强制性体现在成员必须服从和强制力保证实施上。法律通过明确的条文规定了哪些行为"可为"与哪些行为"不可为"。对于"可为"的行为国家会予以肯定和保护，而"不可为"的行为国家则会予以禁止和惩处，即守法会受到肯定，违法则要受到处罚。保证这一点的是以警察、法院、监狱等机构为代表的强制机构。

> **案例链接：**
>
> 我国法律保护公民个人的合法权益，对于侵害他人合法权益者，严重的将给予刑事处罚。1996年，劳荣枝和其男友法子英在南昌杀害一家三口，之后又在温州杀死两人。加上在合肥犯案，一共杀害了7人。为了逃脱法律的制裁，劳荣枝在外潜逃长达20年，但是最终于2019年落网。在随后的审判中，劳荣枝依然狡辩称自己是"被法子英胁迫""没杀过鸡鸭，不敢去做这样（杀人）的事情"等，但这些花言巧语最终都被推翻。在一审判决结果宣布后，劳荣枝表示不服并提请了上诉。2022年11月30日上午，

江西高院对劳荣枝涉嫌犯故意杀人罪、抢劫罪、绑架罪上诉一案做出二审宣判：驳回上诉，维持原判。劳荣枝当庭又表示不服。2023年12月18日，南昌市中级人民法院遵照最高人民法院下达的执行死刑命令，对劳荣枝执行了死刑。

> 💡 思考：
> 1. 为什么时隔20多年，劳荣枝最终被判处死刑？
> 2. 劳荣枝不承认罪行，就能逃过惩罚吗？

三、我国的法律体系

新中国成立后我国即开始建立符合自己国情的法律体系。1949年，中国人民政治协商会议第一届全体会议颁布实施了具有临时宪法性质的《中国人民政治协商会议共同纲领》，开启了新中国民主法制建设的历史进程。1950年，中央人民政府委员会第七次会议讨论并通过了《中华人民共和国婚姻法》，这是新中国成立后制定的第一部法律。1954年，第一届全国人大第一次会议一致表决通过《中华人民共和国宪法》，新中国第一部宪法公布实施。经过多年的努力，我国已建立起拥有290多部现行法律的中国特色社会主义法律体系。党的二十大报告中指出，到2035年，我国将基本建成法治国家、法治政府、法治社会，届时我国的法律建设也将更加全面完善，为维护国家政权持久稳定、人民群众安居乐业提供更加坚实的法律制度保障。

国家根据现行法律规范所调整的社会关系及其调整方法的不同，将其分为不同的法律部门。

（一）实体法律部门

实体法律部门内的法律，其内容主要是对具体的权利和义务进行规定。我国实体法律部门包括宪法相关法、民法商法、行政法、经济法、社会法、刑法等。例如，《中华人民共和国宪法》第十三条规定："公民的合法的私有财产不受侵犯。国家依照法律规定保护公民的私有财产权和继承权。"《中华人民共和国刑法》第六条规定："凡在中华人民共和国领域内犯罪的，除法律有特别规定的以外，都适用本法。凡在中华人民共和国船舶或者航空器内犯罪的，也适用本法。"

（二）程序法律部门

程序法律部门内的法律，其内容主要是对保证权利实现、义务履行进行规定。我国程序法律部门包括刑事诉讼法、民事诉讼法、行政诉讼法、仲裁法、人民调解法等。例如，《中华人民共和国刑事诉讼法》第三条规定："对刑事案件的侦查、拘留、执行逮捕、预审，由公安机关负责"。第十二条规定："未经人民法院依法判决，对任何人都不得确定有罪。"

宪法拥有最高法律效力

人民法院判决有罪

第二节 遵法用法，远离犯罪

【情境导入】

进入职业院校后，小王开始离家住校。离开了家长管教的他接触到了一些品行不良的社会人员，逐渐学会了抽烟、喝酒。但是由于平时家长给的生活费有限，抽烟、喝酒所带来的额外开支增加，烟瘾、酒瘾难耐之下，小王跟"哥们儿"开始向校内弱小同学收取"保护费"。被发现后，小王被老师下达了校规校纪处分，但是学校的处分并没有让小王收敛，他依然保持着原先的坏习惯。最终，在一次醉酒后，因寻衅滋事打伤他人，小王被警方抓获。虽然此时的小王还未成年，但是由于情节恶劣，警方依然对其下达了行政拘留的处罚。因为屡教不改，连带前期的违规违纪，小王被学校处以开除学籍的处分。

酒后滋事

思考讨论：
1. 小王是如何一步步酿成大错的？
2. 从小王的事例当中你学到了什么？

"冰冻三尺非一日之寒"，所有的严重错误都来自一开始的"无所谓""小毛病"。日常生活中的一些坏习惯如果不加克制、改正，极有可能会导致一些严重问题的发生，甚至违反法律，最终走上犯罪道路。所以，"勿以恶小而为之"，同学们应该养成良好的行为习惯，学法、懂法、遵法、用法，这样既能保护自己的合法权益不受侵害，又能使自己远离违法犯罪，为自己将来的长远稳定发展建立良好的法治保障。

一、治安管理

治安管理是公安机关依照国家法律法规，运用行政手段，维护社会治安秩序，保障社会生活正常运行的管理活动，是国家维护公共秩序的基本手段。在我国，治安管理涉及的内容非常广泛，基本上涵盖了我们日常生活的方方面面，为人民群众的安全、和谐、稳定生活织就了一张全面而稳固的"防护网"。

治安管理为人民

（一）人民警察保卫人民

人民警察是我国社会治安管理的中坚力量。人民警察包括公安机关、国家安全机关、监狱、劳动教养管理机关的人民警察和人民法院、人民检察院的司法警察。"公安"广义上是指人民警察，分为公安部门管理的公安警察（狭义"公安"包括治安警、户籍警、刑警、交警等）、国家安全部门管理的国家安全警察、司法行政系统的监狱人民警察，以及法院、检察院系统的司法警察。

《中华人民共和国人民警察法》第二条规定："人民警察的任务是维护国家安全，维护社会治安秩序，保护公民的人身安全、人身自由和合法财产，保护公共财产，预防、制止和惩治违法犯罪活动"。公安机关的人民警察按照职责分工，依法履行下列职责：预防、制止和侦查违法犯罪活动；维护社会治安秩序，制止危害社会治安秩序的行为；维护交通安全和交通秩序，处理交通事故；组织、实施消防工作，实行消防监督；管理枪支弹药、管制刀具和易燃易爆、剧毒、放射性等危险物品；管理户政、国籍、入境出境事务和外国人在中国境内居留、旅行的有关事务；对被判处拘役、剥夺政治权利的罪犯执行刑罚等。

查酒驾

人民警察队伍是和平年代牺牲最多、奉献最大的队伍。他们不怕牺牲、无私奉献，用辛勤的汗水乃至宝贵的鲜血和生命，为维护社会安定、保障人民安宁筑起了一道坚不可摧的铜墙铁壁。为了表彰和纪念奋斗在公安战线的人民警察，在全社会营造尊重人民警察、支持人民警察的氛围，自2021年起，每年1月10日被设立为"中国人民警察节"。同学们应该积极认同并支持人民警察的工作，在遇到警察执行公务时应积极配合，同时要严格遵纪守法，远离违法犯罪，不为警察添麻烦。

（二）《中华人民共和国治安管理处罚法》提供法律依据

《中华人民共和国治安管理处罚法》（以下简称《治安管理处罚法》）第一条规定："为维护社会治安秩序，保障公共安全，保护公民、法人和其他组织的合法权益，规范和保障公安机关及其人民警察依法履行治安管理职责，制定本法。"由此可见，人民警察在进行社会治安管理，对违法行为进行相应的处理处罚时，其依据就是《治安管理处罚法》。

《治安管理处罚法》于2005年8月28日通过，自2006年3月1日起施行，其内容共分为六章一百一十九条。其中第二条规定："扰乱公共秩序，妨害公共安全，侵犯人身权利、财产权利，妨害社会管理，具有社会危害性，依照《中华人民共和国刑法》的规定构成犯罪的，依法追究刑事责任；尚不够刑事处罚的，由公安机关依照本法给予治安管理处罚。"这里一方面列举了受《治安管理处罚法》管理的行为有哪些，另一方面也说明了《治安管理处罚法》与《中华人民共和国刑法》的区别。相对于《中华人民共和国刑法》而言，《治安管理处罚法》所面对的违法行为情节较轻、社会危害较小，通过对小的违法行为进行教育惩戒，防微杜渐，故而其在防止严重违法方面的意义是十分重大的。

1. 治安管理处罚的种类

治安管理处罚的种类分为警告、罚款、行政拘留、吊销公安机关发放的许可证。对违反治安管理的外国人，可以附加适用限期出境或者驱逐出境。

例如，违反关于社会生活噪声污染防治的法律规定，制造噪声干扰他人正常生活的，处警告；警告后不改正的，处二百元以上五百元以下罚款。

治安管理处罚

噪声扰民

2. 治安管理处罚的年龄和能力规定

在实际生活当中，不同的人在违反法律规定之后其自身并不一定适宜于接受相应处罚，或者其接受的处罚力度是不一样的。这主要是因为受年龄大小、精神状况等限制，一些人对自己的违法行为无法进行正确的判断或无能力承担自己的违法行为所带来的处罚。

对此《治安管理处罚法》中有相应的规定：

1）不满十四周岁的人违反治安管理的，不予处罚，但是应当责令其监护人严加管教。

2）已满十四周岁不满十八周岁的人违反治安管理的，从轻或者减轻处罚。

3）已满十四周岁不满十六周岁的；已满十六周岁不满十八周岁，初次违反治安管理的；七十周岁以上的；怀孕或者哺乳自己不满一周岁婴儿的，依照本法应当给予行政拘留处罚的，不执行行政拘留处罚。

4）精神病人在不能辨认或者不能控制自己行为的时候违反治安管理的，不予处罚，但是应当责令其监护人严加看管和治疗。间歇性的精神病人在精神正常的时候违反治安管理的，应当给予处罚。

5）盲人或者又聋又哑的人违反治安管理的，可以从轻、减轻或者不予处罚。

6）醉酒的人违反治安管理的，应当给予处罚。醉酒的人在醉酒状态中，对本人有危险或者对他人的人身、财产或者公共安全有威胁的，应当对其采取保护性措施约束至酒醒。

从轻或者减轻对未成年人的处罚

处罚醉酒驾驶

以上规定体现出了《治安管理处罚法》中所包含的一种规劝性、引导性，即给予违法者一个改过自新的机会，规劝引导大家远离违法乱纪，做遵纪守法好公民。

案例链接：

某职业院校学生葛某，上中学时即与几名同学拉帮结派，还曾数次参与打架斗殴，但是由于年龄尚小，所受到的惩罚也不过是学校和家长的批评教育，即使事情闹到派出所，警察也因为葛某是未成年而只进行了口头批评教育。由此葛某认识到"未成年人"四个字犹如"免死金牌"，可以使自己免于法律的处罚，便经常向自己的狐朋狗友吹嘘自己"打人可以不用负责"。升入职业院校后，葛某依然我行我素，在一次与其他同学的冲突中对对方进行了殴打。对方报警，警察将葛某带到了派出所。但是他依然满不在乎，拒不认错。由于已满16周岁，最终警方给予了葛某"行政拘留不执行"的处罚。这次处罚依然没有引起他的重视。一个月后，又因为参与打架斗殴，葛某被警察处理，这次则是为期5天的行政拘留。身处拘留所的葛某这次慌了，也迷惑了："我是未成年人，警察为什么能拘留我呢？"

未成年人行政处罚

思考：

你能否解答葛某的疑惑？其法律依据是什么？

二、刑事处罚

（一）关于《中华人民共和国刑法》

在社会生活当中，我们还会见到一些无法用《治安管理处罚法》进行处理的更为严重的违法行为，这些行为只能用另一部法律来进行处罚处理，这部法律就是《中华人民共和国刑法》（以下简称《刑法》）。

1954年《宪法》颁行以后，全国人大常委会办公厅法律室就着手起草刑法。1979年7月1日，第五届全国人大第二次会议通过了《刑法》，这是新中国的第一部刑法，是改革开放之后我国第一批通过的法律。《刑法》和同时通过的《中华人民共和国刑事诉讼法》，开创了我国刑事法治的新纪元，刑事法典从无到有，从此办理刑事案件由过去主要依靠政策转变为依靠法律。

结合改革开放以来我国社会发展的新形势、新问题，并总结《刑法》实施过程中的经验，经过1996年12月、1997年2月两次全国人大常委会审议，新修订的《刑法》于1997年3月14日经第八届全国人大第五次会议通过。我们今天仍在沿用的就是这部《刑法》。

1997年《刑法》对1979年《刑法》可谓全面修订，其内容从192条扩展为452条，总体上经济社会生活中的各种犯罪在其中都作了规定，这也保证了《刑法》在相当长一段时期内能够基本适应同犯罪作斗争的需要。尽管在以后的社会发展过程中也需要不断地对《刑法》作一些修改与调整，但这种调整是在相对完备的刑法典基础上所做的局部修改和补充。

（二）犯罪和刑罚

《刑法》第一条规定："为了惩罚犯罪，保护人民，根据宪法，结合我国同犯罪作斗争的具体经验及实际情况，制定本法。"

犯罪指的是严重危害社会，触犯《刑法》相关规定并依法应受到刑罚处罚的行为。注意，与一般的违法行为不同，犯罪属于严重的违法，且特指违反《刑法》的行为。我们可以将此概括为"违法不一定犯罪，但是犯罪必定是违法"。

刑罚则是指犯罪分子必须受到的强制处分。刑罚由人民法院在对犯罪嫌疑人进行审判时依法裁定。我国《刑法》规定的刑罚分为主刑和附加刑两大类。其中主刑包括管制、拘役、有期徒刑、无期徒刑和死刑；附加刑包括罚金、剥夺政治权利和没收财产。附加刑也可以独立适用。对于犯罪的外国人，可以独立适用或者附加适用驱逐出境。

打击违法犯罪

我国刑罚分类

类型	适用	刑种	性质	一般期限	最高期限
主刑	① 只能独立适用，不能附加适用 ② 一个罪只能适用一个主刑，不能同时适用两个以上的主刑	管制	自由刑	3个月~2年	数罪并罚时不超过3年
		拘役	自由刑	1个月~6个月	数罪并罚时不超过1年
		有期徒刑	自由刑	6个月~15年	总和刑期不满35年的，最高不能超过20年；总和刑期在35年以上的，最高不能超过25年
		无期徒刑	自由刑	剥夺终身自由并强制劳动改造	
		死刑	生命刑	剥夺生命	
附加刑	① 可以附加于主刑适用 ② 可以独立适用	剥夺政治权利	资格刑	注：驱逐出境只适用于外国人和无国籍人	
		罚金	财产刑		
		没收财产	财产刑		
		驱逐出境	资格刑		

对犯罪行为进行量刑时，人民法院需遵循三大原则，即罪刑法定原则、平等适用刑法原则、罪刑相适应原则。

（三）刑罚的年龄和能力规定

1. 刑事责任年龄

刑事责任年龄是指刑法规定的，行为人对其所实施的危害社会的行为负刑事责任所必须达到的年龄。具体规定如下：

1）已满十二周岁不满十四周岁的人，犯故意杀人、故意伤害罪，致人死亡或者以特别残忍手段致人重伤造成严重残疾，情节恶劣，经最高人民检察院核准追诉的，应当负刑事责任。

2）已满十四周岁不满十六周岁的人，犯故意杀人、故意伤害致人重伤或者死亡、强奸、抢劫、贩卖毒品、放火、爆炸、投放危险物质罪的，应当负刑事责任。

3）已满十六周岁的人犯罪，应当负刑事责任。

4）对依照前三款规定追究刑事责任的不满十八周岁的人，应当从轻或者减轻处罚。

5）因不满十六周岁不予刑事处罚的，责令其父母或者其他监护人加以管教；在必要的时候，依法进行专门矫治教育。

6）已满七十五周岁的人故意犯罪的，可以从轻或者减轻处罚；过失犯罪的，应当从轻或者减轻处罚。

满 12 周岁负刑事责任

恶性犯罪的教育方式

案例链接：

2019 年 10 月 20 日，家住辽宁省大连市某小区的 10 岁女孩淇淇被同小区的 13 岁男孩蔡某杀害并抛尸于小区灌木丛内。事发后，蔡某竟然还跑到淇淇父母处佯装关心地打听淇淇的下落。当淇淇尸体被发现时，蔡某还跑到现场围观，并向其他人询问谁是凶手。更让人气愤的是，在警方循着线索找到他并对他进行询问后，蔡某竟然在好友群内叫嚣是自己不小心将指纹留在现场，污蔑警方办案"草率"，并辩解自己未满 14 周岁可以不用坐牢。

未成年人最低刑责年龄降至 12 周岁

从后来大连公安发布的警情通报中我们得知：由于加害人蔡某未满 14 周岁，未达到法定刑事责任年龄，依法不予追究刑事责任。警方于 2019 年 10 月 24 日依法对蔡某做出了收容教养 3 年的处罚决定。

2020 年 12 月 26 日，第十三届全国人大常委会第二十四次会议表决通过《中华人民共和国刑法修正案（十一）》，其中对刑事责任年龄相关规定作出调整，我国最低刑事责任年龄由 14 周岁降至 12 周岁。

思考：

最低刑事责任年龄的修改说明了什么？

2. 刑事责任能力

刑事责任能力，是指行为人构成犯罪和承担刑事责任所必须具备的刑法意义上辨认和控制自己行为的能力。具体规定如下：

1）精神病人在不能辨认或者不能控制自己行为的时候造成危害结果，经法定程序鉴定确认的，不负刑事责任，但是应当责令他的家属或者监护人严加看管和医疗；在必要的时候，由政府强制医疗。

2）间歇性的精神病人在精神正常的时候犯罪，应当负刑事责任。

3）尚未完全丧失辨认或者控制自己行为能力的精神病人犯罪的，应当负刑事责任，但是可以从轻或者减轻处罚。

4）醉酒的人犯罪，应当负刑事责任。

5）又聋又哑的人或者盲人犯罪，可以从轻、减轻或者免除处罚。

精神病人犯罪

第三节　遵纪守法，安全生活

【情境导入】

案例一：近年来改装电动车在一些地方火了起来。由于经过改装的电动车具备更快的车速、更炫酷的装饰，深受一部分年轻人的喜爱。李某与张某是某职业院校学生，二人因都喜欢改装电动车而成为好朋友。某日深夜，李、张二人在市区公路上飙车时，由于车速过快撞到了路边停靠的车辆，最终李某因伤势过重抢救无效死亡，张某则右腿截肢，事后二人的家庭还要赔偿给他人造成的经济损失。

电动车飙车

案例二：由于与女朋友感情破裂，学生赵某备受打击，对身边的事物一时都失去了兴趣，终日浑浑噩噩。一日在浏览网页消磨时间时，赵某无意间接触到了境外极端分子的宣传视频，竟让他产生了莫名的激动，并开始将自己的不满转移至社会、他人。在极端思想洗脑下，赵某开始仇视一切。一次因琐事与母亲发生争吵，赵某竟将母亲打伤。在被警方控制后，赵某依然嚣张地宣称要"抹杀一切"。最终赵某受到了法律的制裁。

💡 **思考讨论：**

1. 以上案例中的行为是否是违法行为？有何危害？
2. 我们应如何避免以上案例中的情况发生？

一、友好和谐相处，避免肢体冲突

同学们日常相处的校园也是一个小小的社会。在这个小社会当中，同学们会与其他同学产生各种交往，不可避免地会产生矛盾和纠纷，而这些矛盾和纠纷如果不能被和谐地处理，极有可能会导致肢体冲突的发生，演化为违法甚至犯罪事件。

针对此类危害人身安全的肢体冲突违法行为，我国相关法律有具体规定。

（一）《中华人民共和国治安管理处罚法》

第二十六条规定，有下列行为之一的，处五日以上十日以下拘留，可以并处五百元以下罚款；情节较重的，处十日以上十五日以下拘留，可以并处一千元以下罚款：结伙斗殴的；追逐、拦截他人的；强拿硬要或者任意损毁、占用公私财物的；其他寻衅滋事行为。

第三十二条规定，非法携带枪支、弹药或者弩、匕首等国家规定的管制器具的，处五日以下拘留，可以并处五百元以下罚款；情节较轻的，处警告或者二百元以下罚款。

非法携带枪支、弹药或者弩、匕首等国家规定的管制器具进入公共场所或者公共交通工具的，处五日以上十日以下拘留，可以并处五百元以下罚款。

1. 匕首：带有刀柄、刀格和血槽，刀尖角度小于60°的单刃、双刃或多刃尖刀。

2. 三棱刮刀：具有三个刀刃的机械加工用刀具。

3. 带有自锁装置的弹簧刀（跳刀）：刀身展开或弹出后，可被刀柄内的弹簧或卡锁固定自锁的折叠刀具。

4. 其他相类似的单刃、双刃、三棱尖刀：刀尖角度小于60°，刀身长度超过150mm的各类单刃、双刃和多刃刀具。

5. 其他刀尖角度大于60°，刀身长度超过220mm的各类单刃、双刃和多刃刀具。

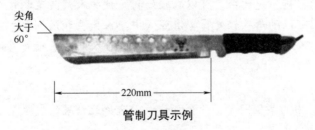

管制刀具示例

第四十三条规定，殴打他人的，或者故意伤害他人身体的，处五日以上十日以下拘留，并处二百元以上五百元以下罚款；情节较轻的，处五日以下拘留或者五百元以下罚款。

有下列情形之一的,处十日以上十五日以下拘留,并处五百元以上一千元以下罚款:结伙殴打、伤害他人的;殴打、伤害残疾人、孕妇、不满十四周岁的人或者六十周岁以上的人的;多次殴打、伤害他人或者一次殴打、伤害多人的。

(二)《中华人民共和国刑法》

第二百三十四条规定,故意伤害他人身体的,处三年以下有期徒刑、拘役或者管制。犯前款罪,致人重伤的,处三年以上十年以下有期徒刑;致人死亡或者以特别残忍手段致人重伤造成严重残疾的,处十年以上有期徒刑、无期徒刑或者死刑。本法另有规定的,依照规定。

第二百九十二条规定,聚众斗殴的,对首要分子和其他积极参加的,处三年以下有期徒刑、拘役或者管制。

第二百九十三条规定,有下列寻衅滋事行为之一,破坏社会秩序的,处五年以下有期徒刑、拘役或者管制:随意殴打他人,情节恶劣的;追逐、拦截、辱骂、恐吓他人,情节恶劣的;强拿硬要或者任意损毁、占用公私财物,情节严重的;在公共场所起哄闹事,造成公共场所秩序严重混乱的。

纠集他人多次实施前款行为,严重破坏社会秩序的,处五年以上十年以下有期徒刑,可以并处罚金。

> **案例链接:**
>
> 2019年3月5日下午,在克什克腾旗某中学教学楼内杨某某与刘某某(被害人)因琐事发生矛盾,后刘某某(被害人)、王某某、刘某在水房内对杨某某进行殴打。当日下午,杨某某联系鞠某某,鞠某某又联系了被告人刘某某、焦某某(已判决)、方某某(附条件不起诉)、冉某某(不起诉)、王某某(不起诉)等人在学校西门口等候刘某某(被害人),刘某某(被害人)和校内一群学生一起出校。18时许,双方在学校西门附近发生打斗,导致刘某某(被害人)肩膀受伤。经鉴定,刘某某(被害人)的损伤程度评定为轻伤二级。
>
>
>
> 殴打他人
>
> 克什克腾旗人民法院经审理认为,被告人刘某某无事生非、随意殴打他人,造成一人轻伤的损害后果,其行为构成寻衅滋事罪。公诉机关指控的犯罪事实和罪名成立。被告人刘某某到案后如实供述自己的罪行,是坦白,可以从轻处罚。被告人刘某某积极赔偿被害人经济损失,并取得谅解,可以酌情从轻处罚。依照《中华人民共和国刑法》第二百九十三条第一款第(一)项、第六十七条第三款的规定,以被告人刘某某犯寻衅滋事罪,判处拘役二个月。
>
> **思考:**
> 1. 若你是事件中的某位同学,你会如何做以避免此结果的发生?
> 2. 事情发生后,怎么能从轻处罚?

身处校园,同为同学,大家一方面应该学会互相礼让,友好和谐相处,尽量避免矛盾和纠纷的发生，另一方面在矛盾和纠纷发生时应该协商解决，若是自己协商不成，则可以向老师求助，在老师的帮助下友好和谐地解决。谨防因一时冲动而大打出手，这样既伤害了别人，还极有可能会使自己受到法律的制裁。

二、遵守交通规则，避免交通事故

在同学们上学放学途中或在校园内活动时，交通安全也是不容忽视的内容。自觉遵守交通规则，避免交通事故的发生，是一种遵纪守法的表现，也是对他人和自身安全的负责。

为保证未成年学生的交通安全，我国相关法律有具体规定。

（一）《中华人民共和国道路交通安全法》

第十六条规定，任何单位或者个人不得拼装机动车或者擅自改变机动车已登记的结构、构造或者特征。

第十九条规定，驾驶机动车，应当依法取得机动车驾驶证。申请机动车驾驶证，应当符合国务院公安部门规定的驾驶许可条件；经考试合格后，由公安机关交通管理部门发给相应类别的机动车驾驶证。

未戴头盔

第五十一条规定，机动车行驶时，驾驶人、乘坐人员应当按规定使用安全带，摩托车驾驶人及乘坐人员应当按规定戴安全头盔。

第九十九条规定，有下列行为之一的，由公安机关交通管理部门处二百元以上二千元以下罚款：未取得机动车驾驶证、机动车驾驶证被吊销或者机动车驾驶证被暂扣期间驾驶机动车的；将机动车交由未取得机动车驾驶证或者机动车驾驶证被吊销、暂扣的人驾驶的；造成交通事故后逃逸，尚不构成犯罪的；机动车行驶超过规定时速百分之五十的……

（二）《中华人民共和国治安管理处罚法》

第六十四条规定，有下列行为之一的，处五百元以上一千元以下罚款；情节严重的，处十日以上十五日以下拘留，并处五百元以上一千元以下罚款：偷开他人机动车的；未取得驾驶证驾驶或者偷开他人航空器、机动船舶的。

（三）《中华人民共和国刑法》

第一百三十三条规定，违反交通运输管理法规，因而发生重大事故，致人重伤、死亡或者使公私财产遭受重大损失的，处三年以下有期徒刑或者拘役；交通运输肇事后逃逸或者有其他特别恶劣情节的，处三年以上七年以下有期徒刑；因逃逸致人死亡的，处七年以上有期徒刑。

第一百三十三条之一规定，在道路上驾驶机动车，有追逐竞驶，情节恶劣的，或者醉酒驾驶机动车的，处拘役，并处罚金。

交通安全很重要，维护全靠你我他。同学们在日常通勤和外出途中一定要时刻注意交通安全，既不能"自己找事故"，又要避免"事故来找我"。只有人人关注交通安全、维护交通安全，我们每一个人才能共享安全的交通环境。

三、共守网络道德，维护网络安全

在网络时代的今天，我们每个人的生活都已离不开网络。手机、计算机是我们日常生活必不可少的办公学习工具，外卖、网购是受大众喜爱的消费方式。网络带来了越来越多的便利,但是随之而来的也有各种各样的风险,如网络暴力。

网络暴力,简称"网暴",是指借助网络向个人或单位发送带有侮辱、诽谤、抨击、威胁等性质的信息,通过非法方式获取或传播个人隐私、单位机密等信息,从而对个人或单位的合法权益造成侵害的行为。且由于网络传播的快速性、隐蔽性、虚拟性等特征,对于网络暴力的取证、立案、维权都较困难。网络暴力目前已成为一项社会问题。

我国在打击网络暴力、维护人民群众网络权益方面的法律规定如下。

(一)《关于依法惩治网络暴力违法犯罪的指导意见》

第二条规定,依法惩治网络诽谤行为。在信息网络上制造、散布谣言,贬损他人人格、损害他人名誉,情节严重,符合刑法第二百四十六条规定的,以诽谤罪定罪处罚。

第三条规定,依法惩治网络侮辱行为。在信息网络上采取肆意谩骂、恶意诋毁、披露隐私等方式,公然侮辱他人,情节严重,符合刑法第二百四十六条规定的,以侮辱罪定罪处罚。

第四条规定,依法惩治侵犯公民个人信息行为。组织"人肉搜索",违法收集并向不特定多数人发布公民个人信息,情节严重,符合刑法第二百五十三条之一规定的,以侵犯公民个人信息罪定罪处罚;依照刑法和司法解释规定,同时构成其他犯罪的,依照处罚较重的规定定罪处罚。

网络暴力

"人肉搜索"

(二)《中华人民共和国治安管理处罚法》

第二十五条规定,有散布谣言,谎报险情、疫情、警情或者以其他方法故意扰乱公共秩序的行为的,处五日以上十日以下拘留,可以并处五百元以下罚款;情节较轻的,处五日以下拘留或者五百元以下罚款。

第四十二条规定,有下列行为之一的,处五日以下拘留或者五百元以下罚款;情节较重的,处五日以上十日以下拘留,可以并处五百元以下罚款:写恐吓信或者以其他方法威胁他人人身安全的;公然侮辱他人或者捏造事实诽谤他人的;捏造事实诬告陷害他人,企图使他人受到刑事追究或者受到治安管理处罚的;对证人及其近亲属进行威胁、侮辱、殴打或者打击报复的;多次发送淫秽、侮辱、恐吓或者其他信息,干扰他人正常生活的;偷窥、偷拍、窃听、散布他人隐私的。

(三)《中华人民共和国刑法》

第二百四十六条规定,以暴力或者其他方法公然侮辱他人或者捏造事实诽谤他人,情节严重的,处三年以下有期徒刑、拘役、管制或者剥夺政治权利。

第二百五十三条之一规定,违反国家有关规定,向他人出售或者提供公民个人信息,情节严重的，处三年以下有期徒刑或者拘役，并处或者单处罚金；情节特别严重的，处三年以上七年以下有期徒刑，并处罚金。

第二百九十九条之一规定，侮辱、诽谤或者以其他方式侵害英雄烈士的名誉、荣誉，损害社会公共利益，情节严重的，处三年以下有期徒刑、拘役、管制或者剥夺政治权利。

造谣诽谤

侮辱诽谤烈士依法应受处罚

案例链接：

案例一：广州公安机关依法查处覃某编造"警车撞倒3名群众"网络谣言案。2023年5月25日，广州覃某为博取关注，在网络平台编造发布"公安执行任务撞上路人3人"谣言信息。该谣言信息被多次转发，迅速引发公众热议，严重扰乱社会公共秩序，造成恶劣社会影响。广州公安机关依法调查，覃某对违法犯罪事实供认不讳。目前，广州公安机关已对覃某依法采取刑事强制措施。

案例二：深圳公安机关依法查处陈某某编造"网民被绑匪绑架"网络谣言案。2023年4月28日，深圳陈某某为吸引流量、迅速涨粉，在深圳某地自编、自导、自演了"自己被绑架"、绑匪"索要50万元赎金"的视频。相关视频发布后迅速引发大范围传播扩散，以及许多不明真相网民的报警，该行为严重扰乱公共秩序，造成恶劣社会影响。经深圳公安机关依法调查，陈某某对违法行为供认不讳。目前，公安机关已依法对陈某某采取刑事强制措施。

思考：

1. 面对纷繁复杂的网络信息，我们应该如何区分哪些是谣言？
2. 如果你看到类似消息，你会转发吗？

网络并非法外之地。同学们应该自觉遵守网络道德、严守网络法规，文明上网，既要学会依法保护自己的合法权益，又要防止自己的"一时冲动""无心之失"对他人合法权益造成侵害。文明健康网络环境的营造需要我们每一个人的共同努力。

四、远离精神污染，维护心理健康

作为一名健康的青少年学生，除了要具备健康的体魄外，还应具备健康的心理和精神状态。但是随着网络信息技术的发展，一些涉嫌传播恐怖、极端、邪教、色情等腐朽不良内容的东西开始暗流涌动，这对我国广大青少年的身心健康发展产生了极大的负面影响，甚至有可能引导青少年走上违法犯罪的不归路。

为了给青少年成长营造健康清朗的社会环境,我国在有关方面的法律如下。

(一)《中华人民共和国治安管理处罚法》

第二十七条规定,有下列行为之一的,处十日以上十五日以下拘留,可以并处一千元以下罚款;情节较轻的,处五日以上十日以下拘留,可以并处五百元以下罚款:组织、教唆、胁迫、诱骗、煽动他人从事邪教、会道门活动或者利用邪教、会道门、迷信活动,扰乱社会秩序、损害他人身体健康的;冒用宗教、气功名义进行扰乱社会秩序、损害他人身体健康活动的。

邪教损害他人生命健康

第六十八条规定,制作、运输、复制、出售、出租淫秽的书刊、图片、影片、音像制品等淫秽物品或者利用计算机信息网络、电话以及其他通讯工具传播淫秽信息的,处十日以上十五日以下拘留,可以并处三千元以下罚款;情节较轻的,处五日以下拘留或者五百元以下罚款。

(二)《中华人民共和国刑法》

第一百二十条之三规定,以制作、散发宣扬恐怖主义、极端主义的图书、音频视频资料或者其他物品,或者通过讲授、发布信息等方式宣扬恐怖主义、极端主义的,或者煽动实施恐怖活动的,处五年以下有期徒刑、拘役、管制或者剥夺政治权利,并处罚金;情节严重的,处五年以上有期徒刑,并处罚金或者没收财产。

第一百二十条之五规定,以暴力、胁迫等方式强制他人在公共场所穿着、佩戴宣扬恐怖主义、极端主义服饰、标志的,处三年以下有期徒刑、拘役或者管制,并处罚金。

第一百二十条之六规定,明知是宣扬恐怖主义、极端主义的图书、音频视频资料或者其他物品而非法持有,情节严重的,处三年以下有期徒刑、拘役或者管制,并处或者单处罚金。

第三百条规定,组织、利用会道门、邪教组织或者利用迷信蒙骗他人,致人重伤、死亡的,处三年以上七年以下有期徒刑,并处罚金;情节特别严重的,处七年以上有期徒刑或者无期徒刑,并处罚金或者没收财产;情节较轻的,处三年以下有期徒刑、拘役、管制或者剥夺政治权利,并处或者单处罚金。

第三百六十四条规定,传播淫秽的书刊、影片、音像、图片或者其他淫秽物品,情节严重的,处二年以下有期徒刑、拘役或者管制。

向不满十八周岁的未成年人传播淫秽物品的,从重处罚。

坚决打击暴力恐怖分子

保护未成年人,远离违法刊物

> **案例链接：**
> 2015年，被告人孙某某为寻求精神刺激，使用家中计算机，在互联网上搜索并下载数个宣扬暴力恐怖等内容的视频文件，保存于计算机硬盘中。2021年6月4日，被告人孙某某将上述涉暴恐内容的视频上传至个人网盘时，被公安机关发现。2021年6月9日，公安机关在孙某某位于淄博市临淄区家中将其抓获，并从其家中计算机硬盘里发现疑似暴恐视频资料19个。经审读，认定其中5个视频资料系暴力恐怖视频文件，属于典型的暴恐极端思想宣传品，危害程度极大。
>
> 淄博市中级人民法院审理认为，被告人孙某某明知是宣扬恐怖主义的视频资料而非法持有，情节严重，其行为构成非法持有宣扬恐怖主义物品罪。鉴于被告人孙某某归案后如实供述犯罪事实，具有坦白情节，且自愿认罪认罚，主动预缴罚金，系初犯，经评估适用社区矫正对所居住社区没有重大不良影响，遂依法对其从轻处罚并适用缓刑。
>
> **思考：**
> 1. 存放恐怖主义视频资料是否违法？
> 2. 传播恐怖主义视频资料是否违法？

作为祖国未来的青少年承担着中国特色社会主义事业的建设和发展的重任，健康的身心、稳定的精神、坚定的信念都是必不可少的素质。我们应该积极学习践行社会主义核心价值观，将自己的成长与社会进步、祖国发展、民族复兴结合起来，以伟大梦想振奋奋斗精神，激励自己成为国家的栋梁之材。

第四节　洁身自好，远离毒品

【情境导入】

小林是个充满好奇心的孩子，他乐于探索身边的未知，敢于尝试新的挑战。某天去网吧玩时，身边的一位陌生的大哥主动找他聊天。玩游戏这个共同的爱好使得他们越谈越投机，后来成了好朋友。后来，在一次聊天中，大哥提议玩点儿刺激的新花样，小林一听马上来了兴趣并表示愿意试试。于是大哥给了小林一支烟。"不就是吸烟嘛，有什么刺激的。"心里这么想着，可小林还是接过来并点燃吸了起来。一边吸着，小林感觉出了不一样，自己貌似更精神了，游戏带来的快乐似乎翻了好几倍，而且打完游戏之后的疲惫感竟然完全没有了。小林意识到自己应该是吸了"大麻"。但是好奇心和

为了追寻毒品带来的快感而越陷越深

刺激感驱使下，小林多次跟大哥要这种烟吸，大哥却不再大方，开始以越来越高的价格向其售卖。已经成瘾的小林为了过瘾，"大麻"吸得越来越多，钱也花得越来越多，甚至为了弄到钱而不惜走上了偷盗的道路。最终在一次偷盗过程中小林被警方人赃并

获,他受到了法律的制裁。在监狱中,小林后悔道:"我当时要是没有'试试又何妨'的侥幸心理,就不会有今天的牢狱之灾!"

> 💡 **思考讨论:**
> 1. 小林是如何一步一步酿成大错的?
> 2. 从小林的事例当中你学到了什么?

一、关于毒品

毒品是指鸦片、吗啡、可卡因、大麻以及国家规定管制的其他能够使人形成瘾癖的麻醉药品和精神药品。

一般来讲,我们将毒品分为传统毒品和合成毒品两大类。

(一)传统毒品

1. 鸦片(英文名称:Opium)

其他常见名称:医学名阿片,俗称大烟、烟土、阿芙蓉等,是从罂粟植物中提取的麻醉药品(此外,罂粟壳吗啡含量为0.02%~0.05%,虽有一定的止痛、止泻作用,但长期食用仍会成瘾)。

成瘾及戒断症状:初时流涎、流涕、流泪、出汗、焦虑、频繁哈欠、失眠等;继而厌食、瞳孔扩大、皮肤起鸡皮疙瘩、恶心、呕吐、腹绞痛等;最后血压升高,肌肉和关节酸痛,出现脱水,全身性不适加重。

2. 吗啡(英文名称:Morphine)

物理性质:纯品吗啡系白色结晶或白色结晶性粉末。

常见品种:吗啡碱,从鸦片中直接提取的生物碱,在毒品交易中常被称作"黄皮""黄砒"等;粗制吗啡,在毒品交易中常被称作"1号海洛因";吗啡片,合法生产的麻醉药品,有盐酸吗啡、硫酸吗啡之分。

成瘾及戒断症状:对吗啡成瘾者突然停用可出现戒断综合征,表现为流泪、流涕、出汗、瞳孔散大、血压升高、心率加快、体温升高、呕吐、腹痛、腹泻、肌肉关节疼痛及神经、精神兴奋性增高,如惊恐、不安、打呵欠、震颤和失眠等,严重者还会出现虚脱和意识丧失。长期滥用吗啡可导致精神不振、消沉、思维和记忆力衰退,并可引起精神失常、肝炎等,严重的会导致呼吸衰竭而死亡。

3. 可卡因(英文名称:Cocaine)

物理性质:可卡因纯品(即可卡因碱)为无色或白色薄片晶体或粉末,味苦而麻,有辣痛和麻痹感。常见的可卡因盐类主要有盐酸可卡因和硫酸可卡因。盐酸可卡因为无色晶体或白色结晶性粉末,味苦,置舌尖上能引起麻木感。

滥用方式:鼻吸、烫吸、静脉注射。

毒副作用及滥用症状:可卡因是一种强效的中枢神经兴奋剂,通常表现为产生欣快感、情绪高涨、思维活跃、好动、健谈或作个人静思、食欲减弱、睡眠需要不迫切、延迟身心疲劳感觉、强烈的自信心和驾驭感觉。

4. 大麻(英文名称:Cannabis,Marijana,Hashish)

常见品种:通常用于吸食的大麻植物是指"印度大麻",它包括大麻植物的叶和花。大麻植物花蕊中能产生一种富含液汁且富含大麻素的树脂，采集并干燥的树脂经过加热或压紧制成黄棕色、褐红色到黑色等颜色各异的大麻脂，可像大麻植物一样吸食。

毒副作用及滥用症状：精神活动方面，大麻可让使用者产生愉悦感，改变心境以及对事物的主观感受，损伤思考及问题解决能力。长期服用高剂量的大麻，一旦停吸后会导致身体戒断症状，包括头痛、颤抖、出汗、胃痛和恶心。戒断症状还包括一些行为症状，如坐立不安、易怒、睡眠障碍、食欲下降等。大麻依赖以心理依赖为主，躯体依赖较轻，不易产生耐受性。

（二）合成毒品

所谓"合成毒品"，是相对鸦片、海洛因这一类传统麻醉毒品而言的。鸦片、海洛因主要取材于天然植物，合成毒品则是以化学合成为主的一类精神药品，它直接作用于人的中枢神经系统，产生兴奋作用、致幻作用或者中枢抑制作用，被称为"新型毒品"和"俱乐部毒品"。

常见的合成毒品见下表。

常见的合成毒品

名称	外表性状	滥用症状
冰毒（化学名称：甲基苯丙胺、去氧麻黄素、甲基安非他命）	甲基苯丙胺碱纯品为无色、透明。常见的固体是甲基苯丙胺盐酸盐，为无色透明结晶体，形似冰，所以又名"冰毒"	少量服用表现出精神振奋、清醒、机敏、话多、兴致勃勃、思维活跃、情绪高涨，而且长时间工作或学习无疲劳感、无饥饿感。长期滥用可造成慢性中毒、体重下降、消瘦、溃疡、脓肿、指甲脆化和夜间磨牙
麻古（又称麻谷、麻果）	麻古的平均质量为70~90mg，直径介于5~6mm，片剂表面通常刻有"WY""888"等，也有少数无刻痕的麻古。麻古颜色以暗红色为主，还有鲜红色、粉红色、紫红色、绿色、淡绿色、橙、棕色等多种颜色	因麻古的主要毒性成分是甲基苯丙胺，所以其毒性、滥用症状、体内过程与冰毒晶体相同
摇头丸	片剂或丸剂	服用后表现为活动过度、摇头扭腰、嗜舞、妄想、不知羞耻、性冲动及幻觉和暴力倾向
笑气（一氧化二氮）	通常被置于耐压钢瓶内。常温下，为无色不可燃的气体，气味微甜，有轻微麻醉作用，并能致人发笑	大量吸入"笑气"后会产生致幻、谵妄、神志错乱、视听功能障碍和肌肉收缩能力降低等一系列副作用。严重情况下会造成躯体瘫痪
邮票（麦角酸二乙胺或LSD）	半人工合成的LSD无色无气味，极易被人体吸收，致幻性强。将邮票大小的纸张浸入LSD溶液即成为"邮票"。另有胶囊制LSD毒品	使用后通常会心跳加速，血压升高，并出现急性精神分裂和强烈的幻觉，造成极大的心理落差
彩虹烟	外形与普通香烟相似，吸食时会产生五彩斑斓的烟气，并伴有香味	具体成分尚不明确，混杂了二三级毒品，毒性比一般毒品对人体伤害更大

除了以上列举的种类之外，还有开心水、神仙水、跳跳糖、致幻电子烟等，可以发现新型毒品的种类繁多且大多是迎合着年轻人追求时尚、寻求刺激的心理的。

二、扫毒战争

鸦片泛滥导致清朝国力的衰弱，最终落得落后挨打、任人宰割。党和政府充分认识到了毒品给人民身体健康和国家综合国力所带来的严重影响，所以历来对毒品都保持着严抓严打的态度。

1950年，中央人民政府政务院颁布《关于严禁鸦片烟毒的通令》，在此后三年时间内全面肃清了为患中国百余年的鸦片危害，使我国获得了三十年"无毒国"的美誉。

20世纪70年代末80年代初，随着西方国家进入毒品消费高峰期，"金三角"和"金新月"地区罂粟种植面积迅速扩大，我国毗邻"金三角"地区的贩毒集团开始打通"中国通道"向中国输出毒品，我国的禁毒形势再次严峻起来。

1992年8月，以云南省平远街严打行动为代表的禁毒行动表明了党和政府严厉禁毒的态度和决心。这次行动历时81天，共抓获罪犯854名，缴获各类枪支1000多支，搜出毒品1000多kg，成绩斐然。

《关于严禁鸦片烟毒的通令》

2007年12月，全国人大常委会通过《中华人民共和国禁毒法》，为新形势下全面加强禁毒工作提供了有力保障，彰显了中国政府厉行禁毒的一贯立场和坚定决心，是中国禁毒史上的重要里程碑。

2013年12月29日，另一场大规模的扫毒行动"雷霆扫毒"在当时的"第一制毒村"广东省博社村正式收网，抓获毒贩182名，捣毁制毒工厂77个，缴获冰毒2.9t、制毒原料23t。

2015年6月25日，中共中央总书记、国家主席习近平等中央领导同志亲切会见全国禁毒工作先进集体代表和先进个人。习近平总书记发表了重要讲话，要求以先进集体和先进个人为榜样，把禁毒工作作为象征中华民族伟大复兴的义举善举来做好，坚定不移打赢禁毒人民战争，不获全胜决不收兵。

从中国国家禁毒委员会办公室发布的《2022年中国毒情形势报告》中可以看到，全国毒情形势整体向好、持续改善，毒品违法犯罪活动下降至近10年来的最低点，毒品供应、毒品消费和毒品滥用规模持续减少。

三、我国法律关于禁毒的规定

（一）《中华人民共和国治安管理处罚法》

第七十一条规定，有下列行为之一的，处十日以上十五日以下拘留，可以并处三千元以下罚款；情节较轻的，处五日以下拘留或者五百元以下罚款：非法种植罂粟不满五百株或者其他少量毒品原植物的；非法买卖、运输、携带、持有少量未经灭活的罂粟等毒品原植物种子或者幼苗的；非法运输、买卖、储存、使用少量罂粟壳的。

有前款第一项行为，在成熟前自行铲除的，不予处罚。

第七十二条规定，有下列行为之一的，处十日以上十五日以下拘留，可以并处二千元以下罚款；情节较轻的，处五日以下拘留或者五百元以下罚款：非法持有鸦片不满二百克、海洛因或者甲基苯丙胺不满十克或者其他少量毒品的；向他人提供毒品的；吸食、注射毒品的；胁迫、欺骗医务人员开具麻醉药品、精神药品的。

第七十三条规定，教唆、引诱、欺骗他人吸食、注射毒品的，处十日以上十五日以下拘留，并处五百元以上二千元以下罚款。

依法打击制毒贩毒

（二）《中华人民共和国刑法》

第三百四十七条规定，走私、贩卖、运输、制造毒品，无论数量多少，都应当追究刑事责任，予以刑事处罚。

利用、教唆未成年人走私、贩卖、运输、制造毒品，或者向未成年人出售毒品的，从重处罚。

第三百四十八条规定，非法持有鸦片一千克以上、海洛因或者甲基苯丙胺五十克以上或者其他毒品数量大的，处七年以上有期徒刑或者无期徒刑，并处罚金；非法持有鸦片二百克以上不满一千克、海洛因或者甲基苯丙胺十克以上不满五十克或者其他毒品数量较大的，处三年以下有期徒刑、拘役或者管制，并处罚金；情节严重的，处三年以上七年以下有期徒刑，并处罚金。

第三百四十九条规定，包庇走私、贩卖、运输、制造毒品的犯罪分子的，为犯罪分子窝藏、转移、隐瞒毒品或者犯罪所得的财物的，处三年以下有期徒刑、拘役或者管制；情节严重的，处三年以上十年以下有期徒刑。

第三百五十一条规定，非法种植罂粟、大麻等毒品原植物的，一律强制铲除。有下列情形之一的，处五年以下有期徒刑、拘役或者管制，并处罚金：种植罂粟五百株以上不满三千株或者其他毒品原植物数量较大的；经公安机关处理后又种植的；抗拒铲除的。

第三百五十三条规定，引诱、教唆、欺骗他人吸食、注射毒品的，处三年以下有期徒刑、拘役或者管制，并处罚金；情节严重的，处三年以上七年以下有期徒刑，并处罚金。

强迫他人吸食、注射毒品的，处三年以上十年以下有期徒刑，并处罚金。

引诱、教唆、欺骗或者强迫未成年人吸食、注射毒品的，从重处罚。

四、自觉远离毒品

作为学生我们应当洁身自好，自觉远离毒品，坚决同涉毒违法犯罪划清界限。这就需要我们在日常生活中做到以下几点。

严厉打击贩毒行为　　　　　　　　　　　珍爱生命，远离毒品

（一）学习禁毒知识，学会自主辨识

要积极参加学校或社区组织的禁毒宣传活动，学会辨别毒品及涉毒活动，避免"误入歧途"。

（二）养成良好生活习惯，谢绝吸烟酗酒

吸烟酗酒同样具有成瘾性，极有可能会成为涉毒的"突破口"。

（三）不好奇，不尝试，坚决不给毒贩"推荐"的机会

坚决不信吸毒可以放松提神、减肥塑形、激发灵感、试一次不上瘾等骗术，坚决不尝第一口。

（四）不结交涉毒人员，不前往涉毒场所

陌生人提供的食品饮料坚决不能食用。涉及麻醉的治疗要前往正规诊所或医院进行。

（五）不抱侥幸心理

一旦不小心"中招"，要积极治疗，坚决戒除。

小　结

遵纪守法是我们每一个人稳定发展的首要前提。尤其在我国大力推进全面依法治国的今天，广大青少年学生更要积极学法、知法、懂法、守法、用法，维护自身和他人合法权益，为营造和谐安宁的法治社会环境贡献自己的一分力量。

通过本章的学习，能够理解法律的概念及其特征，认识到法律的存在对于规范个人行为、维护社会稳定的重要意义；能够明确一般违法与犯罪的区别，并能认识到治安管理处罚与刑事处罚在年龄、能力等方面的异同，进而能结合自身实际情况形成警戒意识；能够扩充违法犯罪方面的知识面，对日常生活中容易违法甚至犯罪的行为、处罚形成较清晰的认识，从而增强法治意识。

勿以恶小而为之，勿以善小而不为。严重的违法犯罪往往是由一个小的坏习惯一步步发展起来的，而一个小的好习惯也可以在关键时刻使我们选择正确的道路从而避免违法犯罪的发生。习近平总书记在党的二十大报告中指出："弘扬社会主义法治精神，传承中华优秀传统法律文化，引导全体人民做社会主义法治的忠实崇尚者、自觉遵守者、坚定捍卫者。"所

以我们要自觉养成良好的行为习惯,坚决远离违法犯罪。

> **自我拓展练习**

1. 违法和犯罪有何异同?
2. 我们身边有哪些坏习惯?这些坏习惯可能会演化成什么样的违法犯罪?
3. 实践活动:自行观看法治纪录片《守护解放西》,并写一篇观后感。

第三章

军事训练——精益求精，纪律严明

导读

军事训练，一直以来都被视为磨炼个人意志和提升团队协作能力的重要手段。对于新生来说，它更是一个必不可少的环节。在职业教育中，学生不仅需要掌握专业技能和知识，更需要培养良好的品质和素养。而新生军事训练，正是这样一种能够帮助我们提升综合素质的重要途径。通过本章的学习，我们将一同探索军事训练的内涵、目的和方法，通过新生军事训练为职业教育生涯打下坚实的基础。

新生军事训练

学习目标：

知识与技能目标： 掌握军事训练的基本知识和技能；培养良好的团队合作能力，学会协调合作、有效沟通和解决冲突；培养坚韧不拔的意志品质，面对挑战时保持积极的心态和坚持不懈的努力；培养自律自强的素养，养成遵守纪律、规范行为的习惯和意识等。

过程与方法目标： 学生亲自参与军事训练，体验军事纪律和团队协作的重要性；通过实践，更好地理解军事训练的内涵和价值；训练结束后，学生需要对军事训练进行反思和总结，将军事训练中学到的知识和技能运用到其他方面。

素养目标： 通过军事训练，培养爱国主义精神、集体主义精神和良好的道德品质；理解军事训练对职业教育的重要性，认识军事训练对个人职业生涯和个人成长的积极影响。

学习重点： 掌握军事训练的基本知识和技能，理解其在职业教育中的重要性。

学习难点： 将军事训练的价值观和精神运用到其他方面。

第一节　军事训练，磨炼意志

【情境导入】

小李是一个性格散漫、缺乏自律性的学生。在入校之前，他总是我行我素，对学习和生活都没有明确的目标。在第一天的军事训练中，小李就遇到了不小的挑战。

军事训练要求学生们在短时间内完成一系列高强度的体能训练，这对于平时缺乏运动的小李来说是一个巨大的考验。他感到呼吸急促、双腿发软，几次想要放弃。然而，教官的严厉目光和同学们的坚持让他没有退路。

磨炼意志

在接下来的几天里，军事训练的内容逐渐增加。学生们被分成若干小组，进行团队协作训练。小李发现，只有大家齐心协力，才能完成任务。他开始学会倾听他人的意见，合理分工，互相鼓励。在这个过程中，他体会到了从未有过的成就感和自豪感。

随着时间的推移，小李逐渐适应了军事训练的节奏和强度。他发现，虽然训练过程很辛苦，但每一次的坚持和努力都让他变得更加坚强和自信。军事训练不仅锻炼了他的身体，更磨炼了他的意志和品格。

在军事训练的尾声，学校举行了一个汇报表演。小李所在的小组在舞台上展示了通过训练所获得的成果，他们的表演赢得了全校师生的阵阵掌声。那一刻，小李明白了军事训练的意义——它不仅是一次身体的锻炼，更是一次心灵的洗礼和成长！

💡 **思考讨论：**

1. 军事训练对职业院校学生的个人成长有哪些深远的影响？
2. 如何在日常生活中应用军事训练中的纪律性和团队协作精神？

一、军事训练的背景与重要性

军事训练的历史可以追溯到古代,其最初是作为战争准备和士兵训练的手段。随着时代的变迁,军事训练逐渐演变为一种培养学生纪律性、团队合作和坚韧意志的教育方式。在现代社会,军事训练不仅关乎国家安全,更涉及个人品格的塑造和集体精神的凝聚。

军事训练对职业院校学生来说,是一个独特的教育机会。其不仅提供了一个不同于日常课堂生活的体验,而且通过严格的纪律和体能训练,可以塑造学生的意志品质和自我管理能力。

(一)国家安全意识的培育

军事训练是国家安全教育的一部分,国家安全与每个人的利益息息相关。党的二十大报告指出:"坚决维护国家安全,防范化解重大风险,保持社会大局稳定,大力度推进国防和军队现代化建设,全方位开展中国特色大国外交,全面推进党的建设新的伟大工程。"通过了解国家安全形势和国防政策,能够明白国家在国际舞台上的地位和面临的挑战,不仅增强了国家自豪感和归属感,还培养了危机意识和安全防范意识。

军事训练中的国防教育内容,通常包括国家安全形势分析、国防政策解读以及国际关系等方面的知识,从中可以更加了解国家的安全环境和战略目标,从而增强对国家的认同感和责任感。

此外,军事训练还强调公民在国家安全中的责任和义务。通过参与军事训练,学生能够意识到自己在维护国家安全中的角色和作用,培养公民责任感和爱国主义精神。

通过军事训练中的实践操作和模拟演练,学生能够掌握一定的自卫技能和安全防范措施。这些技能和知识在日常生活中同样重要,有助于增强自我保护意识和提高应对突发事件的能力。

(二)个人综合素质的提升

军事训练不仅仅是体能和技能的训练,更重要的是对个人品质和意志的磨炼。通过军事训练,能够培养学生自律、坚韧、勇敢和团结等优秀品质。

在军事训练中,严格的纪律要求和规范化的管理有助于培养学生的自我约束能力。学生在训练中必须按照规定的时间、地点和要求行动,不能有任何违规行为。这种纪律要求不仅规范了学生的行为举止,还培养了自律意识和时间管理能力。

克服困难,坚持到底

军事训练中的体能训练对学生来说是一个巨大的挑战。体能训练不仅提高了学生的身体素质,还培养了耐力和毅力。在面对高强度的体能训练时,学生必须克服疲劳和困难,坚持到底,学会面对挑战、坚持不懈地追求目标。

军事训练中的团队合作任务是培养学生团结协作精神的重要手段。在集体中,学生必须学会相互配合、协调沟通,共同努力完成任务。这种团队协作的精神在未来的工作和生活中都是不可或缺的。通过军事训练中的团队合作,学生能够更好地融入集体,发挥自己的优势,实现个人与团队的共同成长。

二、军事训练对意志力的具体磨炼

(一)挑战与克服:体能训练与心理磨炼

军事训练中的体能训练和集体活动对学生来说是巨大的挑战。这些活动旨在提高耐力、力量和速度，使学生在面对生活中的困难时更加有韧性。同时，军事训练还要求学生克服心理上的困难，例如面对高强度训练时的压力和疲劳。这种身心两方面的挑战有助于培养学生的坚韧意志和积极心态。

（二）自律与自我管理：规律化生活与时间管理

军事训练期间，学生需遵守严格的纪律和规定，进行规律化的学习和生活。这种规律性的生活有助于培养学生的自律意识和自我管理能力。当学生学会合理安排时间、保持良好的生活习惯时，也能在日常生活和学习中更好地发挥自己的潜力。

（三）团队协作与沟通：集体活动与合作项目

军事训练中的集体活动和合作项目，要求学生学会相互协作、沟通配合。在这样的环境中，需要学会倾听他人意见、尊重他人、与他人合作完成任务。这种团队协作精神对于学生未来的职业发展和社会交往都非常重要。

坚持就是胜利

（四）面对困难与挫折：挫折教育与积极心态

军事训练中，学生可能会遇到各种困难和挫折，如体能训练中的失败、集体活动中配合失误等。通过教官和辅导员的引导，学会从失败中汲取教训、勇敢面对挫折并从中成长。这种积极的态度对于学生应对生活中的困难和挑战具有重要意义。

第二节 各项科目，整齐划一

【情境导入】

某职业院校的新生们迎来了人生中第一场军事训练。教官严肃地站在操场上，向学生们宣布："在接下来的训练中，我们要求大家做到各项科目整齐划一，包括站军姿、踢正步等。这是军事训练的基础，也是考验你们团队合作精神的时刻。"

学生们听到这个消息后，纷纷感到困惑和不解。他们觉得自己平时并不擅长这些科目，怎么可能做到整齐划一呢？于是，教官决定通过一个小试验来让其明白各项科目整齐划一的重要性。

教官将学生们分成了两个小组，每个小组都有10名学生。他给每个小组发了一根细长的绳子，要求其用

整齐划一

这根绳子来测量操场的长度。然而，教官并没有说测量的方法，而是让各小组自己思考并讨论出一个方法。

第一个小组开始了热烈的讨论。有的同学认为应该让一个人拿着绳子从头到尾走一遍，然后用脚步数来计算长度；有的同学则认为应该让所有人同时拿着绳子，然后同时走到头，再用时间来计算长度。经过一番激烈的争论，第一个小组决定采用第二种方法。

第二个小组也展开了讨论，其同样面临着两种不同的意见。经过一番激烈的争论，决定采用第一种方法。

当两个小组都完成了测量后，教官让他们将自己的结果报出来。第一个小组的学生们都感到非常惊讶，因为他们的结果相差很大，有的人测量出的长度比实际长度要长很多，有的人测量出的长度则比实际长度要短很多。而第二个小组的学生们都测量出了一个非常接近实际长度的结果。

教官看着学生们的表情，微笑着说："这个试验告诉我们一个道理，那就是各项科目整齐划一的重要性。当每个人都按照相同的方法进行测量时，我们就能够得出一个准确的结果。而在军事训练中，各项科目整齐划一的要求也是为了培养我们的纪律意识和团队合作精神。"

💡 思考讨论：
1. 你认为各项科目整齐划一在军事训练中有什么重要性？请举例说明。
2. 你在实际生活中是否遇到过类似的情况？你是如何处理的？

军事训练作为一种传统的教育和训练方式，对于职业院校学生的成长和发展具有重要意义。通过军事训练，学生不仅能够锻炼身体，提高身体素质，更能够培养出良好的纪律性、团队协作精神和意志品质。整齐划一的军事训练对于培养学生的集体荣誉感和团结协作精神尤为重要。

一、整齐划一的重要性

（一）培养学生的纪律性

军事训练中的站军姿和踢正步等基础训练科目，要求学生严格按照规定执行，这有助于培养学生的纪律性。在站军姿的过程中，学生需要保持身体挺直，不得随意晃动，这有助于培养学生的自我控制能力。同时，踢正步要求学生步伐一致，行进有序，这有助于培养学生的集体意识和协作精神。通过这些训练，学生将逐渐养成遵守纪律的习惯，为日常生活和学习打下坚实的基础。

（二）提升团队协作能力

军事训练中的站军姿和踢正步等动作需要学生相互配合，共同完成训练任务，这有助于提升学生的团队协作能力。在站军姿的过程中，学生需要互相纠正姿势，保持整个队伍的统一。在踢正步的过程中，学生需要掌握节奏，与队友保持协调。这种团队协作的精神将有助于学生在今后的学习和工作中更好地融入集体，发挥自己的作用。

（三）塑造良好形象

整齐划一的军事训练展现出学生的精神风貌和集体荣誉感。这种形象的塑造不仅增强了学生的自信心，也有助于提升学校的整体形象。在军事训练中，学生需要展现出良好的形象，包括整洁的仪容、端正的姿态和严谨的态度。这将为学生树立一个积极向上的良好形象，为其未来的职业生涯和个人发展奠定基础。

展示自我，增强自信

（四）锻炼意志品质

站军姿和踢正步等训练科目是对身体和精神的双重锻炼。在军事训练中，学生将面对各种挑战和困难，例如，长时间站军姿可能带来疲劳感、踢正步时节奏掌握不准等。通过克服这些困难，学生能够培养坚韧不拔的品质和克服困难的勇气。这种意志品质的培养将为学生在今后的成长和发展中提供强大的支持。

二、整齐划一的要求

（一）统一行动，听从指挥

军事训练要求全体学生听从指挥，服从命令，统一行动。在站军姿和踢正步等训练中，学生应严格按照教官的指示行动，不得擅自更改动作或节奏。教官应强调统一性和纪律性，确保每个学生都明白自己的任务和角色，为达成整齐划一的目标共同努力。

听从指挥，服从命令

（二）自我挑战，超越极限

军事训练不仅是身体的锻炼，更是意志的磨炼。学生应勇于自我挑战，不断超越自己的极限。在站军姿和踢正步等训练中，应积极克服困难，努力保持动作的稳定和统一。学生应树立正确的心态，把军事训练看作自我提升的机会，而不仅仅是一项任务或义务。

（三）互相鼓励，共同进步

军事训练强调团队精神，学生应相互鼓励、支持，共同进步。在站军姿和踢正步等过程中，应互相提醒、纠正错误动作，保持整个队伍的协调一致。教官应倡导团队氛围，让学生明白集体的力量是强大的，只有团结一心才能达到整齐划一的目标。同时，学生也应学会在团队中发挥自己的作用，为团队的成功贡献力量。

（四）安全第一，预防为主

军事训练中应始终将安全放在首位。学生应时刻关注安全问题，在训练的过程中，应认真学习正确的动作技巧和注意事项，确保自己不受伤。

（五）严守纪律，保持敬畏之心

在军事训练中，学生应严守纪律，对国旗、军旗等国家象征保持敬畏之心。站军姿时应保持端正的仪态，不得有任何不敬之举。遵守纪律是实现军事训练整齐划一的基础，同时，学生也应树立正确的国家意识和社会责任感，为国家的繁荣稳定贡献自己的力量。

三、整齐划一的训练方法

（一）站军姿：塑造良好形象的基础

站军姿不仅是军事训练中的基础科目，更是塑造学生良好形象的重要手段。通过站军姿训练，学生能够培养出良好的身体姿态和气质，展现出自信、挺拔的精神风貌。同时，站军姿还能帮助学生培养自律意识和纪律观念，提高自我控制能力。

站军姿矫正方法

1. 站军姿的要素和要求

站军姿的要素包括身体姿势、动作要领和标准要求等。具体来说，站军姿要求学生保持身体直立，肩膀放松，两腿并拢，脚跟靠拢，两臂自然下垂，目视前方。同时要保持自然呼吸，不可僵硬和过于紧张。

2. 站军姿的训练方法和技巧

为了实现站军姿的整齐划一，学生应学习有效的训练方法和技巧。首先，标准的军姿离不开平时的刻苦练习，站军姿是日常训练的重要科目之一，应该端正态度，持之以恒练习。其次，对于动作不规范、姿态不端正的学生，要树立信心，严格服从纪律，听从教官指挥，以积极的态度和饱满的热情投入到军事训练中，提高训练效果。此外，可以采用一些辅助器材，如身体姿态矫正器等，帮助学生纠正不良姿势。

案例链接：

东东是班级中一个比较活泼开朗的学生，但他站军姿总是不够标准。教官首先给东东讲解了站军姿的正确要领，包括肩膀放松、身体挺直、目视前方等。然后，教官让东东站在全班同学面前，示范正确的军姿。

东东站在队伍前面，按照教官的要求摆好姿势。然而，由于习惯性的问题，他的身体仍然有些歪斜和松垮。教官没有批评他，而是耐心地指出了他的问题，并给予了具体的指导和纠正的方法。他提醒东东要时刻注意自己的姿势，保持肩膀放松，身体挺直，同时目视前方。

在接下来的几周里，教官每天都安排时间进行站军姿的训练，并特别关注东东的表现。

站军姿

他鼓励东东多加练习，并与同学们一起互相观察和纠正彼此的姿势。东东的军姿逐渐有了明显的改善。他能够保持正确的姿势，肩膀放松而有力，身体也更加挺直。

最终，在一次军事演习中，全班同学以整齐划一的队伍和标准的军姿赢得了观众们的赞赏。

思考：

1. 东东在开始站军姿时不正确的原因是什么？通过教官的指导和训练，他是如何逐渐改正自己的问题并提高站军姿的水平的？

2. 从这个案例中可以得出哪些启示和教训？学生如何在军事训练中实现整齐划一的目标？教官在其中扮演着怎样的角色？

（二）踢正步：展现团队合作的力量

踢正步是军事训练中一项重要的集体科目，通过踢正步的训练，可以培养学生的团队合作精神和集体荣誉感。

1. 踢正步的要素和要求

踢正步的要素包括步伐、节奏、动作要领和配合要求等。具体来说，踢正步要求学生步伐大小一致、节奏稳定、上体保持正直、摆臂和腿部动作协调配合。整个队伍要保持步伐一致、节奏一致、配合默契，展现出良好的团队合作效果。

2. 踢正步的训练方法和技巧

为了实现踢正步的整齐划一，教官可以采取多种有效的训练方法和技巧。首先，掌握踢正步的基本要领，做到"踢腿、摆臂、收腿"三个动作协调一致。其次，循序渐进，逐步提高。一开始可以从原地踢正步开始，然后逐渐过渡到行进间踢正步。最后，多加练习，熟能生巧。

（三）训练方法：明确标准、反复练习、培养团队精神

为了实现军事训练中各项科目的整齐划一，需要采取科学有效的训练方法。以下是一些具体的训练方法和技巧。

1. 制定明确的训练标准和要求

在军事训练中，制定明确的训练标准和要求是必要的，包括动作要领、技术要求、时间标准等，学生应该严格遵守这些规定。

2. 分解动作、示范演示、模仿练习等方法

分解动作、示范演示、模仿练习等方法是一种有效的训练方法。通过将复杂的动作进行分解，更好地掌握每个动作的要领和技术细节。示范演示可以帮助学生更好地理解动作的要求和技术标准，增强感性认识。同时可以在实践中不断尝试和调整自己的动作，模仿练习，提高技能水平和实践能力。

3. 反复练习和重复训练的方法

反复练习是提高技能水平的关键。通过不断地练习和重复训练，更好地掌握动作要领和技术要求。在军事训练中，采用各种形式的重复训练，如连续练习、定时练习等，可以提高技能水平和实践能力。同时，注重培养毅力和耐力，在训练中不断挑战自己、突破自己。

在军事训练中，除了站军姿、踢正步外，基础的队列动作还包括立正、稍息、敬礼、向左转、向右转、向后转、蹲下、坐下、齐步走、跑步走等，休息的时候教官还会组织同学们演唱《团结就是力量》《强军战歌》等军歌，通过以上各个科目的训练，学生们可以培养出良好的身体姿态、自律意识和团队合作精神。

总之，通过科学的训练方法和技巧，在实践中不断提高自己的技能水平，培养出良好的身体素质和团队合作精神，对于自己未来的成长和发展具有重要意义。

踢正步

演唱军歌

第三节　内务训练，井井有条

【情境导入】

一位名叫小李的年轻士兵引起了上级的注意。与其他士兵的宿舍相比，小李的宿舍总是井井有条，每件物品都摆放得整整齐齐。他的床单没有一丝褶皱，就像刀切过一样平整；每一个角落都打扫得干干净净，就连窗台上的花都鲜艳欲滴。

某天，部队里举行了一场军事内务比赛，要求士兵们在规定时间内整理好自己的寝室。其他士兵都手忙脚乱，而小李却有条不紊地整理床铺、擦拭桌椅、归置物品。最终，他以绝对的优势获得了比赛的冠军。

内务整理

不久后，小李被提拔为班长。他带领的小队虽然人数不多，但是在各种战斗任务中表现出色，屡次受到上级的表扬。小李总是说："一个好的开始是成功的一半。整齐的内务不仅能让我们自己保持良好的精神状态，还能提高整个团队的士气。"

在军事训练中，内务整理不仅是一种日常习惯，更是一种纪律和团队精神的体现。井然有序的内务能够反映出一个人严谨、高效的工作态度。这种态度不仅在军事领域有着重要意义，在日常生活和职业生涯中同样至关重要。

💡 思考讨论：

1. 内务整理为何在军队中如此受到重视？
2. 如果你是一位教官，如何通过内务整理培养职业院校学生的纪律性和团队精神？

一、内务训练的起源与意义

内务训练可追溯到军事化管理时期，它不仅是对学生生活习惯的培养，更是对其自律、协作和责任感的锻炼。对于学生而言，内务训练是其适应集体生活、培养独立生活能力的关键一步。通过内务训练，学生能够养成良好的生活习惯和自律意识，为其未来的学习和工作奠定基础。

二、内务训练的内容与要求

在职业院校学生的内务训练中，主要包括床铺整理、物品摆放、卫生清洁等方面的内容。每

被子叠成"豆腐块"

一项内容都有明确的标准和要求，旨在培养学生严谨的生活态度和规律的生活习惯。例如，床铺整理要求床单平整，被子叠成标准的长方体形状，且放置在统一的位置。物品摆放要求个人物品分类整理、有序摆放，保持桌面、柜子整洁。卫生清洁要求地面、门窗、卫生间等区域保持干净整洁。

三、内务训练在职业院校教育中的重要性

（一）生活技能的培养

通过内务训练，学生可以学会如何整理个人物品、保持环境清洁，为今后独立生活打下基础。此外，内务训练还教授学生正确叠被子、整理床铺等日常生活技能，有助于提升其生活质量。

案例链接：

某新生入学时，对学校的内务要求不以为然。在第一次内务检查中，他的床铺杂乱无章，物品随意摆放。经过教官的耐心指导和他自己的努力，他逐渐掌握了整理内务的技巧。在随后的内务检查中，他的床铺整洁有序，物品摆放规范，得到了教官和同学们的赞扬。从此，他对内务要求严格遵守，养成了良好的生活习惯。

整理内务

思考：

1. 为什么对于学生来说内务训练尤其重要？请从生活技能的角度分析。
2. 在你自己的生活中，有哪些内务整理的小技巧或心得体会？

（二）自律意识的形成

严格的内务要求有助于学生形成自律的习惯，进而影响其日常行为规范。通过内务训练，学生能够学会如何管理自己的时间和空间，培养自律意识和自我管理能力。这种自律意识在日常生活中也能够得到体现，例如按时作息、遵守公共场所的规定等。

案例链接：

小东是一个自律意识很强的学生。在内务训练中，他总是能够自觉地整理床铺、摆放物品和打扫卫生。他认为内务是宿舍生活中必不可少的一部分，能够展现出一个人的素质和自律意识。他经常提醒和帮助室友整理内务，共同维护宿舍的整洁和美观。

整理内务示范

思考：

1. 如何理解自律意识在内务训练中的重要性？请结合案例进行分析。
2. 你认为在日常生活中，自律意识还体现在哪些方面？

（三）团队协作能力的提升

在共同整理内务的过程中，学生们学习分工合作，增强团队协作能力。通过互相配合、互相帮助，学生能够学到如何在团队中发挥自己的作用，提高与人沟通协作的能力。这种团队协作能力在今后的学习和工作中也将发挥重要作用。

> **案例链接：**
>
> 小李是一个性格内向的学生，不善于与人沟通合作。在内务训练中，教官安排他和几个同学一起完成任务。开始时，小李有些不知所措，不知道该如何与同学们合作。但在同学们的帮助下，他逐渐学会了分工合作，明白了团队协作的重要性。通过共同完成任务，小李不仅学会了如何与人沟通合作，还培养了团队协作能力。
>
> **思考：**
> 1. 为什么内务训练有助于提升学生的团队协作能力？请结合案例进行分析。
> 2. 在你的团队合作经历中，有哪些让你印象深刻的团队协作瞬间？

（四）责任感的培养

内务训练要求学生对自己所负责的区域负责，培养学生的责任感和集体荣誉感。通过内务训练，学生能够明白要为自己的行为负责，了解个人行为对集体环境的影响。这种责任感不仅在宿舍生活中非常重要，在今后的工作和社会生活中也同样重要。

宿舍内务整洁有序

> **案例链接：**
>
> 某宿舍的小张经常不打扫卫生，乱扔垃圾，导致宿舍环境十分糟糕。宿舍长多次提醒他要注意卫生，但小张仍然我行我素。一次内务检查后，宿舍因卫生不达标被扣分，影响了整个班级的内务评比成绩。小张深感愧疚，主动承担起打扫卫生的责任。从此以后，他每天都会认真打扫宿舍卫生，不再乱扔垃圾。
>
> **思考：**
> 1. 如何理解内务训练在学生责任感培养中的作用？请结合案例进行分析。
> 2. 在你的生活中，有哪些经历让你更加珍惜责任感和集体荣誉感？

四、如何有效进行内务训练

（一）遵守规章制度

学校制定了明确的内务规章制度，包括内务标准和评分细则等，以便学生明确了解内务要求。规章制度包括宿舍卫生清洁、物品摆放、床铺整理等方面的规定，并明确了违反规定的惩罚措施。学生应该严格遵守规定，养成良好的生活习惯。

（二）服从教官和老师的指挥

教官和老师在内务训练中起着至关重要的作用，给予学生正确的引导和示范，帮助学生掌握正确的内务整理方法。学生应该服从教官或指导老师的指挥，按时参加内务训练，认真完成内务整理任务。

（三）定期清理与总结

为了确保内务训练的效果，学生应该每天坚持整理内务，及时清理垃圾和杂物；定期进行大扫除，对宿舍环境进行彻底的清洁和整理；总结内务整理和打扫卫生的经验，不断改进方法，提高效率。

教官指导内务

（四）积极参加多样化的内务活动

为了增加内务训练的趣味性，学校可能开展多样化的内务活动，如内务知识竞赛、最美宿舍评选等。学生应该积极参加活动，例如，参加教官或指导老师组织的内务整理比赛、评比等活动，提高对内务整理和卫生的认识；参与宿舍文化建设，共同营造整洁、舒适、温馨的生活环境。除此之外，还能增强集体归属感和团队合作精神。

第四节　军事阅兵，气势磅礴

【情境导入】

清晨，阳光透过薄雾洒在学校的操场上。学生们身着军装，肃立在场地上，等待着即将开始的军事阅兵。不远处，脚步声渐渐响起，伴随着军乐的旋律，学生们以整齐的步伐缓缓走来。他们的每一个动作都显得那么精确、那么有力，仿佛是一支训练有素的军队。那一刻，整个操场都充满了肃穆与庄严的气氛。

经过一个月的军事训练，学生们不仅在体能上有了显著的提升，更重要的是，在精神层面也得到了极大的锻炼，学会了如何在困难面前坚持不懈、如何在压力下保持冷静、如何在团队中发挥自己的力量。这些技能不仅在军事阅兵中得到了充分的展示，更为未来的生活和职业发展打下了坚实的基础。

💡 **思考讨论：**

1. 你参加过哪些类似的集体活动？这些活动对你的成长有何影响？

2. 假设你是一名即将参加军事阅兵的学生，你将做何准备？你期望阅兵给你带来怎样的收获？

一、军事阅兵的概念与意义

军事阅兵是一种展示军队力量、提高士气、检验战斗力的仪式性活动。在职业院校学生中开展军事阅兵，不仅可以培养学生的纪律性、团队协作精神和集体荣誉感，还有助于提高身体素质和心理素质，为未来的学习和职业生涯打下坚实的基础。

二、军事阅兵的重要性

（一）培养爱国情怀和民族自豪感

军事阅兵是一个展示国家军事实力和民族自豪感的盛大场合。通过观看阅兵，学生可以看到先进的武器装备、严整的军队阵容，以及展现出的国家实力。党的二十大报告指出："全面加强练兵备战，提高人民军队打赢能力。"通过参与阅兵，学生能够深刻感受到祖国的强大和民族的伟大，从而增强对祖国的热爱和自豪感，这种情感将激励他们为国家的繁荣和发展贡献自己的力量。

（二）提升国防意识和安全观念

军事阅兵不仅是展示国家军事实力的机会，也是加强国防教育和安全观念的契机。党的二十大报告指出："深化全民国防教育，加强国防动员和后备力量建设。"通过参与阅兵活动，学生可以更深入地了解国家的安全形势、国防政策以及军事战略。这将有助于增强国防意识，更加关注国家安全，并认识到个人在国家安全中的责任和义务。同时，这也将增强安全防范意识，提高应对突发情况的能力。

（三）锻炼身体素质和意志品质

军事阅兵的训练过程是非常艰苦的，需要参与者具备较高的身体素质和坚强的意志品质。通过参与阅兵训练，学生可以在挑战中锻炼自己的身体素质，提高体能和耐力。同时，面对训练中的困难和挑战，可以培养顽强拼搏、不畏艰难的精神，提升意志品质。这种经历将使其更加自信、勇敢地面对生活中的各种挑战。

（四）培养团队协作意识和集体荣誉感

军事阅兵是一项集体活动，需要全体参与者密切配合、团结协作。在阅兵训练和表演过程中，学生将学会与队友们共同合作、相互支持，发挥团队的力量。这将培养其团队协作意识和集体荣誉感，在今后的学习和工作中，更好地融入团队、发挥自己的优势，与团队成员共同完成任务、取得成功。

学习雷锋精神

（五）传承红色基因和革命精神

军事阅兵活动是传承红色基因和革命精神的重要载体。通过参与阅兵活动，学生可以更深入地了解党的光辉历程、革命先烈的英雄事迹以及国家的发展历程。这有助于传承红色基因，弘扬革命精神，激发奋斗精神。同时，阅兵活动也将促使学生坚定理想信念，为实现中华民族的伟大复兴而努力奋斗。

（六）增强纪律性和自律性

军事阅兵对纪律性有着非常高的要求。在阅兵训练过程中，学生需要遵守严格的纪律和规定，服从教官的指挥和安排。这将有助于培养学生的纪律性和自律性，使其养成良好的行为习惯和工作态度。在未来的学习和工作中，学生可以更加认真负责、严谨细致地对待任务和职责。

三、如何重视军事阅兵

（一）制定明确的目标

在军事训练开始之前，学校和学生应该制定明确的目标。学校应该设定一个气势磅礴的阅兵目标，并为学生提供必要的训练和支持。学生应该认识到阅兵的重要性和自己的责任，积极参与训练并努力达到目标。

（二）积极参与训练

军事训练是实现气势磅礴阅兵的关键。学生应该认真对待每一次训练，按时完成训练任务，积极参与集体活动，不断提高自己的体能和技能水平。同时，学生还应该学会正确的姿势和动作，注重细节和整体效果的统一。

（三）注重团队协作

军事阅兵是一个集体活动，需要学生们相互配合、协同合作。学生应该学会与队友沟通、协作，形成默契的配合关系。在训练和表演中，应该注重整体效果的呈现，而不是个人的表现。

积极训练

（四）培养良好的心态

军事训练和阅兵是一项艰苦的任务，学生应该具备良好的心态和适应能力，学会应对压力、克服困难和挑战，保持积极乐观的心态。同时，还应该学会自我调整和管理情绪，以更好地应对训练和表演中的各种情况。

（五）寻求反馈与改进

为了达到气势磅礴的阅兵效果，学生应该及时寻求反馈和改进自己的表现，可以向教官、老师或同学寻求意见和建议，了解自己的不足之处并加以改进。同时，还应该学会观察他人的表现，学习他人的优点和长处，不断提高自己的水平。

（六）争取家庭支持与鼓励

家庭对学生参与军事训练和阅兵的支持与鼓励非常重要。家长应该给予孩子必要的关心和支持，帮助其克服困难和挑战。同时，家长还可以通过家庭活动等方式，增强孩子的团队意识和集体荣誉感，促进其更好地融入集体和参与训练。

综上所述，要重视军事阅兵在职业院校学生教育中的重要性。应该认真对待军事训练和阅兵活动，从制定明确的目标、积极参与训练、注重团队协作、培养良好的心态、寻求反馈与改进以及争取家庭支持与鼓励等方面着手，以实现气势磅礴的阅兵效果。这样的经历不仅有助于提高学生的身体素质和心理素质，还有助于培养团队意识和集体荣誉感，为未来的学习和职业生涯打下坚实的基础。

小 结

通过本章的学习,我们深入探讨了军事训练在职业院校学生入学教育中的重要作用。首先,我们讨论了军事训练的意义,强调了它对于培养学生的团队精神、坚韧不拔的意志和良好的身体素质的重要性。其次,我们对军事训练中的各项科目及内务训练进行了详细的分析,包括基本的站军姿训练、踢正步训练、内务训练等,这些训练有助于全面提高学生的素质。最后,我们介绍了军事阅兵的意义和重要性,它是对学生军事训练成果的检验,也是提升学生自信心和集体荣誉感的重要环节。

自我拓展练习

1. 军事训练对学生的入学教育有何重要意义?请列举几点。
2. 学生在军事训练中能够学到哪些技能和价值观?
3. 你认为学生应该如何准备和应对军事训练的挑战?
4. 军事训练对培养学生的纪律性和团队合作能力有何帮助?
5. 请描述一次你在军事训练中遇到的困难,以及你是如何克服的。
6. 军事训练对学生身心健康的影响如何?请谈谈你的看法。
7. 在军事训练中,学生应该如何平衡个人需求和集体利益?
8. 军事训练对于学生未来的职业发展有何积极影响?
9. 请谈谈你对军事训练的建议,以提升学习效果并帮助成长。

第四章

校园生活——群情欢洽，意气风发

导 读

党的二十大报告指出："中华优秀传统文化源远流长、博大精深，是中华文明的智慧结晶。"其中蕴含的自强不息、厚德载物、讲信修睦、亲仁善邻等，值得我们学习和传承。

进入新的学校，意味着独立生活的开始，不仅包含人际关系的处理，还包括衣食住行、花销用度、日常休闲等。本章将结合职业院校的具体情况，理论联系实际，主要在宿舍相处、宿舍规定、合理消费、健康生活等多个方面，讲述学生可能遇到的问题、需要注意的事项及处理问题的有效措施，有针对地对学生进行系统全面的指导、教育和引导，提高学生的自主生活能力、宿舍生活能力及日常生活能力，将生活安排得井井有条。

良好的校园人际关系

学习目标：

知识与技能目标：掌握校园生活的基本准则和具体要求，具有一定的独立生活能力和集体生活能力，在日常生活中展现良好的素养，进而提高自己的综合能力。

过程与方法目标：通过案例分析、知识学习、小组讨论等，分析校园生活中可能存在的问题，掌握宿舍生活与独立生活的方式方法，提高生活能力。

素养目标： 树立正确的校园生活意识，养成良好的生活习惯。

学习重点： 掌握校园中宿舍相处、宿舍规定、合理消费、健康生活等方面的生活技能。

学习难点： 在实际生活中，根据具体事项，采取恰当的方式方法，提升校园各种场景下的生活能力。

第一节 和谐宿舍，窗明几净

【情境导入】

1963年1月7日，国防部正式批复，命名雷锋生前所在班为"雷锋班"，这是全国第一个用雷锋名字命名的学雷锋集体。在这里，至今都保留着一张"雷锋铺"，"雷锋班"的战士们每天都为老班长整理床铺，每一个新加入"雷锋班"的战士都要睡到老班长的上铺，因为这里是"离老班长最近的地方"。

那时，吃饭有定量，有的工友吃不饱，雷锋宁可自己少吃一点、饿一点，也要把自己的饭分一些给吃不饱的工友。

雷锋住的宿舍是二层铺，他住在下层，看见住在上层的工友劳动一天，腰酸腿软，蹬着小木楔上下很吃力。一个星期天的早晨，他趁大家上山采野果的机会，到工地捡了几根破扁担和一些废铁丝，绑了个小梯子，从此，住上铺的工友们上下就方便多了。

那时，职工宿舍还没有通自来水，用水得到二里（1里=500m）地外的松泉寺沟口去挑。雷锋看大家用水困难，有时间就挑着两个大水壶去松泉寺挑水，回来后烧热了给工友们使用。

雷锋

同舍的工友李云喜回忆："我和雷锋住在同一间宿舍，头顶头，他住南炕我住北炕。雷锋对待同志确实像春天般温暖，他经常到食堂去给大家打洗脸水，到烧水房打开水给工友们喝。有的工友病了，他去医疗室取药，回来倒上开水让工友吃药。吃饭时，他去食堂买病号饭，跑前跑后，嘘寒问暖，细心护理。"

雷锋关爱身边的每一个人，虽然为工友们做的都是小事，可是却带给大家春天般的温暖和难以磨灭的记忆。

💡 **思考讨论：**

1. "雷锋班"的战士们为什么每天都为老班长整理床铺，还要睡到老班长的上铺？
2. 雷锋有哪些精神值得我们学习？

宿舍生活是校园生活中非常重要的一部分，而和谐宿舍则是宿舍生活中最重要的元素之一。和谐宿舍意味着室友之间的彼此包容、互相尊重、互助合作和友好相处。除此之外，和谐宿舍也意味着室友之间可以开展各种有益的交流和活动，让宿舍成为一个温馨的家。因此，大家应该共同努力，营造一个和谐宿舍环境，让每位室友都能在这个大家庭里感到温暖、舒适和快乐。

一、打造和谐宿舍的意义

和谐宿舍指在一个共同的居住环境中，个人和集体之间建立积极的联系，共同努力维护和平共处的氛围。打造和谐的宿舍环境，对个人成长和未来发展有着重要意义。

和谐宿舍

（一）社交能力和人际关系

宿舍不仅是生活的场所，也是培养社交能力和建立人际关系的重要平台。通过与室友相处，可以学会尊重他人的空间和需要，懂得处理冲突和矛盾，以及建立良好的沟通和合作技能。同时，在宿舍中可以互相学习、分享和成长。因此，应该珍惜和维护良好的社交环境，积极参与各种活动和交流，提高社交能力并建立健康的人际关系。

（二）自我管理和责任意识

在宿舍生活中，个人需要学会自我管理，如时间管理、金钱管理、个人卫生和宿舍安排等，同时培养责任感。这些能力对于未来独立生活和职业发展至关重要。

（三）适应能力与应对挑战

宿舍生活涉及适应新的环境和人际关系，室友通常需要共同解决宿舍生活中的各种问题，这有助于培养个人的适应能力和应对挑战的能力。

（四）团队合作和多元文化

宿舍成员通常来自不同的地区和文化背景，因此，宿舍生活是接触和融入多元文化的好机会，这有利于开拓个人的视野和理解力，培养团队合作和协调能力，在多元化的环境中更好地融入和发展。

宿舍关系

多元文化

打造和谐宿舍，不仅有助于塑造积极的人际关系，在今后的个人和职业发展中受益，还有助于维护和谐的生活环境，提升整体的居住和学习体验。

二、宿舍关系

（一）宿舍关系分类

宿舍中的关系有亲有疏，大致可分为以下几个类型。

1. 家人密友

这类宿舍关系是最和睦、最温情的。室友之间相处得好像家人一样，有什么事都互帮互助，生病了全宿舍悉心照料，放假了还会相约一起出去玩，能做到真正为彼此考虑，称得上是交心好友。

最好的朋友

2. 普通朋友

这类宿舍关系没有像上一类关系那么好，但也算和睦。室友之间礼貌相处，也会出去一起聚餐，一起拍照，但是称不上最好的朋友。大多数人的宿舍关系都处于这一层。

3. 时好时坏

这类宿舍关系就像不定时炸弹，你永远不知道什么时候会爆炸。好的时候可以像双胞胎一样形影不离，可吵起来也可以翻脸不认人。

4. 表面和睦

这类宿舍关系表面上大家相安无事，但是实际上谁也瞧不上谁。心里很看不惯对方的做法，不过彼此也都不会说破，不能真正地交心，也没有太大的矛盾。

5. 钩心斗角

这种宿舍关系简直就是现代版"宫斗"。4个人5个群，6个人10个群……矛盾重重叠叠、交相错合。彼此之间都有矛盾，还总是要假装友好，小群体现象严重。

6. 疏远陌生

最后一类宿舍关系就好像陌生人一样，各自干各自的事，不会一起出去玩，也很少聊天，宿舍就是一个睡觉的地方而已。

宿舍关系不和

避免打扰别人

（二）如何处理好宿舍关系

1. 日常起居尽量包容和理解

在宿舍共同生活时，每个人都有自己的生活习惯。因此，需要相互配合和包容。我们的每一个举动都可能影响到其他人，所以应该尽量协调作息时间，避免带来摩擦和争执。例如，如果你习惯晚睡，而其他室友都已经休息，那么在洗漱整理时要小心，注意减少声响和灯光对室友们的影响，避免打扰他们。

> **案例链接：**
>
> 某宿舍入住者来自不同地区，久而久之，因为诸如"他不爱打扫""他总是在宿舍大声说话""他小气"之类鸡毛蒜皮的小事不肯妥协，渐渐形成两个小团体。从此，大吵小闹一直不断，甚至发生了砸伤前来解决纠纷老师的恶劣事件。经协调，双方仍互相指责，无法达成一致，直至学校按照学生手册有关规定，对闹事双方做出相应的处分之后，方平息这场"战争"。
>
> **思考：**
> 1. 该宿舍为什么会闹得这么僵？
> 2. 你和室友交流时，能不能做到互相包容、互相尊重？

2. 在相处时不要搞小团体

在宿舍中，我们应该对每个人都保持平等的态度，不应对某些人过于亲近而对其他人疏远。小团体内部的密切互动和默契往往会导致其他室友的排斥和忽视，这种行为会给宿舍生活带来不良影响。被孤立的室友会感到焦虑、失落和不被接纳，导致宿舍内部的矛盾和紧张氛围。因此，我们应该在宿舍生活中避免搞小团体，而且要对每个室友都均等友好，保持公平和平等的态度，共同营造一个和谐舒适的宿舍环境。

搞小团体疏远其他室友

> **案例链接：**
>
> 某宿舍莫同学说自己虽然偶尔会怀念昔日宿舍的和谐，但她已经习惯了每天早出晚归，把自己泡在图书馆和自习室，连周末也不例外。"其实，这儿的冬天经常刮风下雨，谁不想待在暖和的宿舍里？但是，宿舍的气氛压抑得让人宁愿出去挨冻也不愿多待一分钟。"莫同学说，大一的下学期，自己就慢慢"逃离"宿舍了，因为6个人中的5个形成了相对稳定的小团体，而自己成了被排斥的那个。
>
> **思考：**
> 1. 你身边有没有搞小团体的行为？
> 2. 你对搞小团体的行为是什么看法？

3. 不要触犯室友的隐私

每个人都有自己的秘密，有自己想保护的领域，哪怕你好奇心很强，也不能越雷池半步,未经允许窥探他人隐私是不对的。所以,一定要注意,未经室友同意,千万不能乱翻其物品,即便你们已经很熟了,也不能忽略细节、过于随便。另外,住在同一个宿舍,有时难免会知道室友的某些小隐私,但是记住一定要守口如瓶,告诉别人不仅是对室友的不尊重,也可能会对其造成伤害。

4. 主动关心他人,互帮互助

在集体生活中,主动关心和帮助他人至关重要,这是建立良好人际关系的基础。此外,还应该具备良好的合作意识。例如,当室友需要整理床铺时,可以主动提供帮助;当有室友生病时,可以去食堂为他带餐。举手之劳就可以加深友谊,而且帮助都是相互的,你的付出将会得到回报,当你遇到困难时,室友也会乐意伸出援手来帮助你。

5. 维护共同的生活环境

宿舍是共同生活的场所,大家都有各自的生活空间,同时也需要遵守共同的生活准则。首先,每个人需要关注自己的个人卫生,保持整洁,经常换洗衣物,避免给他人带来不便。另外,必须遵守宿舍的规定和轮值制度,所有的宿舍成员都有责任轮流参与值日,如打水、打扫卫生、倒垃圾等,这不仅是为了他人,也是为了自己。如果有人懒惰不肯配合轮值,宿舍的整洁和卫生环境就会受到影响,甚至可能产生矛盾,不利于大家的生活。因此,我们必须意识到宿舍的卫生环境是大家共同的责任,每个人都应该积极主动地参与其中。

不能乱翻别人的东西

在宿舍要注意个人卫生

6. 采取合理的方式处理日常矛盾

宿舍生活中难免会出现一些摩擦和矛盾,当矛盾出现时,需要采取恰当的方式处理。如果因为一点小事而闹得不愉快,长期的心结和矛盾会影响个人的状态,也会影响整个宿舍的氛围。因此,要主动向对方表示友好,及时沟通和交流,而不是让矛盾继续恶化。无论自己是否有过错,主动一步迈出并不是示弱,而是展现成熟和解决问题的勇气,这样才能化解矛盾,保持宿舍的和谐氛围。毕竟,多一个朋友总比多一个敌人要来得开心。

主动冰释前嫌

🔗 **案例链接：**

某宿舍李同学回忆："刚开始的时候，宿舍6个人经常一起'卧谈'到深夜，嬉笑着分享各自的生活，甚至彼此的初恋，周末的时候还开个小party，大家相处很融洽。可是后来有人成为班干部，有人进了学生会，经常忙到很晚，休息的人经常受到打扰。更重要的是，因为奖学金、助学金的评选，涉及各种利益关系，关系不错的室友都闹翻了脸。"

💡 **思考：**
1. 不时刻相处的朋友注定会渐行渐远吗？
2. 你会为了利益和室友闹翻吗？为什么？

气氛融洽的宿舍关系

三、宿舍文化建设

"与善人居，如入芝兰之室，久而不闻其香，即与之化矣。与不善人居，如入鲍鱼之肆，久而不闻其臭，亦与之化矣。"创建文明宿舍不仅包含宿舍内部卫生状况的建设，更是涵盖了宿舍成员的纪律观念、思想素养、文化修养以及集体主义精神等方面。文明宿舍的建立是全体宿舍成员共同努力的结果，是集体主义精神的象征，每个宿舍都应该竭力争取创建文明宿舍。

（一）宿舍公约

在宿舍中，应该订立宿舍公约，每位成员严格执行。例如，公平地分担日常的任务，包括打扫卫生、购物等。为了确保每个人都承担一定的责任，可以通过轮流分配、能力与偏好商讨、定期轮换等方式来分配任务，这样可以保证大家共同遵守分配任务的约定，避免过度依赖一个人或少数人承担大部分任务。此外，可以商讨作息时间，制订合理的作息时间表，并且遵守约定的休息时间保持安静，保证每个人都能在舒适的环境中学习和生活，确保整体生活的和谐。

不遵守作息时间会打扰别人

案例链接：

郭同学几乎从不参加宿舍集体活动，非常不合群，平常有些小矛盾也很难有机会沟通。"他半夜回宿舍，好像故意似的发出巨大的响声，使人不得安宁！"室友愤愤不平地表示，"最可恶的是他从来不注意卫生，把宿舍整得像垃圾场！"最后因宿舍卫生扫除的小事闹大了，关系破裂后，郭同学自己申请调换了宿舍。

每个人轮流打扫卫生

思考：
1. 室友们为什么不喜欢郭同学？
2. 你有没有过类似的行为？

（二）宿舍卫生

搞好宿舍卫生，养成良好的卫生习惯。宿舍卫生状况往往是文明程度的直观反映，很难想象一个卫生状况很糟糕的宿舍，学生会有很高的文明程度，脏、乱、差的集体环境是很难培养出优秀学生的。因此，建设文明宿舍要以卫生为突破口。

（三）美化宿舍

以美化宿舍为手段，创建良好的文化氛围。爱美之心人皆有之，在抓好宿舍卫生的基础上，可积极开展美化宿舍的活动。想要美化宿舍，可以特别突出思想性、艺术性和专业性，并使三者有机统一。宿舍成员们生活在优美的环境中，既有美的创造，又有美的享受，从而得到良好的文化熏陶。

整洁光亮的宿舍

（四）文化活动

积极参加丰富多彩的文化活动。通过参加健康有益的思想教育活动、科技文化艺术体育活动、青年志愿者活动、社会实践活动等，确立正确的理想信念、价值观念和生活态度，培养高尚的情操、良好的精神风貌和健康的心理素质，成为社会所需的合格人才。

第二节　遵守规定，安室利处

【情境导入】

某学校一学生在宿舍阳台偷偷抽烟，中途出去接电话，把未掐灭的烟随手放在阳台窗台上。其他同学闻到阳台有浓烟味儿，赶紧过去查看，发现烟头被风吹到了阳台上放置的被褥上，将被褥点燃冒烟。学生赶紧拿水浇上去，又抱着被子去洗手间，用水对着冒烟的位置浇，被子不再冒烟后以为已经浇灭，于是扔到了垃圾通道中回宿舍了。后来垃圾通道剧烈燃烧，差点引发重大消防事故，学校老师及时组织灭火并关闭了垃圾通道。

垃圾通道严禁乱扔易燃物

思考讨论：

1. 该案例中，着火的原因都有哪些？
2. 学生救火的方式正确吗？应该怎么做？

在接受教育的阶段，学生迫切地需要掌握新事物、适应新社会，对陌生的事物表现出强烈的好奇心，部分同学有"初生牛犊不怕虎"的精神，有时会做出错误的判断，表现在学生公寓中就是打架、抽烟、从窗口乱丢垃圾、使用违禁物品、浪费水电等。这些虽然看起来都是一些小事，但如果不进行自我管理，长期发展下去，有可能走上违法犯罪的道路。因此，在宿舍中，我们要尤其注意自己的行为，遵守规定，严格要求自己。

一、宿舍安全

（一）财务安全

1. 宿舍防盗注意事项

最后离开宿舍的同学要锁门；不能留宿他人；对形迹可疑的陌生人要提高警惕；不要将

宿舍钥匙借给他人，也不要放到门框上，防止钥匙失控，宿舍被盗。

2. 什么时间容易被盗

刚入学宿舍较乱时容易被盗；放假前容易被盗；同学们都去上课时容易被盗，尤其是上午一、二节；夏季夜间开门多，易发生乘虚而入的盗窃；学校组织大型活动，外来人员剧增时，发生盗窃的可能性也会增加；学校开运动会、考试等，因宿舍人走空易被盗。

3. 如何保管好自己的现金和贵重物品

将较多的现金存入银行；贵重物品不用时锁在抽屉、柜子里；行李箱自行设置密码，且不要告诉任何人。

锁好贵重物品

4. 发现宿舍被盗后

保护好现场；立即向辅导员、保卫部门报告；如果发现存折、银行卡被盗，应尽快到银行办理挂失手续；如实回答前来勘验和调查的公安、保卫干部提出的各种问题，并反映线索协助破案。

案例链接：

某市刑警一中队接到辖区某学校报警，该校学生公寓发生失窃，有一台笔记本计算机被偷。接警后，民警立即前往案发现场进行勘察，经调取公寓楼宇监控视频核对，发现有一陌生男子曾进入学生公寓，并直接进入该学生宿舍盗走笔记本计算机一台。经审讯了解，该宿舍学生短时离开宿舍去食堂就餐时，未锁闭宿舍门，造成失窃事件。

宿舍失窃

思考：

1. 你们宿舍有没有最后离开的人锁门的习惯？
2. 应采取什么方式保管贵重物品？

（二）用电安全

宿舍是同学们学习和生活的重要场所，人员密集，安全问题不容忽视。据不完全统计，近五年全国共发生学生宿舍火灾 2000 余起，平均每天就有一起宿舍起火的案例。其中，大部分都是违章用电不慎引发的。因此，我们一定要安全用电。

1. 不使用违章电器

学生宿舍违章电器通常是指大功率电器和三无电器。除学生使用的计算机、手机、台灯和宿舍提供的灯、空调等电器外，其他电加热类电器在学生宿舍使用都属于违章电器，例如"热得快"、吹风机、电热毯、电磁炉、电饭锅、电热水壶、电熨斗、暖手宝等。另外凡是不符合质量规范的电器产品，不论其功率大小也属于违章电器。

为什么不能使用违章电器？首先，学生宿舍供电线路配电设施客观上不允许使用大功率电器，使用大功率电器极易引起电线超负荷。其次，学生宿舍属于公共住宿场所，涉及公共安全利益，有可能会造成短路而发生爆炸、火灾等事故。

宿舍禁止使用违章电器

> **案例链接：**
>
> 2021年12月，文山某学生宿舍楼突发火情，起火原因是天气寒冷，学生违规使用"热得快"，导致老化线路跳闸引发火灾，所幸未造成人员伤亡。
>
>
>
> 违规使用"热得快"导致火灾
>
> **思考：**
> 1. 为什么在宿舍中要尤其注意用电安全？
> 2. 不注重用电安全会造成什么严重后果？

2. 电源使用要当心

不用湿手触摸电器，不用湿布擦拭电器。发现有人触电要设法及时切断电源，或者用绝缘体（如干燥的木棍等）将触电者与带电的电器分开，不要徒手直接救人，以防触电。不随意更改、拆卸、安装电源线路、插座、插头等，也不要把铁钉等硬物凿入墙面，以防发生电线短路、触电等意外事故。

3. 电器远离易燃物

使用电器时，注意避开易燃物品；离开宿舍时，请务必断开所有电源，以防电器在老化并且通电的情况下起火进而引燃其他物品导致火灾。

不在易燃物旁使用电器

案例链接：

2020年12月，湖南长沙某大学一学生宿舍起火。据调查，该宿舍学生由于使用吹风机后没有及时关闭，在宿舍恢复用电时，其吹风机继续保持工作状态，最终点燃可燃物导致火灾。所幸当时宿舍无人，没有造成伤亡。

吹风机使用不规范导致火灾

思考：

在日常生活中，为了保证用电安全，你都有哪些好习惯？

4. 保障电源、电器质量

不乱接电线，多注意宿舍中的各种电器、插头、插座、电线、灯是否有破损、老化的现象。使用的插座、电线等必须符合安全质量标准及电器安装有关规范，如发现破损，要及时更换。

(三) 消防安全

1. 校园火灾预防

（1）校园禁烟　禁止携带火柴、打火机等火源，不许抽烟、点蜡烛、烧纸物，坚决消除一切火灾隐患。

（2）宿舍内部安全　除了保证用电安全，还要注意严禁堆放易燃物品，保持室内整洁，避免火灾隐患的出现，特别是阳台，不要堆放纸箱、课本、被褥等易燃物，防患于未然。

2. 火灾自救

（1）熟悉环境，了解路线　平时熟悉宿舍楼及教学楼内的安全疏散通道和消防栓位置，以便在发生火灾或其他紧急事故时不盲目跟从人流，沿着疏散通道方向顺利逃生，不能乘坐电梯。

（2）设法灭火，告知老师　火苗较小时，在保护自己安全的前提下，和同学共同用水浇或者用消防器材将小火及时扑灭。电器着火时，在保证安全的前提下立即切断电源。与此同时，其他同学立即联系辅导员老师。

不乱接电线

沿着疏散通道疏散

提起灭火器

拔下保险销

用力压下手柄

对准火源根部扫射

灭火器使用方法

（3）不贪财物，尽快逃出　在火场中，千万不要留恋财物，要争取时间尽快逃出火场。

（4）沉着冷静，厚物护身　遇到火势较小的火灾，要当机立断披上浸湿的衣物或裹上湿毛毯、湿被褥勇敢冲出去。

（5）低姿前行，捂住口鼻　在浓烟中逃生，要尽量放低身体，并用湿毛巾或衣物捂住嘴鼻。

（6）脱掉衣服，打滚灭火　身上着火，千万不要奔跑，应立即脱掉衣物，就地打滚压灭身上火苗。

厚物护身

（7）舍远求近，结绳自救　除通常使用的通道、楼梯外，还可充分利用房内的门窗、阳台、落水管等逃生自救。不要盲目跳楼，实在火势太大无法出去，可用绳子或把床单撕成条状连起来，紧拴在门窗和重物上，顺势滑下，不要贸然跳楼。

就地打滚压灭身上火苗

不要贸然跳楼

（8）投掷软物，信号求救　楼上如被火围困，可向室外扔抛枕头等软物或其他小物品，夜间则可打手电发出求救信号。

案例链接：

某学校一学生熬夜玩手机的同时卧床吸烟，把烟头随意扔到一边就睡着了，凌晨四点多感觉大腿灼热，醒来看到被子点燃冒烟，用宿舍内两桶水浇到冒烟处，被子不再冒烟后以为已经浇灭，于是将被子扔到楼道垃圾桶内继续回去睡觉，半小时后被子再次燃烧，警报器响起，楼道内浓烟滚滚。

💡 思考：

该学生有哪些错误的做法？

被点燃的被子

（四）人身安全

1. 打架斗殴

打架斗殴的行为是极具危害的，打架不仅会给他人带来身体伤害，也会给自己带来严重后果，因此，校园禁止打架斗殴。"打赢赔钱，打输住院"，无论结果如何，打架的后果都是不好的。

1）打架斗殴既是一种危害社会的行为，也是一种违法的行为。打架斗殴一旦发生，会对一定的社会关系或社会秩序带来破坏，并带来一定的法律后果。

2）打架斗殴是一种典型的故意伤害行为，加害者以故意损害他人身体健康为目的。打架斗殴不仅会造成身体上的伤害，还会对受害者造成严重的心理创伤。

禁止打架

3）打架斗殴会给家庭造成巨大的经济负担。人的生命和健康是无价的，治疗打架斗殴造成的伤势往往需要花费高昂的医疗费用，并且加害者要承担巨额赔偿金，这对于普通家庭来说无疑是一笔沉重的负担。

在校园生活中，难免会遇到矛盾和分歧。然而，暴力永远不是解决问题的办法。只有通过理性的沟通和平等的对话，才能真正解决矛盾，避免不必要的伤害和后悔。学会控制自己的情绪，尊重他人，是进行理性沟通的前提。同时，当矛盾发生时，我们可以寻求老师、家长、同学等第三方的帮助。通过理性沟通，化解矛盾，增进彼此的理解和信任。让我们共同努力，共同维护校园的和谐与安宁。

2. 校园欺凌

校园欺凌，指在校园内外学生之间的一方（个体或群体）单次或多次蓄意或恶意通过肢体、语言及网络等手段实施欺负、侮辱，造成另一方（个体或群体）身体伤害、财产损失或精神损害等的事件。

校园欺凌是一种可耻的行为，和打架斗殴一样，会对受害者造成身心伤害。如果你正在欺凌他人，请立即停止你的恶行，想想你的行为给受害者造成的痛苦，想想你的行为对你自己未来的影响。欺凌者往往会因为自己的行为而被孤立，甚至被学校开除；更严重的是，欺凌行为可能会演变成犯罪行为，让你面临法律的制裁。请记住，欺凌并不能让你变得更强大，相反，它只会让你变得更加软弱和卑鄙。真正的强大是能够控制自己的情绪和行为，是能够尊重他人，能够与他人和平相处。

如果遭受了校园欺凌，要勇敢地向老师、父母或可以信任的成年人反映，告诉他们谁是欺凌者，对自己做了什么，持续了多久，对自己已经造成什么样的困扰，绝对不能选择隐瞒沉默，欺凌者往往会利用受害者的沉默来继续他们的恶行。请记住，你并不是孤单的，有很多人关心你，愿意帮助你。勇敢地发声，寻求帮助，一定能够战胜欺凌。

抵制校园欺凌

3. 高空抛物

高空抛物可谓是"空中杀手"。这是一种极不文明的行为，社会危害极大。近年来，高空抛物坠物致人伤亡事件频发，有人甚至因此失去生命。也许很多人认为，随手扔出窗外的东西本身很轻，应该不会砸伤人。但事实并非如此，有时高空坠下来的小物品，哪怕一个小小的钱币或是一个小小的石子都有可能危及人的生命和财产安全，因此，不要从窗户往下扔东西。

《中华人民共和国刑法》第二百九十一条之二规定，从建筑物或者其他高空抛掷物品，情节严重的，处一年以下有期徒刑、拘役或者管制，并处或者单处罚金。

禁止高空抛物

4. 夜不归宿

（1）危及人身及财产安全　晚归可能危及人身及财产安全。无论男生还是女生，都要保护自身安全。

（2）危害身体健康　对于经常夜不归宿的学生，其中大部分均存在睡眠不足、饮食不规律、生物钟紊乱等现象，严重危害其身体健康。

（3）受到纪律处分，影响正常学习　夜不归宿高频人群课堂精力难以集中，有些学生甚至出现课堂睡觉或旷课现象，影响正常的教学管理秩序，进而对其他学生带来不良影响，严重影响学校风气。

夜不归宿有太多危害，应从我做起，拒绝夜不归宿。

严禁夜不归宿

案例链接：

我们听过太多因学生夜不归宿而发生的安全事件：某学校女大学生被拐卖；某学校学生夜间外出吃烧烤、娱乐、酗酒导致与他人发生口角纠纷进而动手打架发生的学生伤亡事故；因交通事故造成的伤亡事故……

江苏省苏州市19岁的高某某，是南京某大学的大二学生。2014年8月12日，她夜里独自外出，之后与家人失去联系。亲属向警方报案，据警方调查，高某某在桃园一村道被抢劫并杀害。

20岁重庆铜梁女大学生高某，自2014年8月9日离开宿舍，失联11天。2014年8月19日，铜梁公安局证实，高某已经被害，犯罪嫌疑人称，在途中发生争执，将高某杀害后潜逃。

思考：

1. 你如何看待夜不归宿？
2. 为什么不能夜不归宿？

职业院校阶段，我们毕竟涉世未深，很多时候并不能预知那些深深浅浅埋伏在我们身边的危险。学校是一道防线，宿舍也是一道防线，这两道防线足以抵挡大部分的危险，遵守学校规章制度，才是对自己人身安全最好的保障！

二、宿舍纪律示例

不同学校的宿舍纪律各异，下面列出某校学生宿舍管理的部分条文，以供同学们学习。

（一）文明守则

1）按统一指定的房间、床位住宿。未经允许，不得擅自调换。

2）遵守学校作息制度，晚上在规定的时间内返回公寓。未按规定回宿舍的学生应在值班室按实填写"晚归、不归人员名单统计表"。

3）遵守学校作息时间，保持公寓安静，勿在公寓内高声播放音响，大声喧哗和吵闹。

4）注意公寓内的文明礼貌和仪表举止，充分展现学生的优良形象。

5）公寓内不得进行不健康的娱乐活动。

6）同学之间团结友爱，严禁争斗打架。

7）不同宿舍的学生勿串宿舍，服从管理。

8）爱护公物，不擅自移动公寓（含宿舍内设施，若有遗失或损坏请及时申报）。

晚归登记

9）讲究卫生，勿乱泼污水、乱丢垃圾、乱涂乱画等。

10）勿在房内乱拉网线、电话线，勿在走廊、房间私自拉绳晒衣物等。

11）节约水电，发现水电设施损坏请及时到值班室报修（水电使用实行定额，超额部分收费）。

（二）安全守则

1）妥善保管自己的财物，做到人离门关。

2）严禁私自拉线接灯及使用大功率电器（如空调、冰箱、洗衣机等），严禁使用"热得快"、电炉等危险电器。

3）勿在公寓吸烟，不准使用盘式蚊香和明火器具或在公寓内焚烧物品。

4）勿攀爬入室，不倚坐窗台和阳台栏杆。严禁挪用和破坏消防设施。

5）严禁将易燃易爆物品带入公寓。

6）勿留宿校外人员，例如，校外亲友来访，须交验有效证件，经登记后方可入内，并按规定时间前离校。

禁止吸烟

7）谢绝小商小贩，谨防上当。

其他：校园生活区每晚及双休日均有辅导员值班，每幢楼还配备了宿舍管理员。晚间若有情况可随时拨打校园110报警。

（三）卫生守则

1）讲究公共卫生，保持公寓整洁。

2）按宿舍卫生标准做好清洁卫生工作，安排好宿舍卫生值日工作，做到每天一小扫，每周一大扫，争创标准宿舍。

3）勿随地吐痰，勿乱丢瓜皮果壳，养成良好的卫生习惯。

4）每天早上将房内垃圾放入各楼道垃圾桶内。

5）室内空间布置整洁、美观、高雅、有序。

整洁的宿舍

公寓建立卫生检查制度，每周公布各宿舍的卫生状况等。检查的情况直接与学生的德育考评挂钩。为奖勤罚懒，公寓根据一学期的卫生成绩及遵纪守法情况，按一定比例评选文明宿舍并给予奖励。评选结果将作为三好学生、优秀学生干部、奖学金等多项评比的重要依据。

在公寓中，有一些日常行为看起来是小事，但有可能会因为一时疏忽，酿成不可挽回的后果。因此，每一位学生都应该时刻严格要求自己，从小事做起，加强自身素质的提高，加强自我修养。

第三节　合理消费，量入为出

【情境导入】

湖北某校的小明，去年为了购买苹果手机及其他消费，申请了一笔网上贷款。然而，问题很快就出现了，小明的生活开销远远超过了他的还贷能力，于是他开始借钱还债。他向多家小贷公司贷款，然后又借钱偿还这些债务，最后他背负了70万元的债务，远远超过了他最初借的3万元。小明陷入了自己无法摆脱的债务漩涡，为了还债，他不得不辛苦打工，整天忙忙碌碌，筋疲力尽。他意识到自己陷入了深深的困境，悔恨不已。

思考讨论：
1. 小明为什么要借贷？
2. 小明的消费水平和经济能力匹配吗？

在"消费与发展"的经济形势下，学生的消费现状、消费心态、消费理念等产生了变化。但不管在什么样的社会背景下，学生都应该理性消费，切勿铺张浪费。

一、消费高的原因

职业院校学生作为特殊的消费群体，体现在以下几个方面：首先，处在一个未踏入社会，但又与社会接触的过渡阶段，基本上没有独立的经济来源，但又可以靠奖学金、勤工俭学等赚取一定收入；其次，相对较低学段的学生来说，思想逐渐成熟，课后生活更加丰富，消费自然增高，但和已进入社会的人相比，又缺乏生活压力、社会竞争力等；最后，学生消费的社会依赖性较强，社会上纷繁复杂的商品世界对正处于青春期的学生来说具有极大的诱惑力，这也会引发学生之间的攀比之风。

在相关调查中发现，当代学生的消费项目主要包括基本生活消费、学习消费、娱乐消费、人际交往消费等。其中基本生活消费不再是消费中的重点，此项消费大大降低，而用于改善生活条件、学习条件，用于满足精神文化需要的消费开始上升。

虽然没有独立的经济来源，但依然不能影响一些学生的消费水平。在很多学校，大部分同学的基本生活消费、学习消费差不多，而造成高消费的主要原因还是在同学们的娱乐消费、人际交往消费上。很多同学表示，大家一起聚聚餐，几个朋友出去旅旅游，没事去唱唱歌……消费就多起来了。

消费攀比

聚餐消费

二、培养正确的消费观

无论是什么原因，无论你家境如何，都应该理性消费，培养正确的消费观。

（一）树立勤俭节约的意识

一个民族、一个国家要富强，离不开自强不息、艰苦奋斗的精神，学生也要努力继承和弘扬艰苦奋斗和勤俭节约的优良传统，树立勤俭节约的意识，理智消费，并根据自己的家庭情况，制订合理的消费和理财计划，量入为出，避免不必要的消费。

（二）培养正确的消费观念

1. 正视自身消费现状，养成良好的消费心态

对于尚未有固定经济来源的学生而言，消费能力是相对落后的，但是消费欲望并没有衰减。所以，学生更要正视自身的实际情况，按切身实际分配消费，不要过度消费。

2. 注意克服攀比心理，不盲目追求高消费

在消费的过程中，要做到一切从实际出发，防止超前消费、过度消费。树立适应时代潮流的、正确的、科学的价值观，逐渐确立正确的人生准则，给自己理性地定位。

不要过度消费

选择适合学生群体的消费标准，不能因为攀比而一味追求名牌和高标准、高消费。

3. 注重精神文明，养成健康习惯

党的二十大报告指出："中国式现代化是物质文明和精神文明相协调的现代化。"精神文明不但能弥补物质生活上的不足，还能让我们有更深的精神内涵和更丰富的精神生活。所以，我们应通过参加各种教育和文化活动，陶冶情操，获取知识。另外，要注意进行绿色消费，反对不利于保护生态环境的消费行为。

（三）培养良好的消费习惯，规范不良的消费行为

1. 学会记账和编制预算

制订每月支出计划，这是控制消费最有效的方法。

2. 确定合理的消费期望

一些学生消费行为不当，就是因为消费期望值太高，脱离自身实际。

3. 确定生活消费准则

吃要营养均衡，穿要耐穿耐看，住要简单实用，出行要省钱方便。

4. 有规划地消费

不贪便宜，只买适合自己的东西。

5. 努力学习，获得奖学金

尤其是家境不好的同学，可以通过努力学习专业知识，获得相应的奖学金，这样不仅可以全面提高自身的素质，而且能在生活上为自己提供补贴。

记账

6. 养成储蓄习惯

有计划地将自己不用的钱存入银行定期储蓄或活期储蓄，然后按照计划有规律地进行支取。

7. 善于精打细算

新生应该注意学习省钱窍门，尽量别花冤枉钱，应更多地考虑所购物品的性价比和自己的承受能力。

> **案例链接：**
>
> 曾经，南京大学校园里张贴出了一封署名"一位辛酸父亲"的家信，强烈地拨动着人们的心弦。信的内容如下：
>
> 亲爱的儿子：
>
> 尽管你伤透了我的心，但你终究是我的儿子。虽然，自从你考上大学，成为我们家几代里出的唯一的一个大学生之后，心里已分不清咱俩谁是谁的儿子了。从扛着行李陪你去大学报到，到挂蚊帐缝被子买饭菜票甚至教你挤牙膏，这一切，在你看来是天经地义的，你甚至感觉你这个不争气的老爸给你这位争气的大学生儿子服务，是一件特沾光特荣耀的事。
>
> 的确，你考上大学，你爸妈确实为你骄傲。虽然现今的大学生也不一定能找到工作，但这毕竟是你爸妈几十年的梦想。我们那阵，上大学不是凭本事考的，要看手上的茧子和出身成分，有些人还要用贞操和人格去换，这也就是我们以你为荣的原因。然而，你的骄傲却是不可理喻的。在你读大学的第一学期，我们收到过你的3封信，加起来比一份电报长不了多少，言简意赅，主题鲜明，通篇字迹潦草，只一个"钱"字特别工整而且清晰。你说你学习很忙，没时间写信，但同院里你高中时代的女同学，却能收到你洋洋洒洒几十页的信，而且每周一封。每次从收发室门口过，我和你妈看着你熟悉的字，却不能认领。那种痛苦是咋样的，你知道吗？

后来，随着你读二年级，这种痛苦煎熬逐渐少了，据你那位高中同学说，是因为你谈恋爱了。其实，她不说我们也知道，从你一封接一封的催款信上我们能感受到，言辞之急迫、语调之恳切，让人感觉你今后毕业大可以去当个优秀的讨债人。

当时，正值你妈下岗，而你爸微薄的工资，显然不够你出入卡拉OK、酒吧、餐厅。在这样的状况下，你不仅没有半句安慰，居然破天荒来了一封长信，大谈别人的老爸老妈如何大方。你给我和你妈心上戳了重重一刀，还撒了一把盐。最令我伤心的是，今年暑假，你居然偷改入学收费通知，虚报学费。这之前，我在报纸上已看到这种事情。没想你也同时看到这则新闻，一时间相见恨晚，及时娴熟地运用这一招，来对付生你养你爱你疼你的父亲母亲。虽然，得知真相后我并没发作，但从开学到今天，两个月里，我一想到这事就痛苦，就失眠。这已经成为一种心病，病根就是你——我亲手抚养大却又倍感陌生的大学生儿子。不知在大学里，你除了增加文化知识和社交阅历之外，还能否长一丁点善良的心？

父母的重担

💡 **思考：**
文中的儿子哪里做得不对？

三、校园防诈骗

近年来，学生被骗的案件越来越多，因此，我们要提高警惕，认清犯罪分子的惯用伎俩。

（一）诈骗的主要手段

1. 网络兼职诈骗

此类诈骗，在校学生属于主要受害群体。受害者搜索刷单、兼职、赚钱之类的关键字之后，添加骗子的联系方式，骗子会事先要求"兼职者"先交一笔"定金"，再通过要求做刷好评、点赞之类的任务获取小部分返利获取信任，但当你做完一系列任务后，却收不到所承诺的任何报酬，且可能承担个人账号被封的风险。

2. 冒充公职人员

骗子冒充公安局、检察院、法院等相关单位的工作人员，打来电话，告知你涉嫌洗钱、贩毒、经济犯罪等，利用你急于摆脱干系、减少损失的心理，诱使你将钱款转入骗子提供的所谓安全账号，以达到诈骗的目的。

冒充公职人员

3. 网络购物诈骗

犯罪分子冒充淘宝等公司客服，拨打电话或者发送短信，谎称受害人拍下的货品缺货，需要退款，引诱购买者提供银行卡号、密码等信息，实施诈骗。

案例链接：

张某接到一个自称是支付宝客服的电话，说其买的商品未通过质检，要给其返还双倍赔偿金。根据对方引导，张某从支付宝借呗借款13500元，后以申请没有通过为由让张某下载小米贷款等APP注册绑定银行卡，从这些APP里贷款还支付宝的借款然后提现到其银行卡里。电话联系中，对方问张某要了银行卡号和短信验证码，张某给对方说了后发现钱被转走。

退款诈骗

思考：

如果你接到此类电话，会如何处理？

4. 裸聊型诈骗

骗子利用美女头像账号，通过不断聊天促使用户信以为真。骗子会以网络不好为借口发送不正规的APP链接，引诱用户登录进行"裸聊"。该类APP不是正常软件，会主动记录被害人通讯录里面的人员。被害人一旦"裸聊",加之一定程度的恐吓与威胁,就会"破财免灾"以避免泄露个人隐私。

5. 利用熟人作案

犯罪分子利用木马程序盗取对方网络通信工具密码,截取对方聊天视频资料后,冒充该通信账号主人对其亲友或好友以"患重病""出车祸"等紧急事情为名实施诈骗。

> **案例链接:**
>
> 顾某报警称收到姐姐的 QQ 信息称遇到急事需要用钱,让其转钱周转。顾某支付了 5000 元,之后给姐姐打电话,才知道姐姐的 QQ 被盗,共被诈骗 5000 元。
>
>
>
> 手机对面是骗子,谨防诈骗
>
> **思考:**
>
> 你是否收到过此类消息?你是怎么做的?

(二)预防诈骗

1. 拒绝诱惑,远离诈骗

大家要深知"天上不会掉馅饼",中奖、退税、无担保低息贷款等好事不会无缘无故降临到头上。因此,对陌生人的电话或短信应该一概不予理睬,这是防范诈骗的第一道防线。

2. 当面咨询,沉着应对

电信诈骗是一种虚拟引诱,受害群众一般有较充裕的时间应对。因此,如果大家实在不放心,想探明究竟,可以直接拨打 110 询问,或到银行、税务、电信、公安机关当面咨询,只要沉着应对,处置得当,完全可以避免被骗,这是防范诈骗的第二道防线。

3. 涉卡转账,立即停止

不管电信诈骗犯罪分子编造何种理由,设置何种陷阱,最后都会提到钱,诱骗受害人转账。因此,不管什么理由,当陌生人需要银行卡号、密码或在 ATM 机转账时,应当猛然醒悟,停止操作,捂紧钱袋。这是防范电信诈骗的第三道防线,也是防止被骗的最后底线。

"馅饼"前面是陷阱

捂紧钱袋子

4. 相互提示，共同预防

同学朋友之间要相互提醒，相互宣传。做好宣传防范工作，提醒身边人接到电话、收到短信，只要是不认识、不熟悉的人和事，均不要理睬，以免被诱骗。

第四节　健康生活，精神焕发

【情境导入】

一个帖子问："每天坚持锻炼，是种怎样的体验？"有位网友讲述了自己的故事。原先每天正常上班，觉得有说不出的疲惫，就连回了家也照样累。周末要么跟朋友聚餐，要么打游戏，还是觉得累。

直到他打定主意，给自己制订了锻炼计划。先从最基本的动作开始，然后慢慢加码。他坚持了10个月，加上饮食也越来越规律，他不仅甩掉了大块的肥肉，有了腹肌，整个人也不再有疲态。

坚持运动

运动起来他才发现，曾经把他累到不行的那些事也不过如此，除去工作，他有了更多精力去做各种喜欢的事。

有些时候，感受到累也许不是因为你活动量有多大，而是因为你没做对事情。踏踏实实运动费不了多长时间，也没多麻烦，反而是越想着偷懒，往后就越难动起来。

也许刚开始运动时会有些吃力，但等你坚持一段时间就会发现，整个人变得精神焕发。

思考讨论：

1. 运动有什么好处？
2. 关于未来的校园生活，你有什么设想？

生活习惯代表着个人的生活方式。良好的生活习惯不仅能促进个人的身心健康，而且对个人的未来发展有间接的作用。

学生时期精力旺盛，又处于长身体、长知识的阶段，良好的生活习惯是确保顺利、成功度过职业院校阶段的一个重要基础。为了达到身心健康的目的，从踏入新的校园起，就该切实重视这个问题，培养良好的生活习惯，并防止养成不良的生活习惯。

一、作息规律

首先，要合理地安排作息时间，形成良好的作息制度。有规律的生活能使大脑和神经系统的兴奋和抑制交替进行，天长日久，就能在大脑皮层上形成动力定型，这对促进身心健康是非常有利的。

新生应养成早睡早起的习惯。有的同学习惯于在晚上"卧谈"，天马行空地一谈就是两三个小时，或者玩游戏、刷视频到深夜，结果第二天上课的时候非常疲惫，根本无心听课。长期如此，不仅影响平时的课业学习，还容易引起失眠，甚至引发神经衰弱症。

早睡早起

二、适当锻炼

当谈到校园中的健康生活时，少不了适当的体育锻炼。在学习之余，通过适当锻炼，可以缓解学生们因紧张生活带来的压力，也可以增加生活的乐趣。例如，听音乐、跑步、做广播体操、踢足球等活动都有助于增强体质，提高对疾病的抵抗力。因此，体育不仅有助于放松心情，还有利于提高学习效率。记住，身体健康是一切的基础，适当的锻炼和活动可以让我们更健康、更快乐地度过校园生活。

适当锻炼

> **案例链接：**
> 动物学家发现，大象在野外生活可以活到200岁，一旦被俘获，关进动物园，尽管生活条件比野外好得多，却活不过80岁；野兔平均可活15年，而自幼养在笼内过着"优越"生活的家兔，平均寿命才4~5年；野猪的寿命也比家猪长一倍。那么，为什么野生动物比家养动物寿命长呢？其根源在于，野生动物为了寻食、自卫、避敌，摆脱恶劣气候的侵害，经常要东奔西跑，身体得到了很好的锻炼，能更好地适应外在环境的变化。

野生大象

> **思考：**
> 你有没有锻炼的习惯？如果有，请分享你平时是如何锻炼的；如果没有，请制订一个锻炼计划。

三、注意饮食

（一）饮食不良现象

1. 饮食不规律

有些同学因为起床较晚而来不及吃早餐，甚至直接忽略早餐的重要性，也有同学在课间只是随便吃些零食填饱肚子。

2. 暴饮暴食

食堂的就餐时间比较固定，有的同学由于错过学校餐厅的用餐时间，等下一顿时再吃双份而暴饮暴食。

3. 不注重营养、荤素搭配

喜欢什么就经常吃什么，想吃什么就吃什么，不注重营养、荤素搭配。

4. 喜欢吃零食

有的同学由于学习或其他原因错过了开饭时间，于是就吃点饼干、方便面来对付；也有同学不到吃饭时间，吃零食就已经饱了。

（二）养成良好的饮食习惯

1. 定时定量

养成按时吃饭的习惯，避免饥一顿饱一顿。一日三餐要定时定量，做到早餐吃好、午餐吃饱、晚餐吃少。

2. 细嚼慢咽

吃饭时要细嚼慢咽，品尝食物的味道，不仅有利于消化吸收，还可以避免暴饮暴食。

3. 营养搭配

荤素搭配，粗细搭配，多吃蔬菜水

合理膳食

果,保证营养均衡。不挑食、不偏食,才能摄入全面的营养物质。

4. 少吃零食

零食往往热量高、营养低,过量食用容易导致肥胖和其他健康问题。因此,应尽量少吃零食,尤其是在正餐前。

养成良好的饮食习惯,不仅可以预防疾病,还可以增强体质,提高学习和工作效率。因此,我们应高度重视饮食健康,从小事做起,逐步形成良好的饮食方式,为未来的健康生活打下坚实的基础。

> **案例链接:**
>
> 巴马瑶族自治县(以下简称巴马)是广西壮族自治区的一个山区县,是世界5个长寿村之一。这里的长寿老人之多,让人惊奇。截至2023年9月,有102位百岁以上的寿星。其中到底有什么秘密呢?这里仅从饮食角度来讲。
>
> 巴马人经常吃火麻、玉米、茶油、酸梅、南瓜、竹笋、白薯等天然食品。玉米、白薯等含有丰富的微量元素,火麻制成的油和汤含有大量的不饱和脂肪酸。国际自然医学会会长森下敬一对巴马进行调查后认为,不饱和脂肪酸和微量元素的摄入正是巴马人长寿的关键所在。巴马有"天然温室"之称,低纬度地带,雨热同期,农作物纤维素含量低,而高海拔地带昼夜温差大,有利于物质营养成分的积累,这样的气候特点造就了纯天然优质蔬菜瓜果。在长寿老人居住的村落,人们长期食用的就是这样的蔬菜瓜果。正是这些纯天然的有机食物,构成了人们长寿的重要因素。
>
>
>
> 巴马长寿村
>
> **思考:**
> 我们日常饮食需要怎么做才能吃得更健康?

(三)食物安全

目前,不少学校周边形成了"小吃街",学生经常光顾这里的摊铺。麻辣烫、烧烤、关东煮、烤冷面、盒饭、烧饼、各种零食等都是学生的最爱,然而,卫生状况却令人担忧,学生食物中毒现象屡有发生。

1. 食物中毒的原因

1)原料选择不严格,食品本身有毒,或受到大量活菌及毒素污染,已经腐败变质。

2)食品在生产、加工、运输、存储的过程中卫生措施不当,生熟分类不严格造成食品污染。

3)加工烹调不当,例如,加工时间不

食品污染

长，导致细菌未被杀死。

4）食品加工人员携带病菌，个人卫生不佳，造成食品污染。

2. 食物中毒的预防

1）选择卫生合格的食堂或餐馆。从正规的食堂和餐馆就餐，避免在小摊贩或无证经营的餐馆就餐。学校的食堂受学校监管，卫生一般能够保障。注意餐馆的环境和食品卫生，如果卫生差，不要在餐馆就餐。

2）注意饮食卫生。在平时要养成良好的饮食习惯，饭前便后勤洗手，以免手上的细菌进入口腔。同时还要注意饮食健康，尽量吃新鲜的水果和蔬菜以及煮熟的食物，不建议吃没有熟透或者隔夜放置时间比较长的食物。

3）避免食用过期变质食物。如果吃了过期或发霉的食物，可能会导致胃肠道受到刺激，从而出现腹痛、腹泻等症状。因此，在平时要注意食物的新鲜度，不要吃过期或发霉的食物。

安全饮食

4）不吃生冷食品。例如，冰淇淋、冰镇饮料等，因为这些食物会加重胃肠负担，引起消化不良，甚至诱发急性胃肠炎。

3. 食物中毒的处理

1）立即停止供应、食用可疑中毒食物。

2）采用指压咽部等紧急催吐办法尽快排出毒物。

3）尽快将病人送往附近医院救治。

4）马上向所在地的卫生监督所或防疫保健所、疾病预防控制中心报告，同时注意保护好中毒现场，就地收集和就地封存一切可疑食品及其原料，禁止转移、销毁。

5）配合卫生部门调查，落实卫生部门要求采取的各项措施。

食物中毒的处理

🔗 **案例链接**：

一天下午，林同学所在的班级有近10名同学陆续出现腹泻呕吐、头晕的症状，程度因人而异。此后，又有多名同校学生走进医院。据了解，他们当日中午都在学校附近的一家快餐店就餐。后来，相关部门对于这起疑似食物中毒的案件进行了调查，发现这家快餐店的营业执照在两年前就已到期，该店在申请营业执照前办理的卫生许可证也已经注销，店内的从业人员更是无一人出示健康证，加工点也属于无证经营。

💡 **思考**：

我们应如何注意饮食安全，预防食物中毒？

食物中毒的症状

四、勿沉迷手机

手机是把双刃剑，方便我们生活的同时，有一些同学沉迷于玩游戏和刷视频。职业院校学生正处于青少年阶段，是发展和学习的关键时期，沉迷手机可能会产生严重的负面影响。

沉迷手机会浪费大量宝贵的时间，影响学业表现和学习效率。现阶段处于学业和技能培训的重要阶段，需要将时间和精力集中在学习和成长上，而不是沉迷于游戏和短视频中。

勿沉迷手机

更为严重的是，沉迷手机可能导致产生心理上的依赖和焦虑，影响情绪稳定和心理健康，严重影响综合素质的发展。

因此，要注意尽量控制自己对虚拟世界的热衷，合理分配时间，培养良好的学习和生活习惯，远离沉迷手机的危险。

案例链接：

小耿是在校的一名职业院校学生，周末凌晨在宿舍猝死，原因竟是因为连续熬夜打游戏，这不禁让人们感到震惊。小耿为何会被猝死盯上？经过了解之后，事情的经过大概如下。

小耿在校期间，也是相当的颓废，在两年的时间里，挂掉的课程就有十几门，由于脱离了父母的束缚，更是迷上了计算机和手机游戏。

据小耿同学介绍，小耿和室友的关系不是太好。由于他天天晚上打游戏，有的时候打到凌晨两三点，严重影响了宿舍人的休息，而且白天也不去上课，所以两年的时间里，连续挂了十几门课。

而小耿发生猝死的这天正好是周末，他从早上八点就开始打游戏，一直到晚上，在一天的时间里，小耿也就是在中间吃了一点零食，并且除了上厕所外，就再没出过宿舍门。

小耿打游戏喜欢开语音聊天，到了凌晨十二点左右，同宿舍的室友们早已上床准备睡觉，而小耿一直在打游戏。就小耿室友回忆，小耿在凌晨十二点半左右，打着游戏突然就趴到桌子上面了，当时室友们以为他是在桌子上趴一会，就没有多想。直到第二天早上，小耿猝死的消息才传来。

沉迷手机的危害

据医生解释，由于小耿长时间久坐，饮食不规律，加上游戏里面的刺激，导致小耿身体的血管处于异常状态，产生了血栓，导致血液供应不上，才导致猝死。

💡 **思考：**
小耿的悲剧能否避免？

五、远离烟酒

由于不良环境影响，一些学生入学前就染上了吸烟饮酒的恶习。殊不知，烟酒会损害身体健康。

（一）损害身体健康

吸烟饮酒都会对身体造成严重的损害。吸烟可导致肺癌、口腔癌、食道癌等多种癌症，还会增加患心脑血管疾病、呼吸系统疾病的风险。饮酒过量可导致酒精中毒、肝硬化、胃溃疡等疾病，还会影响神经系统和精神状态。

吸烟对肺的危害

（二）影响学习

吸烟饮酒会损害学生的学习能力。吸烟会降低注意力和记忆力，影响学习效率。饮酒过量会导致头晕、恶心、呕吐等症状，严重时甚至会危及生命，更不用说学习了。

（三）浪费钱财

吸烟饮酒可能一时感觉没那么贵，但日积月累也是一笔不小的开销，这对家庭来说，也是额外增加了一个重担。

（四）损害形象

吸烟饮酒都会损害形象。吸烟的人往往牙齿发黄、口气难闻，形象不佳。饮酒过量的人更是会酩酊大醉，失去理智，做出一些不雅的行为，严重损害个人形象。

学生要认识到，吸烟饮酒是一种不良的生活习惯，对身体健康和学业都有着极大的危害。

拒绝吸烟饮酒

只有坚决拒绝吸烟饮酒，才能拥有一个健康的身体和美好的未来。

　　校园生活占我们求学期间生活的绝大部分，也是步入社会前的适应训练，在新的学校生活中，需要面对许多新的挑战和责任，这包括独立生活所需的一切，从人际关系到日常生活的点点滴滴。本章主要围绕宿舍相处、宿舍规定、合理消费、健康生活等多个方面进行了详细的介绍和指导。通过相关内容的学习，学生可以更好地应对生活中可能遇到的问题，学会合理安排生活，掌握自主生活能力和日常生活技巧。这不仅有助于个人成长，还有助于提高学生在学校的适应能力，为未来的发展奠定良好的基础。

自我拓展练习

1. 如果你和室友发生矛盾，将如何解决？
2. 你对自己每月的生活费如何规划？

第五章

学习交友——人生有限,学海无涯

导 读

党的二十大报告指出:"加快建设国家战略人才力量,努力培养造就更多大师、战略科学家、一流科技领军人才和创新团队、青年科技人才、卓越工程师、大国工匠、高技能人才。"技能人才是我国人才队伍的重要组成部分,职业院校是培养技能人才的摇篮。职业院校的学生拥有其自身的特色,有明确的学习目标,实践能力也较强。本章结合职业院校学生的具体情况,理论联系实际,主要讲述职业院校类学生在自我管理、自主学习、利用资源、交往合作等方面所需要的专业知识与技能,提高学生最关键、最核心的综合素质与能力,着力培养高素质劳动者和技术技能人才,服务国家人才强国战略,推动经济社会高质量发展。

高技能人才

学习目标:

知识与技能目标:能够认识自我,学会自我管理;掌握学习方法;学会自主学习;能够合理巧用资源;学会交友,与他人合作。

过程与方法目标:通过案例分析、知识学习、小组讨论等,注意学习交友中遇到的问题,提高学习能力,掌握人际交往的技巧,有效提升与他人合作的能力。

素养目标:树立正确的学习态度,养成良好的学习习惯;建立良好的人际关系,实现高效合作。

学习重点:

善于学习,掌握学习方法;善于交际,实现合作。

学习难点： 根据具体情况认识自我，学会自主学习，达到心中期望的目标；提高人际交往能力，有效应对人际关系冲突。

第一节　认识自我，自我管理

【情境导入】

小辛活泼开朗，谨慎细心，处事灵活，与班级同学相处融洽，组织能力强，是同学与辅导员眼中的好班长。在学业上，他认真听讲、刻苦学习，期末成绩优异。同时积极参加学校组织的文体活动，带领班级篮球赛获得冠军，担任新生班级助导，每一学年都被评为"三好学生"。

小辛因为表现优秀被辅导员推荐到一家公司实习，但是不到一个星期，辅导员就接到公司负责人的投诉电话："这位同学刚来时工作态度很好，工作也很积极，但没几天就开始懈怠，而且常常以自我为中心，不服从岗位分配与管理，在工作中也不尊重前辈，不肯听从老员工的指导，自视清高，也不主动与他人合作。"

小辛心里很委屈："明明是公司内部管理体制不好，职责不清晰，技术也不好，还不让我说。总是让我加班，我也觉得自己很辛苦。我的工作没有问题，为什么指责我？"

角色定位就是指南针，找准自己的角色，认识自我，能让你清楚地知道自己要做什么，不可以做什么。

找准角色定位

💡 思考讨论：

1. 小辛为什么会遭到投诉？
2. 我们遇到此类问题应该怎么做？

一、认识自我概述

苏格拉底说："认识自己，方能认识人生。"就像世界上没有两片相同的树叶一样，每个人都有自己独特的魅力，因此要正确认识自我，不断发现和发扬自身独特的价值。认识自我是一种重要的精神意识，它几乎是任何事情的出发点，人的所作所为均以自我认知为基础。认识自我是人生一道重要的关卡，是人生的重要转折点。一个人若能正确

认识自我

地认识自我,那么在人生道路上也不会迷茫。

二、认识自我的重要性

(一)激发自身成长欲望,促进自我价值提升

正确认识自我能避免自以为是、陷入认知盲区;可以正确、客观地认识自己的优势与劣势,发挥优势,弥补劣势。正确认识自我可以激发自身的潜能,不断发现新的问题,始终保持学习与反思的状态,促进自我价值的提升。我们要找到自己的独特性与天赋,悦纳自我,发现亮点,修正认知偏差,实现自我价值。

(二)明确目标,找到前进的方向

作为一名青年学生,我们应该有目标,知道自己想要什么,需要怎样的努力,以及通过何种途径实现目标。我们思考目标的过程就是在认识自我,正确认识自我可以帮助我们明确目标,找到前进的方向。

促进自我价值提升

明确目标,找到前进的方向

1)设定目标,真正弄清楚自己想要什么。设定目标不要拘泥于形式,可以采用多种方式去尝试,根据自己的优势确定适合自己的目标。

2)目标确定就不要轻易放弃,百折不挠地去追寻。可将目标细化,大目标细化成一个个容易实现的小目标,一步一个脚印,脚踏实地促进目标完成。

(三)完善自我,全面促进成长

世界是不断变化的,人的发展也是如此。过去的你可能胆小怯懦,做事犹豫不决,但经过历练,现在的你变得成熟自信、落落大方。这些变化可通过自我认识尽早发现,用新的眼光正确看待和评价自己,不断调整,不断完善自我,获得持续成长。

职业院校学生从新生到毕业生,从消极被动适应到积极主动创造,都需要不断认识自我。瞄准当下的目标,采用积极有效的方式,应对困难、挑战与挫折,调整心态,在理论与实践、总结与反思中完善自我,全面促进成长。

完善自我,全面促进成长

三、认识自我的途径与方法

认识自我可以通过自我评价与他人评价的方式进行，同时也要在认识自我后做出调整。自我评价即对自己的个性、思维、行为等进行实事求是的判断与评价。他人评价包括家人、好朋友、同学、教师，甚至是普通朋友的评价。在充分认识自我后要做出调整，学会接纳自我，缩小与理想自我的差距。

（一）自我评价

1. 自我观察法

观察日常生活中自己的行为举止，发现、归纳和总结出自身某种特定的行为模式。

自我观察

2. 自我反省法

自我反省法是在自我观察的基础上进行思考。为什么我会有这样的行为？这些行为模式给我带来什么感受？我要怎么改进？我还能做得更好吗？通过对发生的事情进行反省，可以找到发生某种特定行为的内在原因，并找到解决办法。

3. 自我记录法

自我记录法是对自己生活中感受较深的事件进行文字记录。发生了什么？我感受到什么？为什么会这样？我可以做些什么？文字记录是一种信息保留方式，可以通过信息的前后对比，得到更全面的自我评价。

自我记录

（二）他人评价

受认知水平的限制，我们对人、事、物的评价都具有片面性。在认识自我的过程中，只是进行自我评价是不够全面的，要结合他人评价穿过盲区，寻找准确、客观的自我认知结果。

他人评价过程中，由于每个人认知水平和对自己熟悉程度的不同，容易出现不同的评价结果。因此对他人评价要学会甄别与筛选，尤其注意某些与自我评价不一致的结果，要客观理解、坦诚面对，才能提炼出全面、具体、客观的评价。

他人评价

> 🔗 **案例链接：**
>
> 刚毕业的李文涛兴奋地打电话给辅导员："老师，我工作了，做私教英语老师，今天刚发工资，感谢您对我的鼓励与引导。"文涛在电话里继续说："老师，您还记得第一学期，您让我带领晨读英语吗？我非常胆怯，不敢接受这个任务，为什么您会选我？"
>
> 辅导员笑着说："虽然你性格内向，不善交际，但我看你平时经常看英文电影，入学时英语成绩也很不错。并且你很自律，愿意付出，我见你会主动关闭教室门窗，帮女

同学搬书，帮助其他同学值日，说明你乐于助人，也深爱这个班集体。所以，我希望你能发挥出自己的优势，而且我也相信你可以带领好晨读，营造一个良好的学习氛围。"

授业解惑

💡 **思考：**

为什么自我评价与他人评价会产生不一致的结果？面对不一致的评价结果，我们该怎么办？

（三）认识自我后的调整

认识自我后要接纳自我，也就是实事求是地承认、接受全部的自己，认识到自己是独一无二、无可替代、独具价值的。

认识现实自我的目的是找到与理想自我的差距，因此要根据认知结果与自身需求的轻重缓急，制订具体的目标与实施计划，调整自己的行为，使自己不断接近理想自我的状态。

接纳自我

四、进行自我管理

（一）进行时间与计划管理

对时间进行合理的计划与控制，有效安排和运用时间，是职业院校学生自我管理的重要一环。时间管理要做到以下几点：

1. 分析诊断时间，消除时间浪费

掌握自己的生活规律，把精力最充沛的时间集中起来，处理最重要和最费神的工作。找出和识别浪费时间的现象，以便消除对时间的浪费。

2. 制订时间计划，合理分配时间

根据事情的重要性和紧急程度，把事情分为四类：重要但不紧急的事情；重要且紧急的事情；不重要且不紧急的事情；不重要但紧急的事情。

3. 利用零散时间，酌情整合时间

例如，可以一边跑步一边听新闻，一边洗澡一边浸泡衣服等。

"凡事预则立，不预则废。"做好计划管理是成功的前提。计划管理要做到三步：第一步，编制计划，包括确定目标、分析条件、拟订方案、分析可行性；第二步，执行计划，可采用时间执行法与效果执行法；第三步，检查与调整计划。

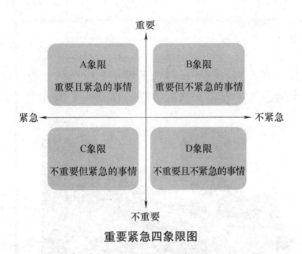

重要紧急四象限图

计划管理

（二）做好情绪与心态管理

职业院校学生正处于青春期，情绪感受强烈，因此要重视情绪管理。做情绪的主人，可采用以下方式释放消极情绪：第一，进行适量运动；第二，参加感兴趣的活动；第三，调节饮食；第四，倾诉消极情绪。另外，做好情绪管理不仅要减轻和疏解消极情绪，更主要的是培养积极情绪，过快乐的生活。因此，在平时的言行中，要给自己更多的积极暗示，阅读好书，欣赏美景，听欢乐的歌曲，使自己处于积极的磁场内。

心态是心理活动的综合反映。学会心态管理首先要做一个乐观的人，在日常生活中汲取榜样的力量，如历史人物、各行业楷模、社会杰出代表等；其次要不断提高自信心，正确看待自己，打破自我设限，在成功中不断提升自信；还要学会正确归因，笑对人生。

情绪管理

（三）加强习惯与自律

技能人才有好习惯傍身，就是给自己增添实力，给自己打开格局，创造更多的机遇。习惯养成是一种科学的自我管理。首先，确定要养成的习惯；其次，要马上行动，激发执行力，切不可把事情拖到最后才做；最后要借助外力，促进习惯养成。

保持自律最好的方法就是管理好自己，无论做什么，都应尽力而为。学习时全情投入，

作业"打欠条"

玩耍时尽情释放，让生活充满收获与欢乐。要做到收放自如，就要提高自我管理的能力，合理安排时间，高效完成任务。

第二节　学会方法，自主学习

【情境导入】

张浩，2021年毕业于济南市某职业院校。毕业后，他凭借优秀的履历与出色的专业能力进入一家技术中心实验室。成为"技术能手"一直是张浩的梦想，在学业上他持续学习理论知识，刻苦钻研，不知疲倦。工作中，对于一项新技术，他反复练习，反复操作，碰到技术难题反复琢磨，请教前辈。他的工作服常被汗水湿透，每天回家后才发觉腿像灌了铅，身体像散了架。正是凭着勤学苦练的韧劲，张浩掌握了国内外前沿技术。他的多篇论文获得省级、市级科研成果奖，在各类技能大赛中，他也脱颖而出，先后获得技能大赛第一名，成为真正的"技术能手"。

技术能手

💡 思考讨论：
1. 张浩是如何成为"技术能手"的？
2. 现阶段在校学习期间，你的学习目标是什么？

一、自主学习概述

自主学习是指学习者自觉主动地确定学习目标，制订学习计划，选择学习方法，利用学习资源，监控学习过程，评价学习结果的过程。长期坚持自主学习，可培养自身较强的学习能力，成为善于学习、热爱学习的人。

自主学习

案例链接：

钱伟长是我国近代著名力学、应用数学的奠基人之一。当年，他考上清华大学，由于文科成绩非常优秀，选了中文系。没想到不久之后发生"九一八"事变，他觉得读文不能救国，想转系改念物理。物理系主任吴有训教授查看他入学考试的成绩，物理才考15分，中文、历史考满分，建议他还是进中文系，说学文也可以救国，物理系难念，许多人会被淘汰。钱伟长执着地站在那里不走，后来，吴有训走到哪里，他跟到哪里。吴有训没办法，向他提出条件，第一年的大学普通物理、微积分、普通化学三门课都要过70分。这一年，钱伟长一天最多睡5个小时，从中学的物理、化学、数学微积分开始自学。起初他用学中文的方式死记硬背，但效果非常不好。他去请教学得好的同学，同学告诉他学习不能死记硬背，需要弄懂，要多思考，并且还告诉他如何记笔记最有效。钱伟长凭着刻苦的精神和科学的学习方法，最终达到吴教授的条件，4年后毕业，钱伟长又考取了清华大学物理系研究生。

钱伟长

💡 思考：
钱老是如何从一个物理才考15分的学生成为清华大学物理系研究生的？

二、自主学习的重要性

努力学习的意义不是与别人比成就，而是为了自己将来拥有更多选择的权利，能够选择更有意义的工作，而不是被迫谋生。

（一）承担必需的责任

小时候，父母帮助我们安排和规划一切。当我们成年后，就要肩负起生活与工作方方面面的责任。如何才能承担起这个责任？答案是学习。从书本上学习知识，学会如何思考；从生活中学习生存的技能，学会如何为人处世。人的一生角色不断变化，必须靠自己安排学习内容、学习时间，迎接在工作和生活中遇到的挑战。

（二）成就个性化的自己

自主学习一方面有助于个人职业发展，促进个人成长；另一方面能够丰富生活，增添乐趣。当我们尝到一块美味的蛋糕时，可能会想自己为何不尝试着学一学做糕点，以此与家人共享温馨时刻；当我们学会摄影，旅行时便可以为父母、朋友拍下美好瞬间，留下永恒的记忆。只有学会自主学习，增强自身本领，提高自身素质，才能成就独特、丰富的自己。

自己安排学习

（三）创造自己的生活

一名企业家在一次演讲中说，母亲曾经告诉他，必须要有一技之长，因为一技可以谋生，之长才能致富。一技傍身，走遍天下都不怕。多年后，企业家的认识发生了变化。他认为，一技之长在20年后可能无处施展，不改变自己，可能都不知道该干什么。如今知识更迭加快，新业态、新形势不断涌现，今天掌握的专业技能，20年后可能这个专业都不一定存在了。要安排好自己的人生，就要提早学习、主动学习，并规划好自己现在要做什么、未来想做什么，需要具备什么素质，如何面对变化、面对成败。只有将自主学习的意识和习惯保持终身，将自己所学所思运用到生活工作中，才能从容应对，享受生命中的变化和馈赠。

（四）适应当下的学习与工作环境

我们来到职业院校学习，身边没有了家长的督促，老师也不像中学时期那样时时紧盯着我们的学习，在这样的环境下，学习效果依赖于个人自主学习习惯的养成。要适应学校的学习环境与社会需要，必须尽早养成自主学习的习惯，掌握自主学习的方法与技巧。还要经常反思和总结自己的学习方法，梳理出关键的元素，构成系统的体系，运用到自己的学习和工作中。

养成自主学习的习惯

三、自主学习的途径与方法

（一）珍视期望，明确学习目标

要做到自主学习，要有明确的目标，并且坚定地追求目标。

（二）学会自律，加强自主学习意识

要做到自律，首先，要明确目标，明确当下需要做的事情。其次，要有勇气和自信，相信自己可以做到。再次，管理好自己的精力。最后，设立"冷却时间"。例如，当面对诱惑无法按计划学习时，给自己"冷却时间"，即延迟满足，等10分钟后再做决定。这10分钟内，可以想想自己制订的长远和近期目标，让自己逐渐冷静下来，抵抗诱惑。

（三）调控过程，提高学习效果

自主学习的过程需伴随自我调控。记录和反思是监控、检测学习结果常用的方法。记录学习过程是对自己学习的一种反馈，可以用一张纸记下你想要改变的行为发生的次数，也可通过手机软件进行打卡。反思则常通过自我提问来进行。例如，学习某部分内容之前，写出最困惑的问题；学习之后，判断问题解决的情况，哪些问题尚未解决？产生了哪些新问题？不能按预定计划学习是自身情绪的影响还是环境导致？需要怎样调整？

学会自律

四、运用科学的学习方法

（一）陈述性知识学习方法及应用

1. 归纳类比

人类的基本思维方式有三种：一是演绎法，即从一般到特殊的推理过程；二是归纳法，即从特殊到一般的推理过程；三是类比法，即用一件事来理解另一件事。

演绎法是一种逻辑推理方法，它涉及从一个一般性的前提出发，通过逻辑推导得出一个具体的结论。这个过程确保了前提的真实性，并且遵循正确的逻辑形式和规则。演绎法的关

键在于其前提与结论之间的关系,这种关系可能是必然的,这意味着只要前提是真的,结论就一定是真的。

我们可以利用归纳法将书由厚变薄,对应该掌握的内容进行归纳和概括,把全文内容浓缩到一两张纸上,或者用一张思维导图将某一章节内容归纳,这些都是利用归纳法把书由厚变薄的过程。

类比法是一种非常有效的学习方法,能帮助学习者理解事物间蕴含的相同结构。例如,当我们想学习操作 PhotoShop 这种图像处理软件时,因为它的操作有一定难度,我们可以先掌握操作简易的修图软件,如美图秀秀、光影魔术手等。当我们把操作简单的修图软件学会,再去学习 PhotoShop,学习效率就会更高。

2. 问题驱动

问题驱动就是为学习知识创造一个理由,通过解决问题的过程来学习。问题驱动式学习,首先,要进行问题设置;其次,要制造生活中的任务驱动;最后,解决职业工作带来的任务驱动。

3. 可视化表达

可视化表达是通过视觉形式将知识或信息表达出来,地图、图表、图片等都是可视化表达常见的形式,它能帮助人们更好地理解事物之间的关系,提取出复杂文字中的抽象关系,简化认知过程,减轻认知压力,更快地掌握信息。利用可视化帮助知识复盘,思维导图是可视化的一种工具,能够帮助我们快速整理信息。

4. 以教促学

以教促学是把教别人作为促进自己学习的方法,利用教学者的责任感,促使我们更严谨地对待学习。

以教促学的本质是当我们学习新的知识时,尽可能地通过各种途径把它说出来、写出来或应用出来,积极主动地去给别人讲自己学习的新知识,给自己的学习制造反馈。以教促学有多种形式,例如,文字类教学、视频语音类教学、日常生活情境中的教学。

5. 倾听和共享

协作学习是一种通过小组或者团队的形式组织学生进行学习的策略,通过学生常见的主动对话形成。倾听和共享是协作学习的基础,小组成员共同学习,一起解决问题;可以通过参加一些活动,如读书会、座谈会等,找到适合自己的学习共同体,结识相关的学习伙伴。

以教促学

(二)操作性知识学习方法及应用

1. 观察与模仿

观察与模仿式学习是在没有明确指导下的自然情景中发生的,能将目标人群的行为模仿下来。

观察与模仿式学习是我们身体里被隐藏的巨大潜能,也是被低估的学习方式。我们要尽量选择在真实的场景中观察,与观察对象产生真实的互动;将需要模仿的行为分解为小模块,同时了解行为背后的逻辑;还要保持专注。

观察与模仿

2. 刻意练习

很多人认为杰出源于天赋，天才却认为，他所取得的成就源自反复练习。一位心理学家通过研究体育、音乐、国际象棋、医学等不同领域的杰出人才获得成就的原因，提出了"刻意练习"法则。

应用刻意练习，首先，做到向高手学习，尽可能寻找到该领域最优秀的专家、高手或者经典书籍。其次，可将学习任务进行拆解，分为若干小目标，要在学习区练习，学会分散练习，加深记忆。例如，学习英语口语，每晚45分钟集中练习，就没有早、中、晚各15分钟效果好。另外还要获得持续有效的反馈。最后，会创意练习。有时候练习过程有些枯燥，可尽可能使用有创意的方法来练习关键技巧。

3. 实践体验

实践体验式学习是人们通过亲自体验或亲身操作实物，调动运动感知方面的能力，给抽象的文字描述赋予真实的含义，从而获得初体验，拥有好奇心，然后去探寻更详细的文字解读或逻辑推理。

实践体验

应用实践体验，第一，在学习过程中，不能只满足于知道，要到真实场景中去实践它，避免知而不行；第二，如果没有真实的场景，可以进行一些模拟实践练习；第三，通过创造新的体验改变原有的行为。

4. 动手创造

动手创造是创作出可以与他人分享作品的学习方法，作品可以是制作的美食、酿制的酒、撰写的小说、编写的应用程序等。

通过动手创造能看到自己的劳动果实，收获自己的努力成果，带来深层次的满足感。在学习一项技能时应用动手创造的学习方法，主要有两点要注意：第一，学习时要有产品或成果输出意识；第二，创造条件进行动手创造。

动手创造

第三节　依托平台，巧用资源

【情境导入】

小梅同学是职业院校二年级电子商务专业的学生，学习态度端正，刻苦努力，但是成绩一直不见有起色，为此她很苦恼。她觉得自己上课认真听讲，下课也会认真做作业，但就是无法考到班级的前几名。

直到有一天，班级里的学习委员小东给小梅分享了一些网络学习资源，同时两个人经常相约去图书馆看书、查阅资料。小梅在这个过程中，不断积累了一些课外知识，同时开拓了自己的视野，学到了书本上没有学到的知识，也学会了总结与独立思考。期末考试成绩出来，小梅考到了班级前10名，她这才发现自己原来只禁锢于课内书本，没有多去拓展知识，导致自己思维面狭隘。

图书馆看书

思考讨论：
1. 小梅成绩一直不理想的原因是什么？
2. 小梅利用什么学习资源来拓宽知识面？

一、图书馆资源的重要性

（一）促进文化知识的传播

图书馆是思想交流的重要场合，促进了文化知识的传播，为培养读者的思想品德创造了一个良好的环境，对读者创新精神和思想品德的培养具有巨大作用。

思想交流

（二）提升学术能力和求知欲望

在图书馆内有丰富的图书、期刊、报纸、电子资源等，为学生提供了广阔的学术知识和信息,最大限度地利用好图书馆资源,可以达到高效的学习效果。

（三）提高教育质量和培养人才

图书馆被誉为"读者的第二课堂",在此,读者可以有目的地利用图书馆,阅览丰富的图书期刊。信息时代下,图书馆资源对提高教育质量和培养人才的重要性不言而喻。

二、使用图书馆资源的途径与方法

在图书馆学习意味着与静谧的环境为伴。在书香弥漫的氛围中,我们能更好地投入到阅读与学习中。利用好图书馆资源能帮助我们培养自学能力,有助于提高学习效率,也能在与同学的交流间分享彼此的学习经验与心得,让我们获得更多的启发与灵感。那么怎么更好地利用图书馆资源进行学习呢?我们一起来探究一下。

（一）合理规划时间

合理规划时间是利用图书馆资源的基础。学生应该根据自己的课程表和学习计划,合理安排来图书馆的时间。可以将学习任务按照优先级进行划分,优先处理重要的任务,然后再利用馆内资源进行深入的学习研究。此外,要坚持每天或每周固定的时间去图书馆,形成学习的习惯,避免拖延和浪费宝贵的学习时间。

（二）了解图书馆的资源情况

了解图书馆的资源情况对充分利用图书馆资源至关重要。学生可以向图书馆工作人员咨询馆内藏书的分类和存放位置,了解各个区域所提供的资源种类。同时,可以主动关注图书馆的最新书目推荐、学习活动等信息,及时获取有价值的学习资源。此外,要学会使用馆内的电子资源,如电子书籍、学术数据库等,利用电子资源进行查阅和下载,提高效率和便捷性。

图书馆藏书分类

（三）合理选择学习环境

合理选择学习环境对提高学习效果有很大的帮助。图书馆内提供了丰富的学习资源,有针对地选择适合自己的学习资源尤为重要,同时要选取合适的学习环境,如此才能提高学习效果。

三、网络资源的重要性

新时代的学生,既是学习的主体,又是网络的主体,掌握并运用好网络平台,对于个人的学习和成长都具有重要意义。我们必须认识到,新时代的学生不仅要用好互联网,还要善于运用互联网。

（一）利用网络资源拓宽学生的学习视野

网络上的学习资源极为丰富,学生可以通过搜索引擎、教育网站、在线图书馆等途径获取各种类型的学习资料,如文本、图像、视频、音频

善用线上图书馆

等。这使得学生不再受限于传统的教材和课堂教育,能够更加自由地选择适合自己的学习内容和方式。

(二)利用网络资源激发学生的创新思维

网络为学生提供了一个了解学科前沿动态的平台,学生可以通过学术网站、专业论坛、学者博客等途径了解最新的科研成果、学术动态和学科发展趋势,从而拓宽自己的视野,激发创新思维。

(三)利用网络资源提升学生的综合素质与能力

善于利用网络平台上的丰富资源进行学习,不仅包括学科知识和专业知识,而且包括各种实用技能与方法,可以通过学习这些知识和技能来提升自己的综合素质和能力。要想在当今激烈的竞争中脱颖而出,就必须不断地学习、充实自己。

四、利用网络资源的途径与方法

(一)合理利用搜索引擎

搜索引擎是学生获取信息的重要工具,而学习如何利用搜索引擎则是学生有效利用网络资源的关键。

1. 学会选择合适的搜索引擎

不同的搜索引擎在结果的准确性和可靠性上可能存在差异,因此学生要根据自己的需要选择合适的搜索引擎。

2. 学习搜索关键词的技巧

通过选择恰当的关键词,可以提高搜索结果的准确性和相关性。

3. 利用搜索引擎的高级搜索功能

如筛选日期、文件类型等,以便更快地找到所需信息。

搜索引擎

(二)充分利用在线学习平台

在线学习平台可以为学生提供丰富的学习资源,包括课程资料、视频讲解、在线测试等。因此,学生应该充分利用这些平台进行学习。首先,学生需要选择适合自己的在线学习平台,并注册账号。然后,学生应该按照课程的进度,有计划地进行学习。在学习过程中,学生可以结合在线学习平台的资源,进行课后习题的巩固。

(三)高效使用社交平台

学会利用微博、微信公众号、抖音等,也可以参加各类讲座、论坛、学习交流会、主题讨论会等相关的网络学习活动,成立专业学习小组,利用学习资源,抢占交流平台。

第四节　拓宽途径，交往合作

【情境导入】

小竹想去参加市里的书画比赛，听说文化宫的张玉老师是书画名家，就想方设法找到张老师，请张老师对自己的书画作品给予指导。张老师虽然并不认识他，自己手头也有很多事情，但出于对好学青年的爱护之心，就抽时间认真看了小竹的书画作品，并热情地给予了细致的指导。经张老师指导后，小竹的绘画水平大有长进，最终在市里的比赛中获得了二等奖，但他并没有将自己的参赛结果告诉张老师。几个月后，全国书画大赛开赛，小竹又来找张老师，希望张老师继续指导自己。但是，这次张老师只是淡淡地说了句："不好意思，我很忙，没有时间。"小竹心里很不高兴："上次找他指导，还挺好说话的，这次怎么摆架子？"

💡 思考讨论：
1. 为什么张老师第一次热情指导小竹，第二次却冷淡拒绝了？
2. 小竹的做法存在什么问题？张老师为什么拒绝小竹的请求？

一、建立良好人际关系的重要性

人际关系是指人与人之间，在一段过程中，彼此借由思想、感情、行为所表现的吸引、排拒、合作、竞争、领导、服从等互动关系，广义上包含文化制度模式与社会关系。主要表现为人们心理上的距离远近、个人对他人的心理倾向行为及相应行为等。

（一）提供情感支持，获得幸福感

与他人建立良好的人际关系可以带来亲密感、友谊和归属感，减少孤独感和压力，减少焦虑、抑郁，在情感上获得支持和鼓励，使人感到被接受和理解，带给我们美好的生活体验，让我们对生活充满信心。

（二）获得学习和发展机会

我们与他人不但可以交流思想，还可以交换信息，互相传授知识技能，促进个人的成长和学习，帮助我们获取更多的知识和资源。同时，良好的关系网络还可以提供职业机会、导师指导和合作伙伴，助力个人的职业发展和成就。

（三）增加社会影响力

通过良好的人际关系，我们可以影响他人并产生积极的社会影响。合作、分享和支持他们可

良好的人际关系

以建立信任和合作关系，促进良好的社会互动和团队合作，追求共同利益和社会价值。

团队合作

二、建立良好人际关系的途径与方法

拥有良好的人际关系是一件非常美好的事情。它让我们无论是对上学、上班还是回家都充满了期待，感到与亲人、同学、同事以及朋友们一起做事特别有意义。尽管我们都十分希望拥有良好的人际关系，但经常遇到不尽如人意的情况，那么该如何建立和维持良好的人际关系呢？我们一起来探究！

（一）敲开人际关系的大门

1. 具备良好的自我修养

良好的第一印象是继续交往的基础，也是我们取信于人的出发点。因此，首先我们要加强自我修养，注意自己的仪容干净，举止礼貌，与别人进行有效的交谈。

2. 找准角色定位

认清自己的角色，加强"规矩意识"与"底线意识"，明确自己的职权范围，不越位。

3. 展现得体举止

平时要养成良好的姿态，注意站姿、坐姿与蹲姿，同时待人要真诚友善、尊重他人、为他人着想，让他人感觉到妥当舒适。

4. 主动问好

主动问好时，声音要清晰、有力，语气亲切自然，面带善意的微笑，姿态不卑不亢。

5. 记住别人的名字

记住别人的名字，可以巧用一些工具，如通讯录、手机、日记等；可在对话时多提及对方称谓，采用联想记忆法、添加微信保持联系等方式。

站姿

6. 做积极的倾听者

倾听时，要专注而用心，在接纳的基础上，听取对方的完整意思，不进行先入为主的判断或解读。在此基础上配合对方讲述的内容，及时给出积极回应，从而引导对方畅谈起来。

7. 朋友互助，打破社交圈壁垒

通过培养和发展兴趣爱好，交到志同道合的朋友，再通过这些朋友认识新的朋友，从而扩大自己的人际交往圈子。

（二）增进和维护人际关系

1. 言行一致

要做到诚实守信，不恶意骗人，说话有分寸；做事有首尾，考虑对他人的影响。

2. 尊重他人

善于发现别人的优点，给予真诚赞美；善于接纳不同的处事风格、思维方式、行为习惯；在意他人感受，重视他人利益。

3. 互惠互利

要做到乐于助人与适当求助相结合，不可以只索取别人的帮助，而不予以适当回报。

（三）处理人际关系冲突

1. 保持宽容，减少冲突的发生

首先，要善于原谅；其次，要学会换位思考，控制情绪。

2. 高效沟通，化解已有的冲突

第一，明确沟通目标。第二，营造安全的沟通氛围，即选择合适的沟通场所和时机，保持宽松亲切的沟通状态。第三，把握好沟通过程。首先，了解对方的真实动机；其次，双方表达感受；再次，对比说明，消除误解。第四，达成共同的协议。

高效沟通

（四）保护自己和他人

1. 有选择地交往

近朱者赤，近墨者黑。交往时要选择良师益友，同时交友须谨慎，在利益面前要始终保持一份清醒，交正直、守信、见多识广的朋友。

2. 坚持原则与适度妥协

在人际交往中要做到坚持原则与适度妥协相结合。做到国家利益是红线，不能逾越；党纪国法是高压线，不可触碰；做人做事遵循的道德规范是底线，不容挑战。要建立良好的人际关系，彼此适应、相互谦让、适度妥协，也是非常必要的。

3. 不迷失自我

第一，要注重自我提升，增强自信，让自己拥有实力，具备核心竞争力。第二，要对自

自我提升

己保持清醒的认识，对自己的能力、品质、处境拥有正确的认识，不人云亦云，盲目跟风。第三，保持相互独立，能够独立思考与判断，保持独立人格，有自己的主见和做事方式。

4. 学会放弃

人际交往中，如果遇到无法沟通、难以相处的人，也要学会放弃。并不是每个人都适合深入交往，若对方没有深入交往的意愿，或者志不同道不合，则不要过度强求。

三、实现高效合作的重要性

合作是指个体或集体之间为了达到共同目标，通过相互配合和协同作用来实现的一种联合行动或方式。那么，实现高效合作有什么意义呢？

第一，团队成员之间通过高效合作，可以取长补短，克服个人能力的不足。第二，团队成员之间通过高效合作，可以提高学习、生活和工作效率，使目标更容易实现。第三，团队成员之间通过高效合作，可以产生思想上的碰撞，迸发出智慧的火花，还可以交流感情，收获友谊。

> **案例链接：**
>
> 小嵘在学校的"白日梦"美术社团，9月学校要举行一次大型书画展览活动，张老师安排小嵘在两天内做好策划方案，一周内带领社团成员完成任务。由于时间紧、任务重，社团成员在绘制书画作品时出现了分歧。小嵘有点不耐烦了，她说："一个个的事儿真多，这么没谱的事儿我干不了，谁能做谁做吧！"
>
>
>
> 有分歧如何处理
>
> **思考：**
> 1. 你认为小嵘这么说对吗？
> 2. 作为一名团队成员，小嵘的问题是什么？

四、实现高效合作的途径与方法

没有完美的个人，却有完美的团队。一个团队要想高效合作，必须有效整合团队力量，使团队成员扬长避短，优势互补。作为团队成员，我们必须具有主动与团队其他成员团结协作的意识和能力，不但能融入团队，而且能与团队成员取长补短，高效合作。团队高效合作离不开每个团队成员自身的高素质。

（一）尽好职责，赢得同伴的信任

1. 忠于团队

（1）要将忠于团队内化为信念　忠诚不但是一种品德、一种操守，而且有利于个人能力的发挥。因为忠诚，我们才更能发挥主观能动性，才会迸发出更多创造力。我们要对团队的工作充满热情和信心，与团队其他成员同甘共苦，持续为团队创造价值。

（2）要将忠于团队外化为行动　服从分工，精诚团结，是忠诚；工作勤恳，勇挑重担，是忠诚；锐意创新，追求完美，是忠诚；维护团队利益，保守团队秘密，是忠诚；热情诚恳，献计献策，也是忠诚。

（3）要将忠于团队固化为责任　忠于职守是忠于团队的核心。团队中的每个岗位都有其相应的职责，只有每个成员做好自己负责的每一个环节、每一个步骤，团队合作才能产生最大的效益。

忠于团队

2. 熟悉自己的岗位职责，做好自己的分内工作

第一，要了解岗位职责，即明确自己岗位被赋予的职权、拥有的资源、需要承担的责任，根据自己的岗位工作需要提升自己的业务素质，同时认识自己所在岗位与其他岗位的关系，自觉地安排好工作进度。第二，了解工作任务完成的时间节点。第三，按照要求和规范做事。第四，保持沟通。

3. 找准团队角色定位

团队角色一般有7种，即创新者、实干者、资讯者、推进者、协调者、监督者、完美者。找准团队角色定位要努力工作，乐于合作，通过多做事，我们就会逐渐明白自己在团队中扮演的角色。同时，也要经常与其他团队成员沟通，清晰认知其他团队成员的角色。

找准团队角色定位

4. 练就过硬的执行力

做事要有条理，善于学习和总结，及时反馈进度。

5. 找对学习目标

真正融入团队并与大家高效合作，一定要尽快提升自己的能力，找对学习榜样。

（二）信任并积极影响同伴

1. 真诚与信任

彼此信任是团队高效合作的基础。当团队其他成员愿意与我们合作时，我们也要敢于信任同伴，从而营造良好的合作氛围。我们要相信同伴是可靠的，切忌猜疑。我们也要相信同伴是可以胜任的，相信他们的个人品质与专业能力。

2. 传播正能量给同伴

合作中要远离负面情绪。遇到问题，可以跟同伴商量，但不要过多发泄负面情绪，如不停地发牢骚等。遇到问题要多站在对方的角度上想想，这样我们就会更好地理解自己的同伴。

传播正能量

职业院校是培养高技能人才的摇篮。着力造就高素质劳动者与高技能人才，加强对职业院校学生的教育尤为重要。

本章主要从学习交友方面，阐述了提升职业院校学生学习能力和人际交往能力的要点，包括自我管理、自主学习、巧用资源、交往合作等四方面。只有学会清醒地认识自我，做好心态和情绪管理，加强习惯与自律，才能真正提高自我管理能力；同时要掌握科学的学习方法，拓宽知识面，学会自主学习；要巧用图书馆与网络资源，提高学习效率；能够建立良好的人际关系，掌握应对人际关系冲突的技巧与方法，实现与他人的高效沟通与合作。

自我拓展练习

1. 分享阅读书籍的学习方法。

1）在阅读书籍的过程中，你会应用哪些学习方法？是如何应用的？

2）如果向你的同学介绍学习方法，你首先推荐哪一个？理由是什么？

3）未来你会坚持使用哪种学习方法？

2. 要想与团队成员高效合作，我们需要做哪些工作？请结合本章所学，绘制一个思维导图。

3. 小游戏：以小组为单位，一组一组地进行。通过不同角色的体验，使团队成员认识到团队合作中他助与自助同等重要，感受信任与被信任、关爱与被关爱带来的幸福与欢乐。

1）全组分角色扮演。一半人扮演盲人，另一半人扮演帮助盲人的拐棍，由拐棍帮助盲人完成室外有障碍的前行。在活动过程中，不准说话和嬉笑，拍左肩代表上台阶，拍右肩代表下台阶；拍左臂代表上坡，拍右臂代表下坡。这一轮完成后，交换角色进行体验。

2）交流讨论。你扮演了两个不同的角色，分别有哪些感受？扮演拐棍时，你如何让盲人愿意充分相信你？扮演盲人时，你是否充分信任自己的拐棍？你认为同伴之间建立信任的困难在哪里？未来我们不可避免地要面对未知的工作领域，通过这一活动，你获得了哪些启示？

第六章

劳动教育——以劳育人，以行铸魂

导 读

  党的十八大以来，习近平总书记高度重视青少年劳动教育，强调把劳动教育纳入人才培养全过程，贯通大中小学各学段和家庭、学校、社会各方面。2022年参加首都义务植树活动时，习近平总书记询问孩子们学习生活情况，叮嘱他们要德智体美劳全面发展，不能忽视"劳"的作用。在系统的文化知识学习之外，有目的、有计划地组织学生参加日常生活劳动、生产劳动和服务性劳动，对成长成才大有裨益。

  人类是劳动创造的，社会是劳动创造的。从珍馐美味到清洁环境，从平安家园到健康保障，都凝结着大量"看得见"的劳动成果和"看不见"的劳动价值。一个人只有树立正确的劳动观，才能真正理解劳动的本质和价值，准确掌握历史前进、社会运转的内在机理。反之，没有劳动情怀、缺乏劳动锻炼，必然导致不想劳动、不会劳动，滋生坐享其成、贪图享乐等怠惰奢靡之风。

  美好品德的陶冶，智慧潜能的激发，健康体魄的养成，审美水平的提升，往往都离不开特定的劳动场景和劳动实践。劳以树德，劳动能传递以辛勤劳动为荣、以好逸恶劳为耻的价值观；劳以增智，劳动有助于启发思考科学原理、探索事物奥秘；劳以强体，动动手、流流汗，强健了体魄、增强了体能；劳以育美，发挥聪明才智去设计创造，本身就是在提高美育素养。

劳动最光荣

学习目标：

  知识与技能目标： 掌握基本的劳动技能；了解劳动的意义和价值，形成正确的劳动观念；了解劳动法律法规，增强劳动法律意识。

过程与方法目标： 在实践中学会发现问题、分析问题、解决问题的方法。

素养目标： 树立正确的世界观、人生观和价值观，增强社会责任感；培养艰苦奋斗、自强不息的精神；弘扬中华民族传统美德，传承劳动精神，树立劳动最光荣的观念。

学习重点： 理解和掌握劳动的意义、劳动教育的重要性以及其实践方法。

学习难点： 学会将理论知识应用到实际生活中，并在日常生活中践行劳动精神。

第一节　正本清源，反求诸己

【情境导入】

某职业院校为了培养学生的动手能力和创新思维，特别设立了一个手工艺工作室。这个工作室为学生们提供了一个实践的场所，让他们可以亲手制作各种手工艺品，如陶艺、木工、编织等。学校聘请了经验丰富的手工艺老师进行指导，确保学生能够在实践中掌握技能。

工作室的运营模式是开放的，学生可以根据自己的兴趣选择不同的项目进行学习。同时，学校还与当地的手工艺企业合作，为学生提供实习和就业的机会。通过这样的劳动教育模式，学生不仅能够掌握一技之长，还能为未来的职业生涯做好准备。

手工制作

💡 思考讨论：

1. 你认为该职业院校设立手工艺工作室的目的是什么？
2. 这样的工作室对于学生的个人发展和职业成长有何帮助？

一、劳动教育的内涵

马克思认为"全部人的活动迄今都是劳动"，人们通过劳动创造了人类生活和一切生产生活的社会关系。劳动是人类社会存在发展的基础，教育根源于劳动。劳动不是单纯的体力活动，而是富有教育意义的，是知识的运用、技能的锻炼以及智慧的展现。

随着社会的进步和经济的发展，劳动教育的重要性愈发凸显。劳动教育是指通过参与劳动实践，培养学生的劳动意识、劳动技能和职业素养的教育形式。劳动教育以劳动知识和劳动技能并

劳动教育

重，培养学生的核心素养，让他们能更好地适应未来不断变化的劳动环境。

新时代劳动教育是具有综合性、实践性、开放性、针对性的课程体系。它通过对劳动的阐释规定了学生所需的劳动素养，也直接定义了劳动的教育功能。传统劳动教育主要侧重教授学生与劳动有关的知识、技能、方法等，而忽视劳动价值观、劳动精神、劳动思维等更深层次素养的培养，容易导致"有劳动无教育"的现象，难以使学生养成终身热爱劳动、尊重劳动的良好品质。劳动教育是一个动态发展的概念，其内涵随着时代的变化而不断丰富、发展和完善。新时代劳动教育突破传统劳动教育局限，着眼于学生的终身幸福和全面发展，以培养学生劳动素养为核心，对"劳动精神面貌、劳动价值取向和劳动技能水平"进行全面建构。

劳动素养筑强基

二、劳动教育的意义

（一）个人发展

习近平总书记指出："人世间的一切幸福都需要靠辛勤的劳动来创造。"党的二十大报告指出："使人人都有通过勤奋劳动实现自身发展的机会。"同样，劳动教育对个人的成长与发展有着深远的影响。

首先，通过劳动实践，学生能够培养自主学习的能力。在实际操作中，学生需要动手解决问题，不断尝试并总结经验教训，这培养了他们主动学习和自我提升的意识。同时，劳动还能锻炼学生的动手能力、协调能力和实际操作技能。这些技能不仅对学生未来的就业有帮助，还能促进他们终身学习的发展。

其次，劳动教育可以培养学生的责任感和团队合作精神。在劳动实践中，学生需要承担一定的责任和任务，学会与他人合作并协同努力，这样的经历能够让学生认识到自己的责任与义务，培养出积极向上的工作态度。同时，通过与他人共同完成任务，学生也能理解到团队协作的重要性，并学会与他人相互支持和合作。这些都是培养学生成为有担当的公民和社会成员的重要条件。

劳动成就个人

最后，劳动教育还能够塑造学生的意志品质和坚韧精神。劳动是一项辛苦而艰苦的活动，需要付出较大的体力和精力。通过参与劳动实践，学生能够体验到辛劳的价值与乐趣，培养出顽强拼搏和不屈不挠的品质。这种意志品质对于学生面对困难时能够坚持不懈、迎难而上具有重要意义，有助于他们在人生的道路上取得更大的成功。

（二）社会发展

劳动教育对于社会的发展和进步同样具有重要意义。

首先，通过劳动教育能够培养出更多有技能和职业素养的人才。现代社会对高素质劳动者的需求日益增长，而劳动教育正是为满足这一需求而存在的。劳动教育通过培养学生的实践操作能力和职业技能，能够为社会培养出更多的技术熟练、责任心强的职业人才，推动社会经济的发展。

其次，劳动教育有助于促进社会的和谐稳定。通过参与劳动实践，学生能够更好地了解社会各个行业的工作内容和工作环境，增强对各行各业的尊重和理解。这有助于消除不同职业之间的偏见和误解，增进不同群体之间的相互理解和团结合作，从而构建一个更加和谐稳定的社会环境。

最后，劳动教育也能够促进社会的创新和发展。劳动教育鼓励学生在实践中发现问题、解决问题，并提出创新的想法和方法。这种培养出来的创新意识和创新能力对于社会的发展至关重要。通过激发学生的创造力和想象力，劳动教育能够推动科技的进步和社会的创新。

（三）国家建设

劳动教育对于国家的建设和发展具有重要的战略意义。

首先，劳动教育有助于解决劳动力供需不平衡的问题。目前，我国劳动力市场面临着供求结构失衡的矛盾，一方面存在大量的失业人员，另一方面许多企业却面临用工荒的局面。通过开展劳动教育，能够培养出更多具备实际技能的人才，缓解劳动力供需矛盾。

劳动促进社会发展

其次，劳动教育有助于提升国家的科技创新实力。在现代社会中，科技创新已经成为国家竞争力的核心要素之一。而劳动教育所培养出来的实践操作能力和创新意识正是推动科技创新的重要力量。通过劳动教育的推动和支持，能够培养出更多的科技人才和技术专家，为国家的科技创新提供源源不断的人才支持。

最后，劳动教育还能够加强国家的职业教育体系建设。职业教育作为国家人才培养体系的重要组成部分，是推动经济社会发展的关键力量之一。通过加强和完善劳动教育的内容和方法，能够提高职业教育的质量和水平，为国家提供更多合格的职业人才。

三、劳动教育的形式

（一）日常生活劳动教育

日常生活劳动教育旨在培养学生的日常生活自理能力和独立生活的习惯。通过家庭和学校中的日常劳动实践，学生能够学习到基本的家务劳动和自我服务性劳动，如洗衣做饭、打扫卫生等。劳动时，学生不仅要动体力，还要多动脑，培养巧干精神。这种形式的劳动教育有助于培养学生的独立性和自我管理能力，提高他们的生活技能和生活质量。

（二）生产劳动教育

生产劳动教育是指通过参与生产过程，培养学生的实际操作技能和职业素养的教育形式。这种形式的劳动教育通常在学校或实习基地进行，学生可以学习到各种职业知识和技能，如机械制造、电子电工、计算机编程等。通过实际操作，学生能够掌握一定的职业知识和技能，为未来的就业打下坚实的基础。

生产劳动教育

（三）服务性劳动教育

服务性劳动教育是指通过参与社会服务活动，培养学生的社会责任感和公民意识的教育形式。这种形式的劳动教育包括志愿者活动、社区服务、义务劳动等。通过为社会提供服务，学生能够了解社会的需求和问题，培养他们的社会责任感和奉献精神。同时，服务性劳动教育还能够培养学生的团队合作和沟通能力，提高他们的公民素质和社会适应能力。

> **案例链接：**
>
> 从2016年开始，宁波卫生职业技术学院致力于打造"宁卫号"健康专列志愿服务品牌项目，该项目是在2012年初创的"健康家园"专业志愿服务项目基础上更名并发展而来的，以弘扬仁爱传统文化为主线、以培育职业精神为目标、以学生专业社团为依托、以志愿服务活动为载体、以助力"健康中国"建设为宗旨。"宁卫号"列车满载着全校师生，通过爱心天使志愿服务队、青春健康同伴社、红十字志愿服务队、无偿献血志愿服务队等数十个专业志愿项目，为社会源源不断地提供志愿服务。在该校老师和学生中，"人人做志愿，随手做志愿"已经蔚然成风，直接受益群众达万人次，群众纷纷为他们专业的志愿服务点赞。
>
> **思考：**
> 1. 如何提高职业院校学生的志愿服务意识和能力？
> 2. 如何将职业院校学生的志愿服务与专业学习相结合，实现双赢？

（四）创造性劳动教育

创造性劳动教育是指通过激发学生的创造力和想象力，培养学生创新思维和创造能力的教育形式。这种形式的劳动教育包括创意设计、手工艺制作、科技发明等。通过引导学生探索新的思路和方法，培养创新思维和实践能力。创造性劳动教育有助于激发学生的创造力和想象力，培养创新精神和创业意识，为未来的创新发展打下基础。

> **相关政策拓展：**
>
> 中共中央、国务院《关于全面加强新时代大中小学劳动教育的意见》指出："中等职业学校重点是结合专业人才培养，增强学生职业荣誉感，提高职业技能水平，培育学生精益求精的工匠精神和爱岗敬业的劳动态度。"
>
> 《大中小学劳动教育指导纲要（试行）》指出，职业院校组织学生"依托实习实训，参与真实的生产劳动和服务性劳动，增强职业认同感和劳动自豪感，提升创意物化能力，培育不断探索、精益求精、追求卓越的工匠精神和爱岗敬业的劳动态度，坚信'三百六十行，行行出状元'，体认劳动不分贵贱，任何职业都很光荣，都能出彩。"

第二节　吃苦耐劳，脚踏实地

【情境导入】

有一所位于北方工业重镇的职业院校，在劳动精神与劳动素养的教育方面做出了富有特色的实践。学校有一个传统，即新生入学时，需要参加为期一周的校园环境整治活动。在这一周里，新生们需要自行组队，对校园进行清扫、绿化、维修等。此外，学校还定期组织学生参与当地的工厂实习。通过与一线工人的交流与合作，学生们更加明白了劳动的意义和价值。

校园环境整治

> 思考讨论：
> 1. 职业院校如何结合自身特点开展劳动精神教育？
> 2. 在现代社会中，为什么仍然需要强调劳动精神与劳动素养？

一、劳动精神的传承与创新

（一）劳动精神的内涵与价值

劳动精神，是指人们在劳动过程中所表现出的积极向上的态度和行为，包括对劳动的尊重、热爱，以及敬业和创新等。劳动精神是人类社会进步的重要动力，是推动社会生产力发展的重要因素。劳动精神的价值主要体现在以下几个方面：首先，劳动精神是人自我实现的重要途径。人们通过劳动，可以实现自我价值，提升自我能力。其次，劳动精神是社会和谐稳定的基础。人们通过劳动，可以创造出丰富的物质财富和文化产品，满足社会的需求。最后，劳动精神是推动社会进步的动力。人们通过劳动，可以不断创新，推动科技、文化等各个领域的发展。

（二）劳动精神的时代特征

在当今时代，劳动精神的特征主要体现在以下几个方面：首先，劳动精神更加注重创新。在信息化、网络化的社会背景下，人们对劳动的理解已经不再仅仅停留在简单的生产活动上，而是更加注重创新和创造性。其次，劳动精神更加注重个性化。随着社会的发展，人们的个性化需求越来越强烈，这就要求我们在劳动中更加注重个性化的表达和发展。最后，劳动精神更加注重团队合作。在现代社会，任何一项工作都不可能由一个人独立完成，需要团队的合作和协作。因此，团队合作已经成为现代劳动精神的重要特征。

（三）劳动精神在职业院校教育中的体现

在职业院校教育中，劳动精神的体现主要有以下几个方面：首先，职业院校教育注重培养学生的劳动技能。通过学习和实践，学生们掌握一门或多门职业技能，为未来的职业生涯做好准备。其次，职业院校教育注重培养学生的劳动态度。教师们通过各种方式，如实践活动、课程教学等，培养学生们对劳动的尊重和热爱，使他们明白劳动的重要性和价值。最后，职业院校教育注重培养学生的创新能力。在教学中，教师鼓励学生们积极思考、勇于创新，培养他们的创新精神和能力。总的来说，职业院校教育通过培养学生的劳动技能、劳动态度和创新能力，使他们具备现代社会需要的劳动精神。

案例链接：

王刚是某职业院校数控专业的学生，在一次数控机床操作实践中，王刚对一个复杂的零件加工任务展现出了极大的耐心和专注。他反复研究图样，调整参数，确保每一个细节都达到完美。在加工过程中，他遇到了很多困难，例如材料硬度不均、机床精度问题等，但他从不放弃，始终坚持追求卓越。最终，王刚成功完成了这个零件的加工，其质量超过了老师和其他同学。他的作品被选为优秀实践成果，并在学校展览中展出。

思考：
1. 从王刚的实践中，可以看到劳模精神和工匠精神的哪些特点？
2. 针对职业院校学生，如何更好地培养他们的劳模精神和工匠精神？

二、劳动素养的培育与实践

（一）劳动素养的构成要素及重要性

劳动素养，是指个体在劳动过程中所表现出的综合能力和素质，包括劳动态度、劳动技能、劳动知识等多个方面。劳动素养的构成要素主要包括以下几个方面：

1. 劳动态度

劳动态度是指个体对劳动的认识和态度，包括对劳动的尊重、热爱、敬业等。劳动态度是决定个体是否愿意参与劳动的重要因素，也是影响个体在劳动中表现的重要因素。

提升劳动素养

2. 劳动技能

劳动技能是指个体在劳动中所需要掌握的技能和能力，包括手工技能、操作技能、沟通技能等。劳动技能是决定个体在劳动中能否胜任工作的重要因素，也是影响个体在劳动中表现的重要因素。

3. 劳动知识

劳动知识是指个体在劳动中所需要掌握的基本常识和专业知识，包括生产知识、安全知识、质量管理知识等。劳动知识是影响个体在劳动中表现的重要因素，也是决定个体在劳动中能否胜任工作的重要因素。

劳动素养对于个体的职业生涯和社会发展都具有

劳动需要知识武装

重要意义。首先，良好的劳动素养是实现个人价值的重要条件。通过提高自身的劳动素养，个体能够更好地胜任工作，提高自己的工作效率和工作质量，从而获得更多的工作机会和个人成就。其次，良好的劳动素养是社会经济发展的重要支撑。高素养的劳动力能够提高生产效率和工作质量，推动产业升级和经济发展。最后，良好的劳动素养是构建和谐社会的基石。通过培养个体的劳动素养，可以弘扬勤劳、奋斗、创新、奉献等核心价值观，促进社会和谐稳定发展。

（二）职业院校学生劳动素养的现状与挑战

当前，职业院校学生的劳动素养普遍存在一些问题。首先，部分职业院校学生缺乏正确的劳动观念和劳动态度，对劳动的意义和价值认识不足，缺乏敬业精神和责任心。其次，部分职业院校学生的劳动技能水平较低，无法满足企业的需求，缺乏实践经验和技能提升的途径。最后，部分职业院校学生的劳动知识储备不足，缺乏基本常识和专业知识的学习和应用能力。

基于这些问题，职业院校教育面临着一定的挑战。首先，如何引导职业院校学生树立正确的劳动观念和劳动态度，培养他们的敬业精神和责任心，是职业院校教育的重要任务之一。其次，如何提高职业院校学生的劳动技能水平和实践能力，增强他们的就业竞争力，也是职业院校教育面临的难题之一。最后，如何加强职业院校学生的劳动知识储备和应用能力，提高他们的综合素质和创新能力，更是职业院校教育需要深入思考和解决的问题。

树立正确的劳动观念

（三）提升职业院校学生劳动素养的策略与实践

针对当前职业院校学生劳动素养存在的问题和挑战，应采取一系列措施来提升他们的劳动素养。

1. 加强思想教育，树立正确的劳动观念和态度

学校通过开展主题班会、组织社会实践等形式，可以引导学生认识到劳动的意义和价值，认识到工匠精神的基本内涵，培养敬业精神和责任心，树立职业荣誉感。同时，家庭和社会共同营造尊重劳动、崇尚技能的良好氛围，鼓励职业院校学生积极参与劳动。

2. 优化课程设置，强化劳动知识和技能的培养

学校根据市场需求和行业特点，结合职业院校学生实际，合理设置职业院校学生的课程，注重理论与实践相结合的教学方法，特别是要抓好劳动实践周的教学。在劳动实践周，职业院校学生要主动参与校园室内外的卫生保洁、环境美化、生产劳动、服务性劳动等校园劳动，切实增强劳动观念和劳动意识，端正自身的劳动态度。同时，职业院校学生还要积极参与学校开展的技能竞赛、创新创业等活动，激发自身的兴趣和潜力，培养创新精神和创业能力。

劳动技能大赛

3. 建立完善的实践教学体系，提高学生的实践能力和就业竞争力

学校通过加强与企业、行业的合作与交流，建立实践教学基地或实训中心，为学生提供更多的实践机会和就业指导服务。

> **案例链接：**
>
> 某职业院校的汽修专业，学生们每周都会进行一次汽车维修劳动课。在这节课上，学生们需要分成若干小组，每组负责一辆待维修的汽车。老师会提前准备好各种汽车维修工具和设备，以及所需的零部件。学生们需要在规定的时间内，按照老师的指导，完成汽车的维修工作。课程结束后，学生们需要清理现场，收拾好自己的工具和设备。
>
> **思考：**
>
> 1. 在汽车维修劳动课中，学生们如何将所学的理论知识应用到实际操作中？请结合实际案例进行分析。
>
> 2. 汽车维修劳动课对于培养学生的职业素养有哪些积极意义？请结合职业院校学生的劳动实际进行阐述。

三、如何更好地参与劳动教育

（一）积极参与实践教学，提高动手能力

职业院校学生积极参与实践教学是提高自身技能水平和就业竞争力的重要途径。实践教学可以帮助学生在实际操作中巩固理论知识，培养动手能力和创新思维，提升职业素养和综合素质。具体实施策略如下：

1. 制订明确的实践计划和目标

参与实践教学之前，学生应制订明确的实践计划和目标。要根据自己的专业特点和兴趣爱好，选择适合自己的实践项目或岗位，并制订具体的实践计划，包括实践时间、地点、内容、预期成果等。同时，要明确实践的目标，例如提高技能水平、增强实践能力、拓展人际关系等，使实践学习更有针对性和实效性。

2. 积极参与校内实践教学活动

校内实践教学是职业院校学生参与实践教学的重要途径之一。学生应积极参与学校组织的各类实践教学活动，例如实验、实训、课程设计、技能竞赛等。在实践教学中，要认真听讲、勤于思考、敢于动手，主动向老师请教和学习，充分利用学校资源，提高自己的技能水平和创新能力。

3. 主动寻求校外实践教学机会

校外实践教学可以为学生提供更广阔的实践平台和更多的实践机会。学生主动寻求校外实践教学机会，例如参加企业实习、社会实践、志愿服务等。通过校外实践，学生可以接触到更多的实际工作场景和人际关系，积累工作经验和社会资源，提高自己的综合素质和就业竞争力。同时，校外实践还可以帮助学生了解社会需求和就业形势，为未来的职业规划和发展做好准备。

（二）做好职业生涯规划，明确职业方向

对于职业院校学生来说，做好职业生涯规划是非常重要的。职业生涯规划是指个人根据

自己的兴趣、能力和市场需求，制订适合自己的职业发展方向和目标，并努力实现的过程。具体实施策略如下：

1. 了解自我，明确职业方向

职业院校学生要做好职业生涯规划，首先要了解自己的兴趣、能力和价值观。通过自我评估，可以找到自己的优势和不足，明确职业发展的方向和目标。同时，还要了解市场的需求和趋势，选择适合自己的职业领域。只有明确了职业方向，才能更好地制订实现目标的计划和措施。

2. 制订短期和长期的职业目标

短期目标应具体、可衡量和可实现，例如提高技能水平、参加相关培训课程等。长期目标应具有挑战性和可达成性，例如成为某一领域的专家、创立自己的事业等。在制订目标的过程中，要根据自己的实际情况和市场变化，不断调整和完善目标，使职业生涯规划更具实际意义和可行性。

3. 积极行动，不断提升自我

积极参加各种实践活动和培训课程，提高自己的技能水平和综合素质。积极参加学校与企业合作开展的实习实训和顶岗实习活动，在实际工作中了

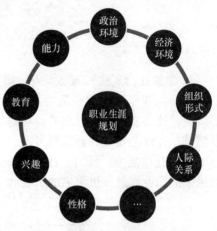

职业生涯规划

解职业要求和就业市场。通过实习实训和顶岗实习的反馈，更好地了解自己的职业方向和就业前景。同时，还要注重培养自己的沟通、协调和团队合作能力，增强自己的竞争力。在职业生涯规划的过程中，要保持积极的心态和行动力，不断调整和完善自己的计划和措施，实现职业生涯的可持续发展。

（三）积极参与校园活动，提升职业能力

职业院校学生可以通过积极参与校园活动，提升自己的职业能力。校园活动不仅可以丰富学生的课余生活，还可以锻炼学生的组织能力、沟通能力和团队合作能力，为他们未来的职业发展打下基础。具体实施策略如下：

1. 参加社团和组织，培养组织协调能力

职业院校学生可以参加学校的各类社团和组织，例如学生会、志愿者协会、科技创新协会等。通过参与社团和组织的活动策划、组织协调等工作，可以锻炼自己的组织协调能力和团队合作能力。在社团和组织中，还要注重培养自己的领导力和执行力，争取在团队中担任更多的职务和责任，提升自己的组织管理能力和解决问题的能力。

2. 参加技能竞赛，提高职业技能水平

职业院校学生可以积极参加各种技能竞赛，例如职业技能大赛、创新创业大赛等。通过技能竞赛的备战和比赛过程，可以锻炼自己的技能水平和创新能力，提高自己的职业素养和综

社团活动

合素质。在技能竞赛中，还要注重团队协作和沟通能力，争取取得更好的成绩和获得更多经验。

技能竞赛

3. 参加社会实践和志愿服务，增强社会责任感

职业院校学生可以积极参加各种社会实践和志愿服务活动，例如支教、环保志愿活动等。通过社会实践和志愿服务，可以了解社会需求和就业形势，增强自己的社会责任感和奉献精神。在社会实践和志愿服务中，还要注重锻炼自己的沟通能力和团队合作能力，提高自己的人际交往能力。同时，社会实践和志愿服务还可以帮助学生积累工作经验和社会资源，为未来的职业发展提供更多的机会和平台。

第三节 身体力行，知行合一

【情境导入】

在浙江温州的一所职业院校中，喜欢机械的同学们组成了一个维修小组，他们不仅学习理论知识，更注重实践操作，还经常在一起沟通交流学习心得、故障判断和维修心得。一次，学校的一台大型设备出现故障，维修小组的同学们利用所学的知识，进行了深入的故障排查，最终成功修复了设备。

维修设备

思考讨论：
1. 这所职业院校的维修小组为什么能够成功修复设备？
2. 劳动实践在职业院校教育中的价值是什么？

一、劳动实践的重要性

（一）理论与实践相结合，提升学生综合能力

在职业院校教育中，劳动实践是连接理论知识和实际操作的桥梁。通过劳动实践，学生可以将所学的理论知识应用于实际操作中，加深对知识的理解和掌握。同时，劳动实践也为学生提供了亲身体验和动手操作的机会，提高了他们的动手能力和解决问题的能力。

以机械加工专业为例，学生通过亲手操作机床、加工零件，能够更加深入地理解机械原理、材料性质等相关理论知识。而在服务类专业中，劳动实践同样重要。例如，酒店管理专业的学生可以通过实习，了解酒店运营的实际情况，掌握与客户沟通的技巧和方法。

通过劳动实践，学生能够更好地将理论知识与实践相结合，提高自己的综合能力。这种能力不仅包括专业技能，还包括团队协作、沟通交流、解决问题等方面的能力。这些能力对于学生未来的职业生涯具有重要意义。

（二）培养学生的职业素养和职业道德

劳动实践不仅是学生应用知识的过程，也是他们接触社会、了解职业环境的机会。在这个过程中，学生可以亲身感受到职业素养和职业道德的重要性。

职业素养是指从事某一职业所需具备的基本素质和技能。在劳动实践中，学生可以学习到与职业相关的规范、流程和操作技巧，培养自己的职业素养。同时，通过与同事、客户的交流合作，学生可以锻炼自己的团队协作能力和沟通能力。

职业道德则是指从事某一职业所应遵循的道德规范和行为准则。在劳动实践中，学生能够亲身体验到职业道德的具体要求，例如诚实守信、尊重他人、尽职尽责等。这些要求对于学生未来的职业生涯具有指导意义，能够帮助他们树立正确的职业观念和价值观念。

（三）增强学生的社会责任感和就业竞争力

劳动实践为学生提供了一个接触社会、了解社会的机会。在这个过程中，学生能够亲身感受到社会的需求和期望，从而增强自己的社会责任感。同时，通过劳动实践，学生可以积累实际工作经验，提高自己的就业竞争力。

在劳动实践中，学生可以深入了解行业发展和市场需求，明确自己的职业定位。同时，他们还可以学习到求职技巧和职业规划知识，为自己的未来职业生涯做好准备。这些经验和知识能够提高学生的就业竞争力，使他们更好地适应市场需求和职业环境。

此外，劳动实践还可以培养学生的创新能力和创业精神。在劳动实践中，学生可以发现新的问题，探索新的解决方案，培养自己的创新思维和创业意识。这对于学生未来的职业发展具有重要意义，可以为社会创造更多的价值和经济贡献。

社会责任感

综上所述，学校劳动实践在职业院校教育中具有重要意义。在理论与实践相结合、培养学生的职业素养和职业道德以及增强学生的社会责任感和就业竞争力等方面，劳动实践可以为学生的全面发展提供有力支持。

二、劳动实践的形式与内容

（一）劳动实践的形式

职业院校学生劳动实践的形式多种多样，主要包括以下几种：

1. 校内实训基地实践

利用学校内部的实训基地或实验室等设施，进行实际操作训练和技能练习。这种形式的实践主要侧重于专业知识和技能的掌握，培养学生的实际操作能力和问题解决能力。

2. 校企合作实践

学校与企业合作，组织学生到企业进行实习或实训。这种形式的实践可以让学生接触到真实的职业环境和工作流程，了解市场需求和行业发展趋势。同时，学生还可以学习到企业的管理理念和文化，提高自己的综合素质和就业竞争力。

校企合作促发展

3. 社会实践

学校组织学生参与各种社会实践活动，例如志愿者服务、社会调查等。这种形式的实践可以培养学生的社会责任感和团队协作精神，增强他们的组织协调能力和人际交往能力。同时，通过社会实践，学生还可以积累实际工作经验和社会资本，为未来的职业发展打下基础。

4. 个人自主实践

学校鼓励学生利用课余时间进行个人自主实践，例如兼职工作、技能培训等。这种形式的实践可以帮助学生更好地了解自己的兴趣和能力，为未来的职业规划和发展做好准备。同时，通过个人自主实践，学生还可以培养自己的独立生活和自我管理能力。

> **案例链接：**
>
> 张强是一名职业院校电子商务专业的学生。为了更好地将所学知识与实践结合，他参与了学校组织的"农村电商助农"社会实践活动。该活动的主要目的是帮助农村地区开展电商业务，促进农产品销售。张强与团队成员一同前往某农村地区，为当地的农民提供电商培训，帮助他们建立自己的网店，并进行农产品的线上营销。
>
> 在实践中，张强不仅教授农民电商运营的基本知识，还帮助他们解决实际操作中遇到的问题，例如产品拍摄、详情页制作、物流选择等。此外，他还利用自己的社交媒体资源，为当地的农产品做推广。

> **思考：**
> 1. 通过参与"农村电商助农"社会实践活动，张强是如何将电子商务理论知识与实际操作相结合的？
> 2. 结合张强的社会实践活动，讨论职业院校学生在参与社会实践时应具备哪些能力或素质。

（二）职业院校学生劳动实践的内容

职业院校学生劳动实践的内容主要包括以下几个方面：

1. 专业技能实践

学生在专业教师的指导下，通过亲身参与劳动实践，学习和掌握本专业的技能和操作方法。这种实践可以帮助学生更好地理解理论知识，提高实际操作能力和问题解决能力。

2. 职业素养培养

学生在实践中要遵守职业道德规范和职业行为准则，培养良好的职业素养和职业道德观念。同时，还要学习企业的管理理念和文化，了解企业的运行机制和发展趋势。通过实践，学生建立起良好的职业规划和就业目标意识，并获得团队

专业技能实践

合作精神和创新思维等综合素质能力方面的提升等，还在实践中锻炼了自己的组织协调能力和人际交往能力等方面的技能和能力。

3. 社会责任感培养

学生要积极参与社会服务和公益事业等形式的社会实践活动，培养自身的社会责任感和公益意识等品质。例如，参加志愿者服务活动、支教活动等社会实践活动；在校内开展环保宣传活动、公益募捐活动等公益事业活动；在企业实习中了解企业的社会责任和公益事业等方面的信息。这些实践活动可以帮助学生更好地了解社会，并为社会做出自己的一份贡献。

三、劳动实践的改进方法

劳动实践是职业院校教育的重要组成部分，它对于提高学生的职业技能，培养学生的职业素养和社会责任感具有重要意义。然而，当前职业院校学生在劳动实践中仍存在一些问题，例如技能水平不足、职业素养有待提高、团队协作能力不强等。为了更好地发挥劳动实践的价值，职业院校学生在参与劳动实践时，应从以下几个方面进行改进：

（一）明确实践目的，提高自主性

在参与劳动实践之前，职业院校学生应明确实践的目的和意义，提高自主性。学生应认识到

技能水平不足

劳动实践是提升自己职业技能和职业素养的重要途径，也是为未来的职业发展打下基础的机

会。因此，学生应充分发挥自己的主观能动性，在教师的指导与帮助下，积极主动地参与多种形式的劳动实践，例如校内实训、校外实习、志愿服务等，并根据专业的特点和自身需求进行个性化设计。例如，计算机专业的学生，可以参加编程比赛、软件开发等实践活动；旅游专业的学生，可以在学校的安排下到旅游景区或酒店实习，了解旅游服务流程和技能要求。在实践中，学生要认真对待每一个环节和任务，努力提高自己的实际操作能力和问题解决能力。同时，学生还需学会在实践中发现问题、分析问题和解决问题，培养自己的创新思维和实践能力。

> **案例链接：**
>
> 李华是某职业院校机电专业的学生。为了更好地了解行业发展和提升自己的技能，他选择了在企业进行实习。通过学校的推荐，李华进入了一家知名的机电设备制造企业。
>
> 在实习期间，李华被分配到了生产车间，主要参与机电设备的组装与调试工作。他跟随经验丰富的师傅学习，逐步掌握了各种设备的操作技巧和维护方法。同时，他还参与了一些小型的项目，协助工程师解决了一些技术难题。
>
> **思考：**
>
> 1. 结合李华的实习经历，讨论职业院校学生在企业实习中如何快速适应企业文化和提升自己的技能。
> 2. 学生应该如何利用校企合作的实践机会，提升自己的技能水平？

（二）注重实践过程，提高技能水平

在劳动实践中，职业院校学生应注重实践过程，提高技能水平。学生要认真听取指导老师的讲解和演示，掌握操作要领和技巧。在实践中，学生应多动手、多思考、多总结，不断改进自己的操作方法和技能水平。同时，还要注重团队协作和沟通能力的培养，与同学互相学习、互相帮助，共同提高技能水平。通过积极参与劳动实践，学生不仅可以提高自己的技能水平，还可以增强自己的自信心和成就感。

（三）反思实践经验，提升职业素养

在劳动实践结束后，职业院校学生要及时反思实践经验，提升职业素养。回顾自己在实践中的表现和收获，总结经验教训，发现自己的不足之处。同时，还可以通过与指导老师和同学交流、讨论，进一步深化对实践的认识和理解。在反思中，学生能够更好地认识自己的优势和不足，明确自己的职业发展方向和目标。通过反思和实践经验的积累，不断提升自己的职业素养和综合素质，为未来的职业发展打下坚实的基础。

四、劳动实践的发展趋势与展望

随着社会的发展和教育的改革，职业院校学生劳动实践的发展趋势日益明朗。劳动实践作为职业院校教育的重要组成部分，对于提高学生的职业素养和实际操作能力具有重要意义。在未来，职业院校学生劳动实践将朝着更加多元化、专业化、灵活化、创新化和国际化的方向发展。

（一）多元化的发展方向

未来的劳动实践将呈现出更加多元化的特点。一方面，实践形式将更加多样化，除了传

统的实习、实训等形式外，还会出现更多新型实践形式，如项目实践、竞赛实践、创新实践等。这些新型实践形式将更加注重学生的兴趣和特长，以及行业企业的实际需求，为学生提供更加广阔的实践平台。例如，学校组织学生参与社会实践项目，通过实际参与社会工作和服务，提高学生的实际操作能力和综合素质。同时，学生也积极开展创新创业实践活动，通过自主创业或参与创业项目，培养自身的创新精神和团队合作能力。

另一方面，实践内容也将更加多元化，不仅包括专业技能的实践，还将涵盖职业素养、团队合作、创新创业等方面的实践。学生通过参与学校设置的多元实践课程和实践项目，实现自身的全面发展。例如，通过学习职业道德教育课程，学生能够树立正确的职业道德观念和职业素养；通过学习创新思维和创新实践课程，学生能够提高自身的创新能力和增强创业意识；通过开展团队合作实践活动，学生能够培养自身的沟通协作能力和团队精神。

（二）专业化的发展方向

劳动实践将更加专业化，与行业企业的实际需求更加紧密结合。学校将加强与企业的合作，深入了解行业发展趋势和岗位技能要求，制订更加贴近实际工作场景的实践内容和实践计划。同时，学校还将加强对实践教学的研究和探索，提高实践教学质量和水平。例如，学校与企业合作开设实习基地，让学生能够在实际工作环境中进行实践操作和技能培训；邀请企业专家到校进行实践指导和讲座，提高学生对行业企业的了解和认知。通过专业化的劳动实践，学生将更好地掌握专业知识和技能，提高实际操作能力和职业素养。

（三）灵活化的发展方向

未来的劳动实践将更加灵活化，学校将根据学生的实际情况和行业企业的需求，灵活安排实践时间和地点。同时，学生也可以根据自己的兴趣和时间安排，选择适合自己的实践项目和实践形式。这种灵活化的实践安排将更好地满足学生的需求，提高他们的实践能力。

（四）创新化的发展方向

劳动实践将更加注重学生创新能力的培养和实践成果的创新化。学校将鼓励学生积极参与创新实践活动，通过项目实践等形式，开展创新性的研究和探索。同时，学校还将加强对创新实践活动的组织和指导，提供必要的支持和资源，帮助学生实现创新成果的转化和应用。通过创新化的劳动实践，学生将培养创新思维和创业精神，提高自身的创新能力，为未来的职业发展创造更多机会和价值。

（五）国际化的发展方向

随着全球化的加速和跨国企业的增多，劳动实践将更加注重国际化的培养。学校将加强与国外企业和学校的合作与交流，开展跨国实践教学活动，为学生提供更多的国际实习、实训和交流机会。通过国际化的劳动实践，学生将不断拓展国际视野和跨文化交流能力，了解不同国家和地区的文化、经济和社会背景，提高国际竞争力和适应能力。同时，学校还将加强对国际市场需求的研究和分析，制定符合国际标准的实践教学计划和课程设置，培养具有国际竞争力的技能人才。

总之，未来的职业院校学生劳动实践将朝着多元化、专业化、灵活化、创新化和国际化的方向发展。学生应积极参与到劳动实践中来，发挥自己的特长和潜力，提高自己的综合素质和就业竞争力。只有这

国际化的发展方向

样，职业院校教育才能更好地适应未来职业发展的需求，为学生的未来职业道路奠定坚实的基础。

第四节　价值引领，凝心铸魂

【情境导入】

某职业院校为培养学生的实践能力和职业素养，开展了一系列劳动教育活动。通过让学生参与校园绿化、维修、食堂服务等劳动活动，学校不仅提高了学生的实际操作能力，还培养了他们的团队协作能力和责任感。然而，在实施过程中，出现了学生参与度不高、劳动成果不明显等问题。

💡 思考讨论：

1. 如何评价这种劳动教育的效果？
2. 如何改进劳动教育的方式，提高其实践效果？

参加校园活动，树立正确价值观

一、劳动教育评价原则的确定

劳动教育评价是职业院校教育中的重要环节，它对于衡量劳动教育的效果、提高学生的职业素养和就业竞争力具有重要意义。在确定职业院校学生劳动教育评价原则时，应遵循以下四个方面的原则：

（一）以提高学生职业素养为核心

职业院校教育的目标是培养具有高素质、高技能的实用型人才，因此劳动教育评价应以学生职业素养的提高为核心。在评价过程中，要注重对学生职业道德、职业能力、职业态度等方面的评价，以衡量学生是否具备了适应未来职业发展所需的素质和能力。

（二）注重实践操作能力的评价

职业院校学生的培养方向是实用型人才，因此劳动教育评价应注重对学生实践操作能力的评价。在评价过程中，要关注学生的动手能力、操作技能、解决问题的能力等方面的表现，以及学生是否能够将理论知识与实践操作相结合，从而提高学生的实际操作能力和职业竞争力。

（三）采用多元化的评价方法

劳动教育评价应采用多元化的评价方法，以全面、客观地评价学生的表现。可以采用的评价方法包括观察法、问卷调查法、量表评价法、作品评定法等。同时，应注重对学生团队协作能力、沟通能力等方面的评价，以全面提高学生的综合素质和就业竞争力。

（四）强调过程评价与结果评价相结合

劳动教育评价应强调过程评价与结果评价相结合。过程评价是指在劳动教育过程中对学生的表现进行评价，包括学生的参与度、学习态度、任务完成情况等。结果评价是指对学生最终的学习成果进行评价，包括学生的技能水平、作品质量等。只有将过程评价与结果评价相结合，才能全面衡量劳动教育的效果和学生的表现。

二、劳动教育评价内容的设置

（一）职业素养的评价

职业素养是职业院校学生劳动教育的重要目标之一，包括职业道德、职业能力、职业态度等方面。在评价过程中，要注重对学生职业素养的全面衡量，以培养学生良好的职业操守和适应未来职业发展所需的素质和能力。

（二）实践操作能力的评价

职业院校学生的培养方向是实用型人才，因此劳动教育评价应注重对学生实践操作能力的评价。在评价过程中，要关注学生的动手能力、操作技能、解决问题的能力等方面的表现，以及学生是否能够将理论知识与实践操作相结合，从而提高学生的实际操作能力和职业竞争力。

实用型人才

（三）团队协作能力与社会交往能力的评价

劳动教育强调团队合作和社会交往能力的培养。在评价过程中，要关注学生在团队合作中的分工合作意识、沟通协调能力、团队精神等方面的表现；同时，也要注重学生的社会交往能力，包括与他人合作的态度和方式、处理人际关系的能力等。通过评价学生的团队协作能力和社会交往能力，提高学生的综合素养和就业竞争力。

（四）学习态度与学习能力的评价

劳动教育评价还应注重对学生学习态度和学习能力的评价。在评价过程中，要关注学生学习动力、学习兴趣、学习方法等方面的表现，以及学生是否能够主动参与学习活动、积极思考问题、独立解决学习困难等。通过评价学生的学习态度和学习能力，激发学生的学习动力，提高学生的学习效果和综合素质。

总之，职业院校学生劳动教育评价内容的设置应以职业素养、实践操作能力、团队协作能力和社会交往能力、学习态度与学习能力为主要内容。通过全面、客观地评价学生在这些方面的表现，可以有效提高劳动教育的效果，促进学生的职业素养和就业竞争力的提高。

三、劳动教育评价方法

（一）观察法

观察法是劳动教育评价中常用的一种方法，通过对学生在劳动过程中的行为表现进行观察和记录，以了解学生的实际操作能力、职业素养和社会交往能力等方面的表现。观察法具有直观性、全面性和客观性的特点，能够真实地反映学生的实际情况，但需要评价者具备较高的观察能力和分析能力。

（二）问卷调查法

问卷调查法是通过对学生进行问卷调查，收集学生的主观意见和看法，以了解学生对劳动教育的认知程度、学习态度、学习效果等方面的信息。问卷调查法具有简单易行、操作便捷的特点，可以快速获取学生的意见和反馈，但受到学生回答真实性和主观性的影响。

（三）量表评价法

量表评价法是通过编制评价量表，对学生的职业素养、实践操作能力、团队协作能力和社会交往能力等进行量化评价。量表评价法具有客观性强、可比性好的特点，能够提供较为准确的评价结果，但需要编制合理的评价量表和掌握科学的统计方法。

问卷调查法

量表评价法

（四）作品评定法

作品评定法是通过对学生的劳动成果进行评价，包括作业、实训报告、实习作品等，以了解学生在实际操作中的技能水平和创新能力。作品评定法能够具体展示学生的实际能力，但要求评价者具备相关的专业知识和评判标准。

四、劳动教育评价指标体系

（一）劳动教育评价指标体系的特性

劳动教育的目标明确具体，包括培养学生的实践能力、创新能力和社会责任感等方面。其评价指标体系围绕这些目标进行构建，一般具有以下特性：

作品打分

1. 全面性

劳动教育评价指标体系要具有全面性，以充分评估学生在劳动教育中的表现和成就。这个评价指标体系包括知识理解、技能掌握、态度和价值观、实践应用、创新创造等方面，从而客观地了解学生在劳动教育中的实际情况。

```
评价学生在劳动中的创新意识和创造能                              评价学生对劳动的基本概念、理论和
力,是否能够提出新的想法和解决方案    创新创造   知识理解     实践知识的理解程度
                                                        评估学生是否掌握了各种劳动技能,如
                                    劳动教育   技能掌握   手工技能、操作技能和沟通协作技能等
评估学生在实际劳动中的表现,是否能
运用所学知识和技能解决问题          实践应用   态度和价值观  评价学生对劳动的态度是否积极,是
                                                        否树立了正确的劳动价值观
```
评价指标体系

2. 可比性

评价指标体系要具备可比性,以便进行综合评价和比较分析。可比性体现在劳动成果比较和标准制定两方面。

（1）劳动成果比较　在不同班级或不同专业之间,对比学生的劳动成果。这样可以衡量学生们的劳动效率和创新能力,了解哪些学生在劳动中更有创新性。

（2）标准制定　设定统一的劳动评价标准,确保评价的公平性和客观性。这样可以为学生提供一个清晰的努力方向,并使评价结果具有可比性。

3. 可量化性

评价指标体系要具备可量化性,以便进行综合评价和比较分析。可量化性体现在以下几方面:

（1）劳动时间　记录每个学生完成某项劳动所花费的时间,以衡量其工作效率。

（2）劳动质量　评估学生完成工作的质量,如完成的准确率、美观度等。

（3）技术应用　评估学生在劳动中应用技术和工具的熟练程度。

（4）团队协作　评估学生在团队中的合作能力和贡献,如是否能与其他成员有效协作。

（5）创新能力　评估学生在劳动中的创新思维和解决问题的能力。

（6）反馈与改进　定期收集学生和教师的反馈,根据反馈调整评价指标,持续改进评价体系。

（二）劳动教育评价指标体系的应用

1. 实践能力评价

学生可以通过实践活动的完成情况,评价自身的实际操作能力和技能水平。

2. 创新能力评价

学生可以通过创新项目的开展、个人创新等方面的表现,评价自身的创新思维和创造力。

3. 社会责任感评价

学生可以通过社会实践和志愿者活动,评价自身的社会责任感和公民意识。

创新思维

4. 团队合作能力评价

学生可以通过团队项目的组织和管理、团队协作等方面的表现,评估自身的团队合作能力和沟通协作能力。

5. 自我管理能力评价

学生可以通过学习计划、时间管理、学习成绩、作业完成情况等方面,评估自身的自我

管理能力和学习态度。

　　在职业院校教育中，劳动教育是必不可少的一部分。它不仅关乎学生的职业技能培养，更是塑造他们全面发展的关键环节。因此，学生必须加强劳动教育，积极参与劳动，才能更好地成长和发展。

　　本章从劳动教育的内涵及意义着手，引导学生认识到劳动教育对于个人成长和职业生涯规划至关重要。通过参与劳动，学生才能够真正掌握劳动技能、提高职业素养和综合能力、培养团队协作精神及坚韧不拔的品质。劳动的价值不仅仅在于获取物质回报，还在于精神层面的满足。

　　在此基础上，本章围绕劳动精神、劳动实践和劳动教育评价三个方面进行深入阐释，引导学生逐步提升对劳动教育的认识，持续提升劳动教育境界，做到与时俱进创新劳动，在劳动实践中不断探索、尝试和总结，从而学会珍惜他人劳动成果、尊重劳动价值、理解劳动的尊严、培养良好的职业素养。在未来的学习和工作中，他们将带着这些宝贵的经验和感悟，为社会的发展做出贡献。

▷ 自我拓展练习 ◁

1. 结合所学专业，设计一个劳动教育活动方案，旨在提高学生的实践能力和职业素养。

2. 调查所学专业的劳动教育实施情况，分析其优缺点，并提出改进建议。

第七章

心理健康——阳光心理，你我同行

> **导 读**
>
> 党的二十大报告指出，要"推进健康中国建设"，"把保障人民健康放在优先发展的战略位置，完善人民健康促进政策"，还要"重视心理健康和精神卫生"。作为健康的重要组成部分，心理健康是人生成就和幸福的重要基石。其实，心理健康是一种良好而持续的心理状态。通过学习本章，学生将了解心理健康的基本知识和标准，了解职业院校学生的一般心理困扰和常见的心理障碍，掌握自我意识、抗挫折能力、情绪管理等自我提升技巧和方法，以及如何寻求外界帮助。通过关注心理健康，学生将更好地认识自己、适应社会，成为具有健康心态和健全人格的优秀人才。

学习目标：

　　知识与技能目标： 引导学生积极适应学习和生活环境，培养正确的自我认知能力，包括自我认识、自我评价和自我反思能力，能正确地认识自我，愉快地接纳自己、发展自我。

　　过程与方法目标： 通过案例分析和活动开展，帮助学生觉察和理解自己的情绪状态，学会主动调节、控制自己的情绪，保持情绪的稳定，培养积极、愉快的情绪，必要时，能积极主动地寻求外界帮助。

　　素养目标： 通过心理调节，形成更高级的社会态度和价值观，特别是社会主义核心价值观。

学习重点： 心理健康的意义、标准以及自我心理调适方法。

学习难点： 了解引起心理困扰的原因，掌握常用的自我心理调适方法，运用自我调适方法，养成积极进行自我心理调适的习惯。

第一节　健康人生，从心出发

【情境导入】

　　小莉是某职业学校一年级的学生，因为父母忙于打工赚钱，她从小就被寄养在奶奶家，奶奶又比较疼爱家中年幼的弟弟，直到上学后，她才回到了父母身边。她认为父母和奶奶并不爱自己，于是对父母很冷淡，尤其上了中学以后，视父母如仇人一般，见面从不主动说话。她在学校很顽皮，经常逃学，违反校规校纪，还在中学时留过级（因初二曾辍学一段时间）。

　　在学校里，小莉和同学的关系也比较紧张，她总感觉同学对她都有敌意，总感觉同学在背后讨论自己。有一次，小莉和两名同学为了吃饭排队的问题大吵起来。

　　晚上在宿舍内，同学们都来劝说她，但她却觉得同学们都在针对她，还扬言要跳楼。无奈之下，老师把她安排到了值班宿舍暂住。从此以后，同学们都不敢和她接近，没有朋友的她感觉孤独，也很苦恼。

　　经学校心理健康老师介绍，她寻求专业的心理医生帮助，几次辅导后，她认识到了，从小缺少亲人关爱的她，总是对别人产生不信任感，习惯用自己的思维方式看待问题，主观上觉得大家都对她不好。以往的生活经历也使她习惯用逃避或过激的方式来处理矛

向日葵

盾纠纷，不懂得如何表达自己的情感和需求，即使非常想和父母亲近，但不知该如何去做。在心理医生和老师的指导鼓励下，小莉在心理健康课程中也学着和别人沟通交流，表达自己的需求和感受，积极参加学校心理团体辅导活动，渐渐地，她的脸上同向日葵绽放一样，多了很多笑容。

💡 思考讨论：

　　1. 读完小莉同学的故事，请和同桌讨论：什么是心理健康？心理健康对我们的学习生活有什么意义？

　　2. 心理健康能够帮助我们解决哪些方面的问题？

一、心理健康的定义

　　首先，我们每个人都有自己的个性或者性格，例如有人活泼好动，有人安静内敛；其次，我们每个人都有自己的态度和情感，如喜怒哀乐、爱恨情仇；再次，我们每个人面对某人、某事或某物都会有一个因认识的变化而出现情绪变化的过程，例如"乐极生悲""爱而

生恨"。上述三个方面的综合称为心理。

心理依附于感官和大脑。如果眼睛、耳朵、鼻子、皮肤等感觉器官接收到外部信息，大脑会对之做出认识和反应。如果这种认识和反应是正确的、积极的、丰富的，并能带给我们持续的愉悦，使我们能良好地适应环境、参与社会活动，那我们的心理状态就是健康的。

当然，对于心理健康还有许多的解释：有的认为是人们对环境能高效愉快地适应；有的认为是一种积极、丰富而持续的心理状态，在这种状态下适应良好，具有生命活力，能充分发展其身心潜能；有的认为心理健康表现为积极性、创造性和人格统一性，有行动热情和良好的社会适应力。较为普遍的观点是，健康的心理状态能够充分促进个人发挥最大潜能，并使其能妥善处理人与人之间、人与社会环境之间的相互关系。

总体来说，一个心理健康的人具有以下特点：身体、智力、情绪十分协调；适应环境能力良好；人际关系良好；在学习、工作和各种社会活动中，能充分发挥自己的能力，有效率；愉悦感、幸福感强。

托起心理健康，共建和谐社会

二、心理健康的标准

（一）智力水平正常

智力是指人们认识、理解客观事物并运用知识、经验等解决问题的能力，包括观察力、注意力、记忆力、思维能力、判断力和想象力。拥有正常的智力是心理健康的首要标准，是从事一切活动的最基本的心理条件，是我们能够胜任学习及工作任务、掌握解决问题的方法、提高工作效率、适应周围环境变化的心理保证。例如，在课堂上能否专注听讲并积极思考，能否就某一科学原理的应用举一反三。

（二）情绪稳定乐观

情绪稳定乐观是心理健康的主要标志。喜怒无常则是心理不健康的表现。心理健康者的情绪处于相对平衡的常规状态，对外界"刺激"的反应适时恰当，总体情绪倾向于愉快乐观，积极情绪多于消极情绪。换句话说，一个人难免会因为遇到不顺心的事情而沮丧，心理健康的人能很快走出来；反之，则会使自己长期悲观、消极。由于心理发展不够成熟，青年学生的情绪波动相对较大是正常的，但如果经常处于"感时花溅泪，恨别鸟惊心"或者"怒发冲冠""忧思难忘"的非常规状态，那就说明我们的心理素质可能存在某种缺陷。

情绪波动

（三）意志品质坚定

意志是人自觉地确定目的，并根据目的调节支配自身的行动，克服困难，去实现预定目标的心理倾向。一个人在顺境中，意志的力量和作用表现得并不明显，但身处逆境时，就需要坚强的意志力来控制自己的行为。

（四）人际关系和谐

良好的人际关系是维系心理健康不可缺少的条件。在社会交往过程中，人际关系和谐的表现可以从以下几个方面来观察：

1. 互相尊重

和谐的人际关系建立在互相尊重的基础上。人们尊重彼此的差异，不加以贬低或欺负，而是以平等、公正的态度对待他人。

2. 友善相处

和谐的人际关系中，人们通常表现出友善、亲切、和蔼可亲的态度。他们愿意与他人交往，尽量使他人感受到温暖和关爱。

3. 相互理解

人际关系和谐的人能够相互理解，懂得倾听他人的观点和情感，也能够换位思考，体谅他人的处境和感受。他们愿意分享自己的经历和感受，增进彼此间的友谊和互相理解。

人际关系

4. 有效沟通

和谐的人际关系需要有效沟通作为基础。人们能够明确、真诚地表达自己的想法和感受，避免误解和沟通障碍，建立良好的沟通渠道和信任关系。

5. 支持与帮助

人际关系和谐的人会在他人需要时提供支持和帮助。他们愿意分享自己的资源、知识和经验，与他人共同成长和进步。

6. 避免冲突

和谐的人际关系中，人们能够有效地处理和避免冲突。他们能够理性地分析问题，寻求共同的解决方案，化解矛盾和纷争。

7. 建立共同的目标

和谐的人际关系中，人们会建立共同的目标和价值观，从而形成更加紧密和有意义的联系。他们愿意一起工作、学习和成长，以实现共同的目标。

8. 开放心态

人际关系和谐的人通常具备开放的心态，愿意接受新的想法、观点和文化。他们不会过于固执己见，而是能够尊重他人的意见，并从中学习和成长。

9. 情感支持

和谐的人际关系能够提供情感支持。人们彼此关心和支持，在困难时期给予安慰和支持，增强彼此的信心和勇气。

10. 诚实守信

人际关系和谐的人注重诚实守信，遵守承诺和约定。他们建立信任和可靠的关系，促进彼此之间的合作和发展。

以上是人际关系和谐的一些表现。当人们能够具备这些品质和能力时，他们能够建立健康、积极、有意义的人际关系，促进心理健康的良性循环。

（五）行为反应适度

心理健康的人的反应是适度的，主要有以下四个特点：一是行为反应与特定的社会环境协调，例如同学们讨论问题受到质疑时，不生气、不争执，能够合理地发表自己的观点，更不会反唇相讥；二是行为反应与年龄协调，例如面对老师不合理的呵斥，小学生会害怕、逃避，中学生会委屈、诉说，大学生会思考、理论；三是行为反应与自己的角色身份协调，例如小孩子受了委屈，可以对父母耍耍小性子、撒撒娇，但对老师就不可以这样了；四是行为反应与所受刺激的强度协调，例如面对同学无恶意的调侃，可以一笑了之，而面对恶意挑衅，则可以据理回应、以柔克刚。

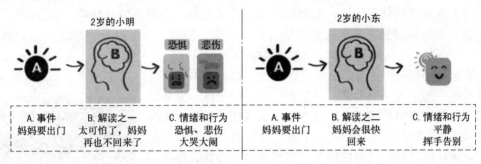

情绪 ABC 理论

（六）能够悦纳自己

所谓"悦纳自己"是指一个人相信自己的存在价值，认同自己的能力特质，并在行为上表现出一种与环境和他人积极互动的心理状态。通俗地说，就是能够愉悦地接纳自己，包括接纳自己的某些缺陷，并能不断地进行自我激励，使自己的人生过得充实而有意义。

（七）社会适应良好

社会适应是指一个人为了更好地生存，能够在心理、生理以及行为等方面对所处社会环境进行匹配性改变，"入乡随俗"说的就是这个意思。当我们突然处于一个全新的环境时，大都会面临一些新的挑战，这时，心理健康的人往往能较快地在新的环境中找到新的关注点和生长点，并且努力进取；而当社会环境出现一些对自己不利的负面变化时，心理健康的人会不断调整自己对现实的期待和态度，主动调整自己的行为目标和行为方式，努力使自己的思想、言行和心理状态与社会环境保持协调。

三、心理健康的意义

（一）职业院校学生身心健康发展的需要

人的生理和心理之间相互依赖、相互联系，是有机统一的整体。

（二）职业院校学生适应社会的需要

注重维护自身心理健康的人，会以积极的人生态度面对学习和生活，主动处理生活适应、人际交往、求学就业等方面遇到的困扰，从而有效提高应对挫折、适应社会的能力。

（三）职业院校学生成功发展的需要

"每个人都有一座潜能金矿，蕴藏无穷，价值无比。"要想在现代社会不断完善自我，发挥自己的潜能，不仅需要优秀的专业素养、高尚的品德修养，还应具备良好的心理素质和健全的人格。维护心理健康，拥有自信、积极乐观的情绪和坚强的意志品质等，可以最大限度地开发潜能，在自己努力的领域里收获成功。

第二节　认识心结，防患未然

【情境导入】

都市情感电视连续剧《欢乐颂》的女主角之一安迪是一个毕业于名校的高智商、高才干的大企业高级管理人员，但她却严重缺乏安全感，性格孤僻、冷峻，不爱说话，拒绝和别人有肢体接触，甚至对挚爱的人也始终保持距离，不敢恋爱。用她自己的话说，她是一个严重的心理障碍患者。而这，均源自她的身世。

安迪从小被父母遗弃，又被送到国外，被迫与弟弟分离。31岁那年，安迪从美国回来寻找唯一的亲人——弟弟，并住进了欢乐颂小区。安迪的母亲和外婆均有精神病。安迪知道直系亲属精神病的遗传率高达46.7%，加上弟弟已经是一个智力障碍者，她明白自己很有可能在没有任何先兆的情况下突然发病。因此，她每天生活在害怕自己发疯的高压之下。

随着剧情的发展，安迪在恋人的帮助下，终于了解到弟弟和自己并无血缘关系，自己的生父是一个精神完全正常的知名经济学家，自己被遗传精神病的概率几乎为零。在恋人和同住欢乐颂小区的姐妹般邻居的关爱中，安迪的心结被打开，最终收获了圆满的爱情和美好的生活。

打开心结

💡 思考讨论：

1. 想一想，自己在成长的过程中，有没有什么心结一直存在。
2. 面对心结，我们该如何去做？

在成长过程中，难免遇到心结，但如果心结得不到及时化解，就可能演变成心理问题。根据人的各种心理及行为异常的严重性，通常将心理问题分为心理困扰、心理障碍和精神疾病三种形式。心理困扰主要是指各种适应问题、人际关系问题等；心理障碍主要是指神经症、人格异常等轻度的心理失调；精神疾病是指人脑机能活动失调，丧失自制力，不能应付正常生活，不能与现实保持恰当接触的严重心理障碍。

一、心理困扰

根据职业院校学生的心理健康状况调查结果发现，现今在校学生的心

心理困扰

理健康水平整体良好，职业院校学生中，普遍存在的是一般心理困扰，具体表现在以下几个方面。

（一）适应方面

刚入学的职业院校学生需要适应新的学校环境和社交圈子，会感到孤独和不安；需要建立新的朋友关系和适应新的学习规律，有些人可能会因此焦虑和紧张。

（二）学业方面

职业院校学生需要掌握各种职业技能和知识，需要大量的实践和动手操作，与此同时，还需要完成理论课程。这种双重压力可能会导致学生感到焦虑和挫折。同时，这也是一个全新的领域，对于在学习上感到困难的学生来说，可能面临着难以理解课程内容或者考试不及格等问题。

新入学的适应环境

学业重担

（三）人际关系方面

在学校中，一些职业院校学生可能会面临人际关系的问题。例如，可能会遇到与同学之间的不和谐关系，这会带来情绪上的困扰和压力。

（四）前途方面

一些职业院校学生可能会对自己的职业选择和未来感到困惑。他们会担心自己是否选择了正确的职业道路，或者是否能够胜任未来的工作。这种困扰可能影响他们的自我认同感和自我价值感，导致情绪上的波动和挫折感。职业院校学生的目标通常是更好地就业，对于一些没有明确职业规划的学生来说，可能会对未来的职业方向感到迷惘，不知道应该选择何种职业道路，这可能会带来一定程度的压力和困扰。

不和谐的人际关系

就业

二、心理障碍

心理障碍是心理异常的一种，职业院校学生可能会产生的心理障碍类型主要有以下几种：

（一）神经症性障碍和癔症

神经症性障碍主要表现为烦恼、紧张、焦虑、恐惧、强迫、疑病、神经衰弱等症状，患者发病常常涉及心理和社会因素。这类心理障碍包括恐惧症、焦虑症、强迫症、躯体形式障碍以及神经衰弱等。另外，癔症也称为歇斯底里症，是一种分离转换障碍，患者通常会扮演另一个想象中的角色，从而完全忘记自己原来的身份。

（二）人格障碍

人格障碍又称为病态人格或异常人格，是指人格的畸形发展，形成了一种特有的、明显的、偏离所处社会文化背景的、及不被多数人认可的认知行为模式。人格特征的偏离会导致对环境适应不良，明显干扰其社会和职业功能，导致此人不能保持和谐的人际关系和难以适应社会生活。

（三）抑郁症

抑郁症

抑郁症是一种常见的精神障碍，以显著而持续的心境低落为主要特征，伴随着兴趣减退和愉快感的丧失，常常影响个体的工作、学习和社交功能。抑郁症可能是由多种因素引起的，包括遗传、生物学、心理社会和环境因素。临床上的病症标准为持续发作两周以上。典型的症状包括情绪低落、失眠或睡眠过度、食欲改变、疲劳、自卑感或无价值感、过度自责、注意力难以集中等。严重者可能出现幻觉、妄想等症状，甚至有自杀企图和行为。

（四）精神分裂症

精神分裂症是一种典型的精神病性疾病，其显著症状包括情绪紊乱、思维破裂，在感知、记忆、思维、情绪和人格等方面出现严重障碍。虽然这种精神障碍的发病率不高，但危害性很大。在学校里因精神病而导致退学和死亡的学生中，精神分裂症患者占比最高。精神分裂症属于精神病学范畴，对其诊断和治疗应在专业精神病学机构进行。

> **案例链接：**
>
> 有一位网友分享抑郁症的感受："2021年，我面临升学和找工作的双重压力，开始时是有一阵睡不好，突然有一天就睡不着觉了，从那天之后天天睡不着，持续了长达一个月。见到每一个人时都会想他们能睡着不。每当夜幕降临，心跳就开始加速。本来以为是简单的失眠，后来突然有一天感觉自己是抑郁了，开始疯狂上网查怎么才能睡得着。每天都只有一件事，就是怎么睡觉，因

抑郁症

为这个问题每天都要面对。吃过中药，喝过牛奶，下过催眠软件，白天超量运动，但没有吃过安眠药。神经几乎崩溃，看到爸爸妈妈就哭，叮嘱他们以后好好过，和男朋友说身后事。那一个月，真的是太恐怖，没人能救得了自己的那种绝望。后来是真的没办法去看了医生，吃了治疗抑郁症的药才好了。但是回想起来，还是心有余悸，感谢上天让我还好好地活着，我爱生活，爱我的家人，爱这个世界！愿每个人都能摆脱抑郁症！"

💡 **思考：**
1. 你认为自己心理上出现过哪些问题或困惑，请写下来交给老师。
2. 你身边有没有出现心理问题的同学？你是怎么关心和引导他们的？

第三节　慢调心灵，共绘心曲

【情境导入】

有一次，老师让学生们学习一篇文章并思考文章的问题，下一堂课进行讨论。文章内容如下：

在一次交战中，年轻的亚瑟国王被邻国的士兵抓获。邻国的国王没有杀他，并承诺给他一年时间，如果能回答一个非常难的问题，就还亚瑟自由，否则就会处死他。这个问题是：女人真正想要的是什么？

亚瑟回到自己的国家，开始向每个人征求答案，他问了所有的人，但没有人可以给他一个满意的回答。人们告诉他去请教一个老女巫，只有她才能知道答案。但是他们警告他，女巫的收费非常高。

一年之期快到了，亚瑟别无选择，只好去找女巫。女巫答应回答他的问题，但他必须首先接受她的交换条件：和亚瑟最亲近的朋友加温结婚。亚瑟惊骇极了，看看女巫，她驼背，丑陋不堪，只有一颗牙齿，身上发出臭水沟般难闻的气味。他从没有见过如此不和谐的怪物。他拒绝了，他不能强迫他的朋友娶这样的人。

加温知道这个消息后，对亚瑟说："我同意和女巫结婚，拯救你的生命是最重要的事。"于是婚礼的消息宣布了，女巫回答了亚瑟的问题：女人真正想要的是主宰自己的命运。亚瑟便得救了。

婚礼上，亚瑟深感痛苦与自责。加温却一如既往地谦和，而女巫却在庆典上表现出她最坏的行为，让所有的人都感到厌恶和恶心。

新婚的夜晚来临了，加温依然坚强地面对可怕的夜晚，走进新房，见到一个他从没见过的美丽少女！加温惊呆了，问她到底是怎么回事。美女回答说，当她是个丑陋的女巫时，加温对她非常好，于是决定一天的一半是美丽的，让加温选择在白天还是夜晚呈现她美少女的一面。

那么，加温应该怎么选呢？

第二天课堂上，答案五花八门，但归纳起来不过就是两种：一种选择白天是女巫，夜晚是美女，理由是妻子是自己的，不必爱慕虚荣，苦乐自知就可以了；另一种选择白天是美女，因为可以得到别人羡慕的目光，至于晚上，晚点再回家，漆黑的屋子里，美丑都无所谓了。

老师听了所有同学的答案后，没有说什么，只是问学生们是否想知道加温的回答。大家说当然想。老师说，加温没有做任何选择，只是对他的妻子说："既然女人最想要的是主宰自己的命运，那么就由你自己决定吧。"于是，女巫选择白天和夜晚都做美丽的女人。

💡 思考讨论：

1. 你是否一直活在别人的期待中？你自己真正想要的是什么？
2. 你对自我认知存在哪些问题或疑问？

一、培养正确的自我意识

自我意识是一个复杂的心理现象，它涉及对自己的认识、情感和行为。以下是培养正确自我意识的方法：

（一）自我观察

观察自己的情绪、思维和行为，了解自己的内心世界。可以通过写日记、冥想或者与朋友交流等方式来帮助自己更好地了解自己。

（二）接受自己

接受自己的优点和缺点，不要过分追求完美。每个人都有自己的不足之处，接受自己的不完美可以更好地认识自己。

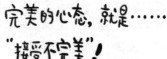

（三）积极思考

积极思考可以帮助我们更好地理解自己的想法和情感，从而更好地认识自己。

（四）寻求反馈

从他人那里获取反馈，了解别人对自己的看法，从而更好地认识自己。

接受自己的不完美

（五）培养自尊心

自尊心是指对自己的尊重和认可。通过培养自尊心，可以更好地认识自己，增强自信心。

（六）自我调节

学会控制自己的情绪和行为，避免过度反应或者消极情绪的影响。可以通过心理咨询、放松训练等方式来帮助自己更好地调节情绪。

总之，培养正确的自我意识需要不断地自我观察、接受自己、积极思考、寻求反馈、培养自尊心和自我调节。通过这些方法，我们可以更好地认识自己，增强自信心，从而更好地应对生活中的挑战。

二、提高抗挫折能力

生活不会一帆风顺，总有坎坷，成长的路上也不会平坦，在风雨挫折中成长，可以让自己得到历练。

由于每个人的心理承受能力不同，自我调适能力不同，遇到挫折后，各人就会有不同的心理行为表现。但总体上可以分为两种：一种是积极的心理表现行为，当事人能够不失常态、审时度势，有效地控制自己的行为，力图摆脱挫折情境；另一种是消极的心理行为表现，当事人会出现失常的、失控的、没有目标导向的非理性心理行为。

积极的心理行为

（一）积极的心理行为

1. 自我反思

回顾并分析所遇到的挫折，从中学习并找出可以改进地方，然后思考如何防止类似的情况再次发生。

2. 寻求支持

与朋友、家人或专业人士分享自己的感受和经历，他们可以提供支持和建议，帮助我们走出困境。

3. 制订目标

重新设定目标，制订一个实际的计划，以实现这些目标。将大目标分解为小步骤，使其更容易实现。

4. 持续学习和成长

通过阅读、参加培训课程或寻求老师指导等方式，不断提升自己的知识和技能。不断成长可以增强我们应对挫折的能力。

（二）消极的心理行为

1. 自我否定

在遇到挫折后，过度地贬低或怀疑自己的能力，不能客观地评价自己的价值。

制订并实现目标

自我否定

2. 消极情绪

陷入消极的情绪中，如沮丧、失落、焦虑、抑郁等，这些情绪会影响思考和行为。

3. 逃避现实

选择逃避而不是面对挫折，可能表现为沉迷于某种活动或过度依赖物质来逃避现实。

4. 过度自责

对于失败或挫折，过多地责备自己，而不是客观地分析原因。

5. 行为退缩

在遇到困难时，选择放弃或退缩，而不是积极地寻找解决问题的方法。

6. 注意力分散

无法集中精力处理问题，而是分散注意力，导致无法有效地解决问题。

逃避问题

7. 过度比较

与他人过度比较，导致自卑和不满，而不是专注于自己的成长和进步。

8. 情绪不稳定

容易受到外界刺激的影响，表现出情绪波动和易怒等情绪不稳定的现象。

9. 悲观主义

对未来持有悲观的态度，认为事情永远不会变好，缺乏希望和动力。

熬夜

10. 不健康的生活习惯

如不规律的作息、暴饮暴食、过度依赖药物或酒精等，这些行为会影响身心健康，进而影响面对挫折的能力。

> 🔗 **案例链接：**
>
> 延迟实验：实验人员给每个4岁的孩子一颗好吃的软糖，并告诉孩子，如果马上吃掉的话，那么只能吃一颗糖；如果等20分钟后再吃的话，就能吃到两颗糖。然后，实验人员离开，留下孩子和极具诱惑的软糖。
>
> 实验发现：有些孩子只等了一会儿就迫不及待地吃掉了软糖，是"不等者"；有些孩子则想出各种办法拖延时间，例如闭上眼睛不看糖、自言自语、唱歌……成功转移了自己的注意力，顺利等待了20分钟后再吃软糖，是"延迟者"。
>
> 10年后，研究人员对这批参加实验的孩子进行了后续研究，发现："不等者"在个性方面，更多地显示出孤僻、易固执、易受挫、优柔寡断的倾向；"延迟者"较多地成为适应性强、具有冒险精神、受人欢迎、自信、独立的少年。两者学业能力的测试
>
>
>
> 延迟实验
>
> 结果也相似，"延迟者"比"不等者"在数学和语文成绩上平均高出20分。
>
> 实验结果表明，那些能等并最后吃到两颗软糖的孩子，在青少年时期仍能等待机遇而不急于求成，他们具有一种为了更大、更远的目标而牺牲眼前利益的能力，即自控能

力。换句话说，能等待的那些孩子的自我控制水平要高于那些不能等待的孩子。

> 💡 **思考：**
> 1. 你拿到糖会马上吃吗？为什么？
> 2. 你认为对于一个人的长远发展来说，哪种选择会更好？

我们在塑造或成就更好自我的过程中，如果能稍稍改变一下自己，时常体验积极的自我，对自己严格一点，坚定地为自己的长远目标不懈努力，并有意识地培养自我控制的能力，让自我的这种体察、更新和完善成为一种习惯、一种生活方式，那么，相信这样的我们终会成长为让自己更加喜欢的自己。

三、做情绪的主人

情绪是一个复杂的心理状态，它涉及多个方面的体验和反应。一般来说，情绪主要包含情感体验、生理反应和行为表现三个方面。

情感体验是指个人在情绪发生时所经历的主观感受，例如快乐、悲伤、愤怒等。生理反应是指情绪状态引起的身体变化，例如心跳加速、血压升高、出汗等。行为表现是指受情绪状态影响引起的个人行为，例如哭泣、笑、怒吼等。

情绪的产生和发展受到多种因素的影响，包括内部因素（如个人的性格、价值观和需要等）和外部因素（如环境、情境和人际关系等）。当个体对外部环境中的刺激进行认知评估时，会引发一系列的生理和心理反应，最终表现为特定的情绪状态。

情绪具有适应性的功能，它可以帮助个体应对环境中的挑战和压力，同时也对个体的行为和决策产生影响。因此，适度的情绪反应是有益的，过度的情绪反应或者情绪调节障碍则可能对个体的身心健康造成负面影响。

情感体验

四、调控情绪，自助自立

职业院校学生处于向成年人过渡的时期，一些学生因家庭、教师和所处环境各种因素的影响，出现了一些异常心理和行为。这不仅影响其学习和成长，甚至可能会影响一生。所以，当大家发现自身存在着一些不良的情绪时，要积极主动进行情绪调控。

（一）当你觉得内心孤独时，怎么办

人是社会性生物，有爱和归属的需要。一个人既需要爱别人，也需要得到别人的情感接纳，否则就会产生孤独感。孤独感带给人的痛苦是异常巨大的。职业院校学生内心容易产生孤独感，最主要是由于感情

调节情绪

脆弱、自我保护意识强，从而内心闭锁，与他人在情感上产生疏离造成的。因此，摆脱孤独感的根本途径是解除闭锁，开放内心世界，和他人建立情感联系。

1. 主动解锁法

放松防范意识，放下不必要的自尊心和架子，真诚地对他人（特别是一起生活、学习的同学）抱有兴趣和爱意，主动关心他人，向他人袒露内心世界，交流思想和情感。

2. 避免独处法

尽量不要让自己独处，一旦发觉自己成了一个人，就要马上找个人做伴。当然，能经常组织和参加一些集体（特别是小型集体，如宿舍、小组等）活动就更好。

（二）如果你觉得自己的情绪总是不大稳定，怎么办

在日常生活中，情绪的激烈波动是不多的。大多数时间，人们的情绪一般会保持一个相对稳定的状态，心理学中称为心境。能否保持稳定而持久的愉快心境与世界观、人生观是否积极健康，是否有明确的人生目标和充实的生活内容，人际关系是否和谐，自我意识和人格是否健全等许多因素都有关系。因此，有个好心情是非常重要的。下面的这些小技巧也可以给你带来帮助。

1. 对镜微笑疗法

早晨起床后、出门前，以及在任何心情开始不好的时候，马上对着镜子，努力做个笑容。你会发现，笑容会带来好心情。

2. 音乐疗法

常听一些旋律优美、节奏明快的音乐，对拥有好心情大有帮助。

综上所述，情绪是一个多维度的心理状态，它涉及情感体验、生理反应和行为表现等多个方面。情绪的产生和发展受到多种因素的影响，并对个体的行为和身心健康产生影响。因此，了解情绪的本质和作用对于个人的成长和发展具有重要的意义。

音乐疗法

案例链接：

小红是某职业院校二年级的学生，因喜欢跳舞，加入了学校社团。她学习成绩良好，平时表现很积极，但是容易冲动发脾气，很难控制自己的情绪，经常会因为同学的一句话、一点小事情就大发雷霆。同学们都觉得她生气的时候非常恐怖：脸色通红，跺脚，摔课本，砸桌子……不过，平息之后就会很快高兴起来，并和同学们一起玩耍。

有一天，在社团教室排练舞蹈时，另一名舞蹈社团的女生在做动作的时候不小心踢到了小红，小红立马破口大骂："眼睛瞎了，神经病！"踢到小红的女生本想道歉，但听到小红说的话，她就脱口而出："就是踢你，怎么样！"

小红再也控制不住自己的情绪，推了同学一把，两人大打出手。

思考：

1. 小红为什么会和同学因为一件小事情而大打出手？

2. 你有没有看到或听到过类似的故事，讲出来与大家一起讨论，同时分析一下当事人不良情绪产生的原因。

小红和社团的同学由于一件小事，没有控制好自己的情绪而大打出手，对两人都造成了伤害。其实，正值青春年少的我们，情绪变化很大，情感体验比较激烈，容易造成反应过激，容易冲动和走极端。所以，我们要时刻提醒自己，要做情绪的主人。

第四节　疗愈心弦，缔造健康

【情境导入】

小玉是一名职业院校新生，来自农村，家庭经济困难，中学阶段住在亲戚的家里，比较听家长的话，亲戚们也就特别宠爱她。小玉很少与班上同学交流，独来独往，性格内向。进入大学后，刚开始感觉还可以，但时间长了，由于寝室同学之间存在着很大的性格差异，相处中出现了不和谐。面对复杂的人际关系，小玉感到十分困惑，不知道怎样才能处理好这些关系。她每天感觉很烦，学习受到影响，自己也很着急。学校新生入学教育时介绍了学校有心理咨询中心，可以帮助同学解决自身的心理困扰。她想到学校心理咨询中心寻求帮助，但是又有很大顾虑：听说只有心理不正常的人才会去做心理咨询，万一被班上的同学知道了会不会以为自己有精神病啊？自己去做心理咨询，心理咨询中心的老师会不会批评自己不会处理人际关系？会不会把自己做心理咨询的事情向辅导员通报？

心理咨询

💡 思考讨论：

1. 如果你感觉自己出现了心理问题，会采取什么方式进行调节？
2. 你怎么看待小玉的担心？你认为心理咨询师中心的老师会替同学们保密吗？

一、善待友谊与爱

对于我们现在的年龄阶段来说，善待友谊与爱非常重要，因为这段时间是我们建立人际关系、培养情感能力的关键时期。如果我们遇到心理上的困扰，自己又无法排解，第一时间可以选择向知心好友倾诉，但同时也要注意保密问题。

（一）倾听和支持

朋友可以提供一个倾听的耳朵，让我们感受到被理解和支持。有时候，仅仅是能够与人分享自己的感受，就能大大减轻心理压力。

（二）鼓励和正面影响

朋友可以鼓励我们积极面对问题，并提供正面的心态和观点，帮助我们从不同的角度看待问题。

（三）陪伴和参与

有时，朋友的陪伴和参与可以帮助我们分散注意力，减轻心理负担，改善心情。

然而，值得注意的是，朋友的帮助不能替代专业的心理治疗。如果学生的心理问题严重或持续存在，建议寻求专业心理咨询师或心理医生的帮助。朋友可以在这个过程中提供支持和鼓励，但最终的治疗和咨询应由专业人士进行。

相互陪伴

> **案例链接：**
>
> 从前，有两个很要好的朋友在沙漠中行走，路途中，不知是什么原因，他们吵了一架，其中一个人打了另一个人一巴掌。被打的人非常伤心，于是他在沙子里写了一句话："今天我朋友打了我一巴掌。"
>
> 写完之后，他们继续行走。前面遇到了一块沼泽地。被打的那个人不小心掉到了沼泽地里，另外一个人不惜一切代价去救了他，最后两人脱困，被打的人很高兴，找了一块石头，在石头上写下："今天我朋友救了我一命。"朋友一头雾水，奇怪地问："为什么我打了你一巴掌，你把它写在了沙子里，而我救了你一命，你却把它刻在了石头上呢？"被打的人笑了笑，回答道："当别人对我有误会，或者做什么对我不好的事情时，就应该把它记在最容易遗忘、最容易消失不见的地方，由风负责把它抹掉。而当朋友有恩于我时，就应该把它记在最不容易消失的地方，即使风吹雨打也忘不了。"
>
> **思考：**
>
> 1. 你在生活中对于和别人的误解或者朋友对你的帮助，是如何记录在心的？
> 2. 认真回忆并写下朋友或亲人做过的最令你感动的事情。为什么令你感动？你最令父母欣慰的一件事情又是什么？

二、心理咨询的功能

对于职业院校学生来说，心理咨询可以帮助他们解决学业、人际关系、情绪问题。在心理咨询中，专业人员与学生进行深入的交谈和讨论，帮助他们认识自己的情感和思维方式，解决学习和生活中出现的问题，并提供指导和建议，让学生更好地适应学习环境，增进心理健康，提高社会适应能力，从而实现个人的成长与发展目标。通过心理咨询，学生能够更好地理解自己与同学、老师、家人之间的关系，以更积极和理性的方式处理问题，改善学习和生活品质，增长全新的人生经验，提升自我认知和发挥内在潜力。

寻求心理帮助

（一）矫正情绪体验

心理咨询和治疗的不同形式能引发来访者经历多样的情感反应。一方面，他们可能会发现自己原有的焦虑、紧张、沮丧和自卑情绪有所缓解；另一方面，他们在与咨询师的对话过程中，产生希望和信心，感受到心情的放松和愉悦，同时也可能感觉到自己被理解和尊重。

悲观情绪

（二）从事新的有效行为

"新"意味着对于来访者而言是未曾尝试的事物，而"有效"则指这些行动能够满足他们的需求，例如获得友谊和成就感。在多种心理咨询和治疗方法中，共通的作用机制之一就是激励、启迪和支持来访者去实践这些新颖且有效的行为。这种激励、启迪和支持可以是明确和直接的，涵盖具体的建议和指导，也可能更为含蓄、间接或通过暗示进行。

（三）提出可供选择的生活态度

众多心理咨询和治疗技巧共同运用了一种关键的临床策略，即向来访者展示不同的生活态度，以及观察自我及周边环境的不同视角。许多咨询师和治疗师认为，这种方法是促进来访者改变和成长的关键元素。

（四）接受社会正面影响

当来访者寻找心理咨询师进行咨询时，这表明他们已经打开心扉，准备接受来自社会的指导。然而，仅仅拥有求助的初衷是不够的，还必须主动愿意时刻接受社会的正面影响。如果缺乏这种能力和自觉性，求助过程可能会受阻，同时也会错失社会互动中的积极影响。因此，心理咨询和治疗的关键之一是来访者随时准备吸纳社会影响的能力和自我意识，并在社会生活中建立类似于与咨询师的互动关系，从而随时准备接受他人的正面影响。

不同的生活态度

接受社会正面影响

（五）意识扩大性自我探索

在咨询师和治疗师的引导下，访客将主动进行内心的探索。这一过程拓宽了他们的认知边界与深度，逐步揭示了之前未察觉的心灵领域。

三、心理咨询方面的几个不等式

（一）心理问题≠精神病

心理问题和精神疾病是两种不同的情况。人们在成长过程中的不同阶段和生活工作的各个领域，都可能遭遇各种挑战，这可能引发负面情绪。若这些挑战未能得到适时的解决，它们可能长期对个人造成不利的影响，甚至可能演变成心理障碍。主动寻求心理咨询实际上显示了个体对生活有更高追求，他们希望通过专业咨询来进一步提升自我，而非逃避或否认问题。

（二）心理学≠窥探内心

许多学生在参加心理咨询时，可能因为羞涩或不愿开口而不太愿意分享自己的内心感受，期望咨询师能仅凭几句话就理解他们的想法。有时，他们甚至怀疑咨询师的专业水平。然而，心理咨询师并不具有超能力，无法直接洞悉个人的内心世界。他们利用心理学的理论和技术，基于学生所提供的信息进行探讨、分析，从而提供引导和治疗。因此，在接受心理咨询时应该坦诚相待，勇于分享自己的内心世界，这样咨询过程才能取得最佳效果。

专业心理咨询

坦诚相待，取得最佳效果

（三）心理咨询≠无所不能

一些人误以为心理咨询能够解决所有心理难题，因此，当仅咨询一两次未见显著效果时，便感到极度失望。然而，心理咨询实际上是一个逐步的、挑战重重的转变过程，咨询的成效与来访者的性格和过往经历紧密相关。正如在心中长久堆积"冰雪"，若没有强烈的寻求帮助和改变的意愿，缺乏持续的决心去面对，很难"守得云开见月明"。

（四）心理咨询≠思政工作

一部分人将心理咨询误解为类似于思想政治教育，因为两者都通过对话来影响人们的观念和行为。心理咨询和思想政治教育实际上是相辅相成的，它们共同的目标是培育健全的人才，但它们的侧重点不同。思想政治教育更注重理性，强调社会与集体的利益，侧重于说服和教育，关注的是"是否正确"；而心理咨询更关注人性，肯定个人的价值，保持客观中立的态度，旨在发现心理上的问题，着重探究"为何如此"。

（五）心理医生≠救世主

有些来访者错误地将心理咨询师视为"救世主"，认为只需将自己的心理困扰全数托付给咨询师，咨询师就能够解决一切问题，而自己则可以不必思考、努力或承担任何责任。然而，世界上唯一的"救世主"只有自己。只有通过自我改变和自我克服，才能实现自我超越和目标达成。如果完全依赖于心理咨询师，采取消极的态度和逃避责任，可能会没有任何成效。

未见显著效果时感到失望

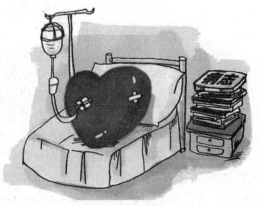

积极自我拯救

案例链接：

佳佳是一名职业院校的学生，从小因家中爷爷奶奶病重，家庭生活压力较大，父母一直忙于生计，省吃俭用地供他和妹妹上学，希望他将来能够考入名牌大学。可没想到的是，中考失利，他无奈地选择了职业院校。听着父母的唠叨和唉声叹气，他也暗下决心，一定在职业院校里好好学习，成为本行业的高级技术人才，不再让父母失望。

可是入学后，他本来名列前茅的成绩，随着专业课的增多，要保持原来的优势越来越难。尤其是专业实训课程，他下了很大功夫，但在第二学期的期中考试，非但没有达到自己预期的目标，反而还有三门成绩很不理想，心高气傲的他很难接受这个现实。

期末考试临近，佳佳开始变得烦躁、不安，复习的时候也无法静心，脑子里想的全是父母失望的眼神，心中一遍遍地说："又要考试了！我还没复习好，考不好怎么办？"由于总是处于惶惶不安的

压力

焦虑中，他睡眠状态也开始变差，梦中也总是出现交白卷的场景，醒来的时候还一身冷汗。尤其害怕父母打电话问自己什么时候期末考试、学得怎么样之类的话题。后来一拿起书就手心出汗、浑身发抖、大脑一片空白……

佳佳心急如焚，为了改善学习状态，他拼命地想在学习方法上找原因，在身体状况上找原因，但都无济于事。最后，在老师的建议下，他走进了学校的心理咨询室。

思考：

1. 如果你是佳佳，在学习上遇到挫折后，会怎么做？说一说自己的想法，和大家一起讨论。

2. 当遇到心理方面的困扰，你会主动寻求帮助吗？你会选择如何求助？

小 结

职业院校学生处于青春期和成人的交界,面临着身心发展的多重挑战,因此心理健康教育尤为重要。心理健康教育有助于学生认识自我、处理情绪、增强抗挫折能力,从而促进其身心健康发展,提高人际交往能力。通过心理健康教育,学生可以了解心理问题的表现和应对方式,及时寻求帮助,预防心理问题的发生。

本章以心理健康的重要性为切入点,详细介绍心理健康的定义、标准和意义,便于引导学生正确认识心理健康;详细介绍职业院校学生的一般心理困扰和心理障碍,便于引导学生正确分辨心理健康和异常;详细介绍情绪的重要性,便于引导学生调节管理自己的情绪;详细介绍心理咨询,引导学生正确认识心理咨询的重要作用,如遇到问题,能积极参与到心理咨询中来。

职业院校学生心理健康教育是一项长期而艰巨的任务,需要个人、学校、家庭和社会共同努力。只有全面提升心理健康教育的质量和效果,才能真正促进职业院校学生的身心健康和全面发展。

自我拓展练习

1. 下面的观点正确吗?认真阅读以下内容,你认为正确的观点是什么?

序号	观点	判断对错	原因
1	只有性格内向的人才容易患心理疾病		
2	心理疾病或障碍只有在别人看出来时才有必要去求助心理医生		
3	坚强、成功的人不容易患心理疾病		
4	心理不健康是一件丢脸的事情		
5	心理问题也有对错		
6	偶尔出现了一些不健康的心理或行为,就是有了心理问题		
7	所谓"悦纳"自我,就是要认为自己的一切都是好的		
8	心理疾病不会影响心理健康		
9	生理不健康不会引发心理不健康		
10	有心理问题的人精神都不正常		

2. 告别了中学生活,我们步入了职业院校阶段,这是人生中非常美好的一段时光。与中学相比,我们现在在心理发展上有哪些特点?我们如何发挥心理优势,实现自己的梦想呢?

【小调查】
你同意以下说法吗?
1. 我们已经长大了,希望自己的事情自己做主,不想父母或老师过多干涉。
2. 我们思维活跃,敢想敢做。
3. 我觉得自己没什么优点,缺点倒不少。
4. 我的心情时常莫名其妙地变得低落,常因为一些小事而大发脾气。
5. 我很喜欢交朋友。
6. 如果父母能够在经济或将来就业上给予我更多的帮助就好了。
7. 与其他同龄人相比,我会有意识地关注和自己未来的理想职业有关的事物。
8. 就读职业院校,不用好好学习了,过三年,拿个毕业证,找个工作就可以了。
9. 别人如何评价我,对我影响比较大。
10. 我的自我控制能力比较弱。
11. 我们这个年龄的学生,情绪和情感都比较丰富、强烈,爱憎分明。
12. 对一个人或一件事,我能够从多个角度、深入本质地认识它。
13. 我的内心时常充满矛盾。
14. 我愿意通过参加各种活动,锻炼自己的能力,为将来就业做准备。
15. 我比小学和中学时更关注自己的外貌和穿着。

第八章

学生活动——能力提升，素质拓展

导 读

职业院校学生的校园生活，宛如一幅五彩斑斓的画卷，每一个角落都弥漫着青春的气息。在这里，我们可以见证文艺活动的无限魅力，体育竞技的激情澎湃，科学技术的探索创新，以及社会实践的无私奉献。这些丰富多彩的学生活动，犹如雨后春笋般在校园茁壮成长，为职业院校学生的校园生活增添了无尽的色彩。

学生活动是指学生在学习之余所能参加的课外活动，是学生的"第二课堂"。学生活动形式多样、种类丰富，根据其性质和目的，主要分为文艺活动、体育运动、学术科技活动、社会实践活动等，学生可以根据自己的兴趣和特长选择适合自己的活动。参加活动不仅可以满足自己的兴趣爱好，锻炼自己的能力，还可以结交更多的朋友，扩展自己的人脉，培养团队合作精神。同时，参加学生活动也是促进身心发展、提高综合素质的重要途径。通过本章的学习，引导初入校园的职业院校学生对各类学生活动有所了解，从而根据自身兴趣特长选择适合自己的活动，激发学生积极主动参与各项活动的热情，促进学生全面发展。

学生活动

学习目标：

知识与技能目标： 掌握学生活动中文艺活动、体育运动、学术科技活动、社会实践活动的概念、分类等内容，了解参加学生活动的意义；引导学生根据自身特长和喜好正确选择适合自己的学生活动。

过程与方法目标： 通过案例分析、思考讨论等方式激发学生主动思考学习的意愿，促进学生将个人经验与所学知识相融合，提升学生在学生活动方面的问题理解能力、分析探究能力、交流表达能力。

素养目标： 引导学生积极主动地参与丰富多彩、积极向上的校园文化活动，加强学生思想道德建设，使学生身心得到健康发展，素质得到全面提高；培养学生热爱学习生活、热爱校园环境的情感，养成积极主动、负责担当的生活态度，增强自信心和荣誉自豪感，成为德智体美劳全面发展的社会主义建设者和接班人。

学习重点： 文艺活动、体育运动、学术科技活动、社会实践活动的概念、分类。

学习难点： 参加学生活动的意义；如何根据自身情况选择适合自己的学生活动，提高自身综合素质。

第一节　文艺展示，陶冶情操

【情境导入】

案例一：小李原本性格内向，不爱与人交往，但是他非常热爱音乐。进入职业院校后，他参加了学校的音乐社团。在社团里，小李认识了很多和他一样喜欢音乐的好朋友，他们一起听歌、唱歌、弹琴……慢慢地，他的性格越来越开朗。在一次文艺表演中，小李以一曲《青花瓷》赢得了大家的掌声和认可，他说："音乐是我表达情感的方式，也是我和他人交流的桥梁。"他的故事激励了更多的同学加入音乐社团，一起用音乐传递青春的力量。

案例二：小王原本成绩较差，性格浮躁。由于写字较差，在语文老师的建议下，他加入了书法社团。练习书法是枯燥乏味的，刚开始学习时小王总是沉不下心，但在老师的指导和肯定下，他坚持了下来。经过三年的学习，小王系统地学

练习书法

会了楷书、行书、隶书等，代表学校参加各类书法比赛并取得优异成绩。长期的书法学习培养了他对中华民族传统文化的强烈认同感，也使他的性格变得更加沉稳从容、冷静坚韧。

> **思考讨论：**
> 1. 除了案例中提到的音乐、书法两项活动之外，你还知道哪些文艺活动？
> 2. 通过这两个故事，你认为文艺活动对我们有何作用？

一、文艺活动的定义

文艺活动是指在一定目的和规则下，针对特定人群开展的有一定组织和规模的文学、艺术类群体活动，一般以文学、音乐、美术、舞蹈、戏剧等艺术领域为主题，包括文学讲座、艺术表演、文化展览、文艺比赛、文化交流、艺术教育等多种形式。它既属于一种娱乐形式，也是一种文化教育形式，是人们精神文化生活的重要组成部分。

在校园活动中，文艺活动扮演了非常重要的角色，是校园文化的重要组成部分，在校园生活中发挥越来越重要的作用。作为一名职业院校学生，入学之初就可以根据自己的兴趣爱好以及特长，加入各个社团组织，积极参加各项文艺活动，发挥自己的特长，展现自己的风采。这些活动不仅丰富了学生的学习生活，还可以传递友谊、增强团结意识，为学生的全面发展提供平台，为学生们带来无数精彩时刻。

二、校园文艺活动的分类

校园文艺活动丰富多彩，涵盖各种形式，主要形式有音乐舞蹈类、美术设计类、语言表演类、文学素养类等。

（一）音乐舞蹈类

音乐舞蹈类活动是校园文艺生活中最常见、最受欢迎的活动类型，通过歌唱表演、器乐演奏、舞蹈表演等形式塑造自己独特的艺术风格，将历史、文化、情感等融入其中，能够吸引大众、传递情感、展现个人才华。

1. 歌唱表演

歌唱表演是通过独唱、合唱、表演唱等方式展现摇滚音乐、流行音乐、古典音乐、爵士乐、说唱音乐、电子音乐、民族音乐等多种类型的表演，是人们表达情感、传递心声的一种方式，还可以减轻压力、改善情绪。通过歌唱表演可以使学生展示音乐艺术风采，抒发自己的情感和个性，同时可以丰富学生课余生活，营造和谐向上、健康文明的文化氛围及良好的艺术环境。

歌唱表演

2. 器乐演奏

器乐演奏是以乐器为物质基础，借助乐器的性能特征，结合演奏技巧的应用，表现一定情绪与意境的音乐表演。演奏乐器主要包括钢琴、吉他、架子鼓、琵琶、古筝、二胡、笛子、葫芦丝等。通过对古典音乐、爵士乐、民族音乐等各种音乐类型的演奏，展现乐器的魅力，感受音乐的美妙。

3. 舞蹈表演

舞蹈表演是将舞蹈动作、造型和技巧能力，结合音乐和美术等艺术手段，将作品的思想内容转化为可视可感的舞蹈形象的多元化艺术表现形式，包括民族舞、古典舞、现代舞、爵士舞、拉丁舞、芭蕾舞等各种形式。舞蹈不仅能够使学生锻炼身体，还为学生提供了展示艺术素养、创造性和表现力的机会。通过舞蹈，学生们能够表达内心情感，展示身体的优雅和灵活性。

器乐演奏　　　　　　　　　　　舞蹈表演

（二）美术设计类

美术设计类活动是一种以艺术表现为主题的活动形式，通过绘画、书法、摄影、设计、工艺制作等方式展示和传达创作思想和情感。美术活动形式多种多样，包括书法活动、绘画活动、摄影活动、手工制作活动等。学生们可以通过观察和模仿艺术作品，学习基本技巧和艺术表现手法，也可以通过自己创作，表达内心的情感和思想，提高自己的艺术表达能力、欣赏能力和审美情趣。

1. 书法活动

书法是一种独特的艺术形式，可以展现中国传统文化的深厚底蕴。学习书法可以提高学生们的审美能力、艺术修养和书法技巧，培养专注力和耐心，增强自信心和创造力。书法活动可以传承和弘扬中华优秀传统文化，提高全民素质和文化自信。

2. 绘画活动

绘画是运用色彩、线条和构图，在一个平面上创造艺术形象，主要有水墨画、油画、漫画、工笔画等。绘画活动一般会指定主题进行创作，主要由展览、比赛等形式。通过绘画活动，可以展示学生的绘画才华和艺术触觉，培养学生的审美能力。

书法活动　　　　　　　　　　　绘画活动

3. 摄影活动

摄影能够通过手中的照相机去多视角、多维度记录发生在身边的点点滴滴，一张图片内涵丰富、包罗万象，展示无尽的蕴涵、趣味和思索。学生参加摄影活动可以留住精彩瞬间，分享生活乐趣，提高艺术感与审美，以此激发对摄影的兴趣爱好，更加关心、了解身边生活。

4. 手工制作活动

手工制作活动主要包括纸艺类、雕塑类、布艺类、绣艺类、编织类等活动。学校的手工制作活动通常会和节庆日相结合。通过手工制作活动，可以培养更多学生对手工的兴趣，促进学生对传统文化的了解和传承，培养学生的思维能力和动手操作能力。

（三）语言表演类

语言表演类活动是以语言为主、表演为辅的用各种方式演绎语言文化的艺术表演活动，主要包括戏剧演出、相声表演、播音主持、演讲、辩论比赛等形式。通过语言表演类活动，可以促进学生整体语言能力的发展，增强记忆能力、表达能力、沟通协调能力，培养学生活泼开朗、豁达高尚的性格。

1. 戏剧演出

戏剧演出是指以语言、动作、舞蹈、音乐等形式达到叙事目的的舞台表演艺术，是由演员扮演角色在舞台上当众表演故事的一种综合艺术。戏剧的表演形式多种多样，学校戏剧表演常见的形式包括话剧、音乐剧等。戏剧演出活动为学生们提供了一个创造与表达的舞台，使他们能够发展自己的艺术技能。学生们可以扮演各种角色，表演各种剧情，展示他们的表演才华和表演技巧。通过参与戏剧演出，学生们能够培养自信心、提高表达能力、锻炼团队精神。

话剧表演

2. 相声表演

相声是一种民间说唱曲艺，主要采用"口头方式"表演，是扎根于民间、源于生活、深受大家欢迎的曲艺表演艺术形式，是中国传统文化的瑰宝之一。相声以语言表演为主，结合语音、动作、表情，以幽默、调侃、讽刺等手法取得观众的共鸣和喜爱。通过相声表演，可以锻炼学生们的语言表达能力、思维能力、反应能力和幽默感。

3. 其他活动

语言表演类活动还包括播音主持、演讲、辩论比赛等各类形式，以上形式都是通过语言的艺术对实时事件进行声音传播、发表自己的见解主张、阐明观点理由的活动，可以锻炼学生的语言表达能力、随机应变能力以及逻辑思维能力等。

相声表演

（四）文学素养类

1. 征文比赛

征文比赛是鼓励学生们发表自己的原创文学作品，激发其文学创作热情。征文比赛设立不同的主题和分类，参赛者可以根据主题要求创作自己的作品。征文比赛可以激发学生们的创作灵感，提高其文学创作技巧，并为优秀作品提供展示和发表的机会，推动文学事业的发展。

2. 读书活动

读书活动是指通过各种形式进行读书宣传、图书分享的活动，通常有阅读分享会、书籍展览、图书漂流等活动形式，一般于每年 4 月 23 日"世界读书日"前后开展，以鼓励学生阅读、增加阅读乐趣、提高阅读素养、拓宽阅读视野、促进文化传承和创新。

征文比赛

世界读书日

3. 诗歌朗诵活动

诗歌是文学的重要形式之一，它通过押韵和节奏来传递美感和表达情感。诗歌朗诵活动是集中展示和分享诗歌的活动，同时也是一个培养和锻炼朗诵技巧的机会。诗歌朗诵活动中，学生们可以选择自己的原创作品或者经典诗歌，通过声音和语调的变化来传达作品的情感和内涵，激发听众对诗歌的兴趣。

三、校园文艺活动的特点

校园文艺活动有着深刻的育人内涵，通过活泼愉悦、寓教于乐的活动，对学生晓之以理、动之以情、导之以行。这些活动的开展可以使校园和学生的生活变得更加丰富多彩，成为学生成长成才的一个重要阵地。其特点主要有以下几方面：

（一）广泛性

校园文艺活动是校园内影响最大、辐射最广、参与人数最多的校园活动，具有广泛的群众基础，能够引起师生的情感共鸣，为有一技之长和文艺爱好的学生提供了展示特长和个性的舞台。校园文艺活动的开展符合当下学生的认知水平和发展特点，激发了学生们参与活动的积极性，具有明显的广泛性。

（二）多样性

校园文艺活动通过比赛、表演、展览等多种方式展现各种艺术形式，包括文学、音乐、舞蹈、戏剧、绘画等。随着技术的发展和社会的变化，校园文艺活动越来越注重形式和内容上的创新，将现代科技、多元文化等融入文艺活动，为参与者提供多样化的艺术体验，具有多样性特征。

（三）互动性

校园文艺活动通常强调参与者的互动和交流，参与者可以在活动中相互学习、分享经验和展示自己的才华。文艺活动中通常会设置互动环节，通过互动交流吸引观众的注意力，提升活动的趣味性，激发参与者的热情和积极性，因此校园文艺活动具有互动性特征。

（四）娱乐性

校园文艺活动为学生提供了一个放松和享受艺术乐趣的平台。文艺作品的内容能使观众产生快乐的情绪，如相声、小品等语言类节目有娱乐功能，歌舞等形式给人以美感，因此校园文艺活动具有娱乐性特征。

校园文艺活动具有娱乐性

（五）教育性

许多校园文艺活动具有教育目的，旨在提高学生的艺术素养、审美能力和文化素质。它不是枯燥的教育，也不是简单的思想灌输，而是让学生在参与中学习、在学习中成长，享受增长知识、交友协作和提升综合素质的快乐。它能够充分发挥不同学生的个性、爱好，吸引他们在活动中体现自身价值、培养意志品质，从而达到寓教于乐的目的。

（六）持久性

各种校园文艺活动在各学年反复、持久地开展下去，形成校园文化的一大特色。特别是在校园文艺活动中具有广泛影响力的品牌活动，如迎新晚会、毕业晚会等，能得到全校师生的普遍认可，在历届学生中留下了难忘的回忆，具有持久性特点。

（七）时代性

当前，我们正处在价值观念深刻变革的时代，而学生又是紧跟时代潮流的青年群体，因此，校园文艺活动从内容到方法、从时间到空间、从形式到实效都紧跟时代发展，既能体现出当代青少年朝气蓬勃、自强不息的进取心，又能反映学生们充满生机的精神风貌，表现出强烈活泼的时代感。

四、校园文艺活动的意义

（一）丰富校园文化生活

校园文艺活动是校园文化的重要组成部分，它在学生单调的学习之余，为学生提供了一个放松和娱乐的平台，使学生的校园生活更加丰富多彩，有助于形成积极、健康、活泼的校园文化氛围，促进校园文化发展。

（二）引导学生树立正确的三观

校园文艺活动一般具有鲜明的主题，能够弘扬正能量、讴歌新风尚，所蕴含的思想哲理和精神境界可以多方位、多角度地对学生进行引导和教育，学生从作品内容所折射出的思想、观点和理念中受到熏陶，得到启发和教育，从而树立正确的世界观、人生观和价值观。

树立正确的三观

（三）增强学生的民族自豪感

校园文艺活动通常会在端午、中秋、国庆、元旦等重大节庆日开展，其中不乏对中华优秀传统文化的宣传呈现，可以激发学生热爱祖国、热爱集体、热爱社会主义的真挚情感，让学生更加了解中华民族的优秀传统文化，在各种形式的文艺活动中增强文化自信和民族自豪感,感受优秀传统文化的精神力量。

（四）提升学生的综合素质

通过参加校园文艺活动,学生可以展示自己的才艺、增强自信,锻炼自己的表达能力、协作能力和创造力,提升对于美的感受能力、欣赏能力和创造能力,让学生形成积极向上、乐观昂扬的精神品质,促进学生个性化发展,提升学生的综合素质。

（五）增强学生的创新意识

在校园文艺活动开展的过程中,学生不是被动地听从安排,而是主动地提出自己的想法,通过创新、创意的方式,将活动变得更加有趣。因此,校园文艺活动可以充分激发学生的创新潜能,培养学生的创新能力,为学生的发展提供更多的机会。

（六）锻炼学生的团结协作能力

在校园文艺活动过程中,学生可以接触到日常生活中接触不到的同学,学会如何与别人进行合作,共同构建良好的集体,共同为集体赢得荣誉。因此,校园文艺活动能够为学生建立起与他人沟通交流的桥梁,让学生在集体活动过程中感受与他人进行交往的乐趣、温暖,锻炼学生的团结协作能力。

文艺活动可以锻炼学生的团结协作能力

第二节 体育竞技,强身健体

【情境导入】

小强从刚入学开始,给辅导员老师的印象就是内向,不爱与其他同学说话,也不主动和辅导员老师交流。辅导员老师和他说话,他总是躲闪辅导员老师的目光,不敢看辅导员老师的眼睛。通过了解,辅导员老师得知他的父母上班很忙,他一直都是跟着爷爷奶奶生活。平时除了上学,爷爷奶奶几乎不会带他出门,他自己也不愿意出门找其他同学玩,导致他性格软弱、怕事、不敢讲话。针对这种情况,辅导员老师和他的家长进行过多次深入交流,他的家长也非常希望他在与人交往上能够有所改变。在辅导员老师的引导和帮助下,小强开始尝试进行体育运动,并加入了校篮球队。经过一个学期的体育运动,小强除了身体比以前结实外,性格也慢慢地改变了,遇到老师会主动问好,也开始接纳同学并与他们成为好朋友。

打篮球

> **思考讨论：**
> 1. 是什么改变了小强的性格？
> 2. 你能列举出哪些体育运动项目呢？

一、体育运动的定义

体育运动是在人类发展过程中逐步开展起来的，有意识地对自己的身体素质进行培养的各种活动。它采取了走、跑、跳、投等多种形式的身体活动，这些活动就是人们通常称作的身体练习过程。因此，用于增强身体素质的各种活动统称为体育运动。在学校，体育运动的开展大多以体育比赛方式进行。体育比赛是在特定规则下进行的、具有明确竞技目的的运动。

二、体育运动的分类

常见的体育运动有田径运动、球类运动、体操运动、游泳运动、冰雪运动、武术运动、娱乐运动等。

常见的体育运动

田径运动主要包括跳高、跳远、铅球、跨栏、径赛等，是最古老的体育运动方式。
球类运动主要包括足球、篮球、排球、网球、乒乓球、羽毛球等。
体操运动主要包括单杠、双杠、高低杠、跳马、自由体操等。
游泳运动主要包括仰泳、蛙泳、蝶泳、自由泳等。
冰雪运动主要包括滑冰、滑雪、冰壶、冰球等。
武术运动主要包括太极拳、散打、拳击、跆拳道等。
娱乐运动主要包括跳绳、踢毽子、拔河、扔沙包等。

三、体育运动的特点

（一）健康性

体育运动具有丰富的内涵，但是无论何种形式的体育运动，其最终目的都是提高运动者的身体素质和心理素质，促进身心健康。健康性是体育运动最重要、最根本的特点，所有的体育运动都是围绕健康性展开的。

（二）多样性

体育运动形式多样，每种体育运动都有其独特的规则和技巧，吸引不同类型的运动者参与其中，每个人都可以找到适合自己的体育运动。体育运动的多样性不仅为人们提高身体素质提供了诸多选择，还丰富了人们的日常生活。

（三）竞技性

体育运动一般都带有一定的竞技属性。"文无第一，武无第二"体现的就是体育运动的竞技性特点。在体育运动过程中，运动者充分展示自己的能力和

我运动、我健康、我快乐

技巧，通过自身努力和团队配合，取得最终的胜利。体育运动的竞技性，可以激发运动者的潜力和斗志，促使人们不断提高自己的能力和水平。

（四）团队性

体育运动可以大致分为个人运动和团体运动两类，个人运动主要体现的是运动员个人的体育能力和技巧，而团队运动则体现的是运动员之间的团结协作和团队精神。团队合作不仅可以展示更高难度的体育技巧，使体育运动更具有多样性和观赏性，还能增进团队成员之间的了解和信任。

（五）娱乐性

体育运动不仅是一项竞技活动，同时也是日常生活中不可或缺的一项娱乐活动。人们通过参加体育运动，在强身健体的同时放松身心，释放生活的压力，舒缓紧张的情绪；通过观看体育运动，在繁忙的生活中寻找乐趣，以更加饱满的精神状态投入到生活、工作和学习中去。

四、常见的校园体育运动项目

在校园生活中，常见的体育运动项目主要有田径、足球、篮球、羽毛球、网球、乒乓球、排球等。

（一）田径

田径是指走、跑、跳跃、投掷等运动项目以及由这些运动项目组合而成的各类全能运动项目。田径运动起源于人类的基本生存与生活活动，具有十分悠久的历史。最早的田径比赛于公元前776年在古希腊奥林匹亚村举行。随着时间的推移，田径运动逐渐发展壮大，已经超越地域和文化的限制，成为一项全球性的运动项目，同时也成为现代体育的重要组成部分。短跑、接力跑、跳高、跳远、铅球、跨栏等田径项目是校园运动会的主要项目，日常健身跑步也可以视为一种田径运动。

（二）足球

足球是指两支球队通过控制和支配球，在球场上互相进行攻防对抗的体育运动项目。它以脚支配球为主，也可以头、胸部接触球。由于具有对抗性强、战术多变、参与人数多等特点，足球已经成为全球最具影响力的体育运动，有着"世界第一运动"的美誉。足球起源于中国古代临淄（今山东省淄博市）的球类游戏"蹴鞠"，后经阿拉伯人由中国传至

欧洲，逐渐演变发展为现代足球。学校定期举行的足球比赛可以说是校园体育爱好者的一场盛事。

田径运动

足球运动

（三）篮球

篮球是以手为中心的身体对抗性体育运动，起源于美国马萨诸塞州，于1891年由美国人詹姆士·奈史密斯发明，并逐渐发展成为一项全球性的运动，无论是在街头、公园、学校还是职业联赛赛场，都可以看到人们专心致志打篮球的身影。提到篮球，我们首先想到的是美国职业篮球联赛（NBA），NBA汇集了世界上顶级的篮球运动员，代表了世界篮球的最高水平。篮球运动在丰富校园生活的同时，可以显著提高学生的身体素质，增强其团队协作意识和集体荣誉感。

（四）羽毛球

羽毛球是使用长柄网状球拍击打用羽毛和软木制作而成的一种小型球类的运动项目，其起源于民间体育活动。现代羽毛球运动起源于印度，形成、发展于英国。由于最初的羽毛球运动在高大的建筑物大厅内进行，所使用的球是用香槟酒瓶的软木塞插上羽毛制作而成的，是贵族和上流社会才能玩的游戏，因此，羽毛球运动也被称为贵族运动或绅士运动。羽毛球运动受场地限制较小，即使没有专用场地，也能进行运动，因此，羽毛球运动深受广大学生喜爱。

篮球运动

羽毛球运动

（五）网球

网球是一项隔着球网、用球拍击打橡胶制空心球的运动。网球是一项优美而激烈的运动，其孕育在法国，诞生在英国，普及和高速发展在美国，至今盛行在全世界，被称为"世界第二大球类运动"。网球是一项极具挑战性和趣味性的运动，同时也是展示个人技巧和实力的良好平台，不论是作为一项竞技比赛还是作为一项健身运动，网球都吸引了大量的体育运动爱好者。很多学校都会在校内设立专门的网球训练场地和比赛场地，以满足学生对网球的热爱之情。

（六）乒乓球

乒乓球是指对阵双方用乒乓球拍来回击打球实现攻防的体育运动。19世纪末期，受天气影响，英国人临时把网球移到室内，以餐桌为球台，以书为球网，用类似网球拍那样的小型穿线球拍，在餐桌上来回击打用软木和橡胶做成的小球，乒乓球由此诞生。乒乓球被称为我国的"国球"，是我国大众体育运动发展最好的项目之一，全员普及，老少皆宜，在校园体育运动中占有重要地位，一直深受学生喜爱。

网球运动

乒乓球运动

（七）排球

排球是一项运用双手做发球、垫球、传球、扣球和拦网等动作进行攻防的球类运动，于1895年由美国人廉姆·摩根发明，起初人们站在网球场球网两端，将篮球胆之类的球拍来拍去，这就是排球运动的雏形。随着时间的推移，排球运动逐渐流传到世界各地，得到广泛的普及和发展。排球运动是一项对抗性强、技术性高的集体运动，在校园体育运动中占有重要地位，校园里学生两两对练垫球的身影随处可见。

排球运动

五、体育运动的作用

党的二十大报告指出："广泛开展全民健身活动，

加强青少年体育工作，促进群众体育和竞技体育全面发展，加快建设体育强国。"学校体育运动是全民健身的重要组成部分，是人生体育意识的启蒙阶段，对于青少年的身心健康起着至关重要的作用。

（一）体育运动有助于强身健体，提高身体素质

体育运动有利于人体骨骼和肌肉生长，增强心肺功能，改善血液循环系统、呼吸系统、消化系统、神经系统和内分泌系统的机能状况；有利于加快身体新陈代谢，促进身体生长发育，增强人体免疫力和适应力。

（二）体育运动有助于放松身心，缓解生活压力

无论是心情郁闷、情绪消极时，还是慷慨激昂、情绪激动时，体育运动都可以为情绪调整提供一个发泄口。通过一场酣畅淋漓的运动，内心的不快得到有效宣泄，生活、工作、学习的压力得到有效缓解，人们可以用一种更加轻松愉悦的态度面对生活。

（三）体育运动有助于磨炼心性，锻炼个人意志

体育运动需要坚持，是一种需要持之以恒的活动。通过参与体育运动，人们可以在技能和体能上取得进步，锻炼自己的意志力，学会面对挑战和挫折，不断突破自己的极限，培养自身不屈不挠的运动精神，增强自信心和自尊心。

（四）体育运动有助于团结协作，培养团队意识

很多体育项目需要两人及以上相互配合才能完成，这就体现出团队合作的重要性。在团队体育运动中，个人能力固然重要，但是仅仅依靠某个人很难取得体育运动的胜利，这就需要成员之间团结协作，为共同的胜利目标一起努力。

（五）体育运动有助于陶冶情操，保持健康心态

在体育运动过程中，人们可以充分发挥自己的积极性、创造性和主观能动性，使心理在融洽愉快的氛围里获得健康发展。心理健康是以身体健康为前提和保障的，体育运动可以促进身体健康发展，从而为心理健康发展提供坚实的基础。

六、体育运动的注意事项

（一）运动前必须详细了解运动规则和运动内容

经过长期发展，各个体育运动项目都形成了详细的、为人们所共同遵守的运动规则，如果不了解具体规则和内容，很容易在体育运动过程中出现失误，导致体育运动效果大打折扣。因此，在进行每项体育运动之前，都需要详细了解体育运动项目的具体规则和内容，从而在体育运动中取得更好的成绩。

（二）运动前需要进行充分热身

体育运动归根结底是一项体力活动，因此，在运动前需要进行充分热身，一方面可以提高各项器官的机能水平，唤醒全身肌肉，有效降低受伤的可能性；另一方面可以让心理对即将进行的激烈运动做好准备，使大脑处于相对活跃的状态，从而达到事半功倍的运动效果。

（三）运动过程中要注意保护身体安全

一些体育运动项目动作幅度较大，并且常常伴有激烈的身体对抗，运动员在运动过程中受伤的案例数不胜数，甚至造成不可挽回的严重后果。因此，在体育运动过程中一定要学会有效保护自身安全，对自己的身体素质和运动水平有较为清晰的认知，结合自身情况，选择适合的运动方式和运动强度进行适度运动，正确使用运动装备，避免操之过急、用力过猛。当身体出现明显不适时，应进行适当休息和调整，从而更好地享受体育运动给我们带来的乐趣。

（四）运动后需要及时进行拉伸

运动后不能立刻蹲下、坐下或者躺下，而是需要结合自身身体情况进行适当的拉伸运动。适当的拉伸运动，可以帮助快速排出肌肉堆积的乳酸，有效缓解肌肉酸痛，最大限度避免运动损伤；可以帮助放松紧张的肌肉，促进血液循环，提高关节的灵活性，为以后的运动奠定基础；可以调整心理状态，使心率慢慢降低到正常水平，让情绪变得更加平静和稳定。

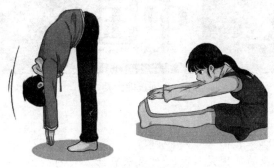

运动后拉伸

第三节　学术科技，推动创新

【情境导入】

小明从小就喜欢摆弄玩具车，经常把它们拆拆卸卸，然后组装起来。15岁那年，小明考入了某城市的一所职业技术学校，读的就是汽车维修专业。在这里，他很快确定了自己的人生目标：学一技之长，用有价值的劳动回报社会。一次偶然机会，他在校园里遇到了勇夺世界技能大赛汽车技术项目银牌的学长。交谈中，学长的那句"拼了命，才会有收获"给他留下了深刻印象。于是，一枚种子在他心里生根发芽：像学长一样，参加世界技能大赛，为国争光！

后来，看到世界技能大赛汽车技术项目辅助团队招人，他第一时间报了名，想着在辅助别人的同时，也能实地学习、提高自己。可当真正走上训练场他才发现，训练是很枯燥的，不仅需要对技能的热爱，还需要一颗强大的心。例如，考核车型多种多样，每款车型都有不同的配置，熟记这些并非易事；有些比赛模块全程使用英文，怎么加快补上自己的外语短板，也是很大的考验。但是小明没有放弃，他每天废寝忘食地反复练习，全力完成各项训练任务，虽然疲惫，但每天都过得非常充实。渐渐地，他找到了重点记忆关键词的窍门，对这些车型配置和专业术语烂熟于心。

功夫不负有心人，经过一年的努力，小明终于在省级大赛中问鼎金牌，进而代表省队出战全国技能大赛，并获得一等奖。这让他深深感受到技能学习的意义，也为他将来参加世界技能大赛为国争光奠定了基础。小明说："在我看来，赛场上考验的不只是经验和技能，还有心理素质等多个方面，只有自信、自强，才能练好一技之长，将来更好地回馈社会，让心中梦想早日实现。"

全国技能大赛

> 💡 **思考讨论：**
> 1. 你认为参加技能大赛需要什么品质？
> 2. 你学习这个专业的原因是什么？对未来有什么规划？

一、学术科技活动的定义

学术科技活动是指学生在学校组织、教师指导下开展的学术、科研、创新、创业类活动，其实质是对大学生所学专业知识和技能的运用、科技实践与创新思维能力等方面的训练。学术科技活动可以提升大学生的专业知识水平，而且有助于培养学生的动手能力和创新意识。

二、学术科技活动的分类

职业院校学生的学术科技活动主要分为四个大类：学风建设类、科学技术类、创新创业类、职业技能类。

（一）学风建设类

学校风气简称学风，从广义上讲就是学校师生员工在治学精神、治学态度和治学方法等方面的风格，也是学校全体师生智、情、意、行在学习问题上的综合表现。学风是学校的灵魂，对学生的成长起着重大的作用，对学校的发展和建设产生深远的影响。良好的学风建设可以激励学生奋发努力、健康成长。学风建设类活动是指学校为了营造良好学风所开展的各种形式的学习类活动。

1. 学术讲座

学术讲座是指学校邀请校内外的专家学者为学生开展的学术交流类的讲座，旨在扩展教师、学生的知识领域，交流研究心得，活跃学术气氛。学术讲座是学校普遍开展的学风建设类活动。

2. 学术沙龙

学术沙龙是指定期组织学生交流学习心得、分享学习经验的活动，以交流分享会的形式宣传表彰

学术讲座

在学习、升学等方面有突出成绩的同学，弘扬先进、分享成果，发挥榜样引领作用，带动学生勤奋学习。

3. 学业规划活动

学业规划活动是指通过"学业计划分享""给未来自己的一封信"等形式，立下自己在学习知识、成长成才等方面的目标和誓言，通过一次与心灵穿越时空的对话，树立学业责任感，在对梦想的阐述中逐步明晰自己对学校生活的目标与规划。

4. 学习知识竞赛

学习知识竞赛是指通过竞赛的方式对学习到的理论知识成果进行检验，可以更加直观地展现学习效果，有效提高学习的积极性，加深对理论知识的理解。

5. 学科竞赛

学科竞赛是指由各级举办的涵盖多个学科领域的竞赛活动，如数学竞赛、英语口语竞赛、物理竞赛、科学实验竞赛等。这些竞赛旨在提高学生在学科知识和技能方面的表现，有助于与其他学生进行学术交流。

（二）科学技术类

科学技术类活动是指在科学技术领域中，与科技知识的产生、发展、传播和应用密切相关的有组织的活动。针对学生的科学技术类活动主要包含科普知识宣传、科技作品展览、科学技术竞赛等。

1. 科普知识宣传

科普知识宣传是指以科普为主题开展的一种有组织、有目的的群体性宣传活动，旨在向学生普及科学技术知识、倡导科学方法、传播科学思想、弘扬科学精神，是促进学生理解科学的重要渠道。

2. 科技作品展览

科技作品展览是指展示科技产品和创新成果的活动。展览的作品可以是校外发明者的成果，也可以是校内师生的发明成果。通过展览可以激发学生的创新精神，增强其实践能力。

科普活动

3. 科学技术竞赛

科学技术竞赛是指通过比赛方式展示科技创新项目成果、以竞争的方式推动科技领域发展的活动，一般有国家级、省级、市级、校级等各个级别，竞赛涉及多个学科领域，如机器人竞赛、科技创新大赛等，目的是激发学生的创新思维和动手能力。

（三）创新创业类

创新创业类活动是指为了促进创新创业发展而开展的系列活动。创新创业是现代社会发展的重要动力，不仅可以推动经济增长，还能带来社会进步和个人成长。其活动形式多种多样，主要包括创新创业比赛、创新创业讲座、创新创业培训等。

1. 创新创业比赛

创新创业比赛是创新创业类活动的重要形式之一。通过比赛的方式，可以发现和选拔优秀的创新创业项目和团队，为他们提供展示自己的机会，同时也可以吸引投资者和相关领域资源的关注，推动项目的落地和发展。例如，中国"互联网+"大学生创新创业大赛是由教育部与政府、各高校共同主办的一项技能大赛，旨在激发学生的创造力，培养造就"大众创业、万众创新"的主力军；推动赛事成果转化，促进"互联网+"新业态形成，服务经济提质增效升级；以创新引领创业、创业带动就业，推动毕业生更高质量创业就业。该大赛于第五届开通了职教赛道，以职业院校为主，以推进职业教育领域创新创业教育改革，组织学生开展就业型创业实践为核心，因此职业院校学生可以踊跃参与。

创新创业比赛

2. 创新创业讲座

创新创业讲座是指通过邀请创业成功者、投资人、专家学者等来举办讲座的活动，可以为学生提供创新创业经验分享和指导，激发创新创业的灵感和动力，帮助学生更好地开展创新创业活动。

3. 创新创业培训

创新创业培训是指学校组织创新创业者为学生传授创新创业的相关知识和技能，帮助学生们了解创新创业的基本概念、方法、流程等，提高学生创新创业的能力和水平。

（四）职业技能类

职业技能类活动是指各级主体组织的培养学生技术技能、提升学生职业素养的系列活动，主要包括职业规划大赛、技术技能大赛、技术技能展示等。

1. 职业规划大赛

职业规划大赛是一个激励学生思考未来职业发展的平台，它为参赛者提供了一个展示自己职业规划、交流思想、互相学习的机会。这个比赛不仅是一场刺激和有趣的竞争，也是一个培养自我认知、拓宽视野的过程。学生通过深入思考组织自己的职业生涯计划，能够更好地了解自己的兴趣和潜能，并为未来的工作做好准备。

2. 技术技能大赛

技术技能大赛是一项旨在展示职业技术技能的赛事。通过比赛的方式，参赛者可以展示自己在各自专业领域的技术技能水平、实际操作能力和解决问题的能力，培养学生的竞争意识，促进专业能力的提升，推动职业教育的发展。

技术技能大赛

3. 技术技能展示

技术技能展示是一种通过展示和分享个人技术技能的方式，以促进技能交流和提升参与者技能水平的活动。通过技术技能展示，可以让参与者们展示自己的学习成果，和其他参与者相互交流借鉴，激发学习兴趣，提高积极性。

三、学术科技活动的意义

党的二十大报告指出："培育创新文化，弘扬科学家精神，涵养优良学风，营造创新氛围。"学术科技活动通过培养学生的科技创新意识和能力，引导学生积极思考、勇于探索，为学生提供开阔的视野和多元化的学习体验，对学生的学业和就业等各方面都有很重要的意义。

（一）促进学风建设

学术科技活动可以丰富学生课余生活，引导学生将更多精力放在学习专业知识上，通过参与感兴趣的学术科技活动，培养自己思考、学习、创新的能力，从而营造积极向上的学习氛围，促进学风建设。

（二）培养创新能力

学术科技活动可以增强学生崇尚科学、追求真理的意识，激发学生的创新精神，培养学生独立思考的能力和解决问题的能力，使学生学会从多个角度看待问题，提升发现、分析、解决问题的能力，有效培养创新实践能力。

（三）增强实践能力

学术科技活动强调实践，鼓励学生动手去做、去尝试。通过参与这些活动，学生们能够自主学习研究，将理论知识转化为实际操作能力，加深对知识的理解，增强动手能力和实践能力，为未来的职业发展打下坚实的基础。

（四）拓宽学术视野

学术科技活动通常涉及多个学科领域，这为学生们提供了更广阔的学术视野。通过参与这些活动，学生们能够接触到不同的学科领域，了解不同的研究方法和观点，有助于形成跨学科的思维方式和全面的学术视野。

（五）培养团队协作精神

学术科技活动通常需要团队协作来完成，这为学生们提供了培养团队协作精神和沟通能力的机会。通过参与这些活动，学生们能够学习如何与他人合作，如何有效地沟通和协调，这对于未来的职业生涯和人际关系都具有重要的意义。

团队协作

（六）提高综合素质

学术科技活动可以提升学生的综合素质，其学习能力、创新能力、动手能力、沟通协调能力、语言表达能力、团结协作能力、写作能力、心理素质、吃苦耐劳精神等都会得到锻炼和提高。

总之，学术科技活动对学生发展具有深远的影响。它不仅能够培养学生的学习兴趣、提升学生的创新实践能力、拓宽学生的学术视野，还能够提升学生的专业技能水平、培养良好的职业素养。展望未来，随着科技的不断发展，学术科技活动将更加丰富和多样化，同学们应当积极参与此类活动，促进自身全面发展，为未来职业生涯做好准备。

第四节　社会实践，开阔视野

【情境导入】

重阳节这天，夕阳红养老院迎来了一群特殊的客人——某市一所职业技术学校的62名志愿者，他们在该校团委的组织下，到养老院开展"感恩重阳，敬老爱老"志愿服务活动。

志愿者们为老人们打扫房间，陪老人们聊天下棋，帮老人们按摩，围坐在老人身旁一起看书讲故事，和老人们一起包饺子。养老院里欢声笑语、其乐融融。随后，同学们为老人送上了精心准备的节目，有小提琴演奏、唱歌、舞蹈、小品等。短短一个下午，同学们与老人们进行心与心的交流，排解了他们的寂寞与孤独，离开时老人们依依不舍。

养老院工作人员说："老人们需要的不是山珍海味，他们要的是陪伴。对于老人们，无论是拄着拐杖的，还是坐在轮椅上的，或是躺在病床上的，他们都有一个需求，那就是想要有人来陪伴他们。每次短暂的陪伴，对于老人们来说，都是一天中最开心的时光。"

养老院志愿活动

通过此次活动，同学们从实践中深刻体会到了"敬老爱老"的重要意义，懂得了理解和感恩，学会了付出与给予，真正践行了"奉献、友爱、互助、进步"的志愿服务精神。

💡**思考讨论：**

1. 你怎样理解志愿服务精神？

2. 你是否参加过志愿活动？你参与的志愿活动中，哪一次给你留下了深刻的印象？有哪些感动你的瞬间或故事？

一、社会实践活动的定义

广义的社会实践活动是指人类认识世界、改造世界的各种活动的总和,即全人类或大多数人从事的各种活动,包括认识世界、利用世界、享受世界和改造世界等。针对学生的狭义的社会实践活动是指学校有目的、有计划地组织学生利用周末、节假日、寒暑假等课余时间走出校门,了解社会,服务社会政治、经济、文化生活的教育方式,旨在提高学生的思想认识、陶冶情操,培养为人民服务的良好思想品德。

社会实践活动是课堂教学的延伸和补充。参加社会实践活动,学生不仅可以学到很多在课堂上学不到的东西,也可以把课堂上学到的理论知识同社会实践联系起来,加深对课堂学习内容的理解。更重要的是,还可以很好地培养和锻炼学生的实践能力,同时加深学生对社会的了解,培养学生的社会责任感。

二、社会实践活动的主要形式

社会实践活动包括很多形式,例如志愿服务类、参观见学类、文化传播类、社会调研类、实习锻炼类等。

(一)志愿服务类

志愿服务是指在不求回报的情况下,为改善社会、促进社会进步而自愿付出个人的时间及精力所做出的服务工作,具有自愿、无偿、利他的特点。志愿者可以参与志愿服务组织开展的志愿服务活动,也可以自行依法开展志愿服务活动。志愿服务精神是奉献、友爱、互助、进步。志愿服务类型主要有扶贫济困、扶弱救弱、帮老助老、环境保护、文明劝导、社区服务、就业创业、应急救援、大型活动、乡村振兴、志愿教育等。

志愿服务

1. 扶贫济困

扶贫济困主要针对生活困难群体(包括城乡因贫致困、因病致困、因教致困等危困家庭)及个体提供志愿服务,例如节日关怀、生活照料、义务家教、文化娱乐等。

2. 扶弱救弱

扶弱救弱是指长期或持续地帮助弱势群体解决生活实际困难的志愿服务行为,例如对残疾和弱势人群进行生活照顾、交通指引、文化娱乐、情感慰藉等。

3. 帮老助老

帮老助老是指长期或持续地帮扶60岁以上公民解决生活照料、精神慰藉等方面难题的志愿服务行为,服务对象大多为高龄老人、空巢老人、失能老人等,服务形式有生活照顾、医疗保健、文体娱乐、情感慰藉、心理援助等。

4. 环境保护

环境保护是指利用环境科学的理论和方法,协调人类与环境的关系,解决各种环境问题,保护和改善环境的一切志愿服务活动,例如植树造林、绿化美化、整治污染、节能减排、垃圾分类、清理河道等。

环境保护

5. 文明劝导

文明劝导是指为摒弃陋习、树立新风、增强公民的道德意识及文明修养，对公共生活领域中的不文明行为进行善意规劝的一种志愿服务活动，包括公共秩序整治、社会文化环境净化、文明新风倡导宣传，以及劝导文明交通、文明经营、文明言行、文明处事等。

6. 社区服务

社区服务是指针对社区全体居民开展的志愿服务，是一种自助社会服务，其内容覆盖了居民生活的方方面面，包括生活帮扶、青少年教育、技能辅导、医疗保健、心理咨询、文体娱乐、信息咨询、社区安全、交通协管、禁毒宣传、卫生环保、政策宣讲等形式。

7. 就业创业

就业创业是指通过为劳动者提供就业创业服务与政策宣传等，助力其就业或创业的志愿服务活动。

8. 应急救援

应急救援是指针对突发、具有破坏力的紧急事件采取预防、预备、响应和恢复的志愿服务活动，其基本任务包括营救受害人员、迅速控制事态、消除危害后果等方面。

9. 大型活动

大型活动主要包括向大型活动参加者和各方来宾提供文明宣传、信息咨询、活动秩序引导、接待协助、语言翻译、残障人士援助、媒体服务、活动论坛组织协助、应急救援等志愿服务内容。

10. 乡村振兴

乡村振兴是指通过为乡村发展提供帮助，支持群众开展生产，宣传普及各类政策、知识，助力乡村教育发展，从而改善乡村经济条件的活动。

11. 志愿教育

志愿教育是指为贫困儿童、留守儿童等人群提供学业辅导、成长辅导、心理咨询等服务的志愿活动。

爱心助学

（二）参观见学类

参观见学是指组织参与者到特定的地点，进行参观体验、学习交流的活动。这类活动旨在通过亲身参观和实践，让参与者从实践中感悟和学习，开阔眼界、增长见识，培养发现问题、解决问题的本领。参观地点十分广泛，包括企业、历史遗迹、博物馆、科技馆、革命圣地、旅游景点、法治教育基地等。

研学旅行

（三）文化传播类

文化传播是指通过组织文化交流活动、进行实地考察、举办展览和演出等方式，传播各类文化的社会实践活动。例如，通过参加中外文化交流活动传播中国传统文化，实现跨文化交流的目的；通过亲身参与传统文化的展览、演出等活动，深入了解传统文化的魅力和特点，并将其传播给更多的人；通过加入社会组织，参与传统文化的调研、保护、展览等工作，为传统文化的传承与创新贡献自己的力量。

（四）社会调研类

社会调研是社会"调查"和"研究"的简称，是指人们为达到一定目的，有意识地通过对社会现象的考察、了解和分析、研究，来了解社会真实情况的一种自觉认识活动。对于职业院校学生来说，一般是在学校的组织下结合自身所学专业对当今社会热点问题实地到访每个地区进行调研。调查前要明确调研目的和对象，调查时使用科学的调查方法，调查后应反映客观实际的调研数据，并提出合理的结论和建议。参与社会调研可以帮助学生提升调研技能和数据分析能力，了解社会问题的原因和解决办法。

（五）实习锻炼类

实习锻炼是指课余时间学校组织或学生个人从事的可以增加社会经验、提高自身能力、磨炼自身意志、减轻经济负担的有酬劳动。例如，学校统一组织学生在学校实习基地或合作企业进行和专业相关的技术锻炼，学生从事服务员、销售员等一些服务岗位等。学生可以通过实习锻炼接触到实际的工作环境和任务，从而将理论转化为实践，更好地理解所学知识在实际工作中的应用，

学生实习锻炼

也可以通过工作锻炼提高自己的团队合作能力、沟通能力和解决问题的能力，还可以提高自己的职业技能和职业素养，为未来的职业生涯做好准备。

学生实习锻炼必须严格遵守国家法律规定，还应符合一定的年龄要求。法律规定禁止用人单位招用未满十六岁的未成年人，国家另有规定的除外。因此，学生未满十六周岁是不能作为劳动者参加工作的，如果年满十六周岁未满十八周岁可以成为劳动者，但属于未成年工。

三、"三下乡"社会实践活动

"三下乡"是指文化、科技、卫生"三下乡"。文化下乡包括图书、报刊下乡，送戏下乡，电影、电视下乡，开展群众性文化活动；科技下乡包括科技人员下乡，科技信息下乡，开展科普活动；卫生下乡包括医务人员下乡，扶持乡村卫生组织，培训农村卫生人员，参与和推动当地合作医疗事业发展。

全国大中专学生志愿者暑期文化科技卫生"三下乡"社会实践活动由中央宣传部、中央文明办、教育部、共青团中央、全国学联联合组织开展，是指学生利用课余时间，根据不同主题，深入基层、农村、边远地区，通过科技支农、文化教育、医疗服务、政策宣传等方式助力乡村振兴的社会实践活动，是学生融入社会、体察民情、发挥专业本领的重要途径之一。例如，根据市场需求和消费者喜好，与农民合作开展农产品的深加工和创新研发，提高农产品的附加值和市场竞争力，推动农村产业的升级和优化；利用自己所学的专业知识和技能，为乡村发展提供专业建议，帮助乡村、社区制定发展规划，改善基础设施和公共服务等。

"三下乡"社会实践活动可以引导和帮助广大青年学生在与现实相结合的"大思政课"中"受教育、长才干、作贡献"，引领学生立志做有理想、敢担当、能吃苦、肯奋斗的新时代好青年。

"三下乡"社会实践活动

四、社会实践活动的意义

社会实践活动是引导学生走出校门、接触社会、了解国情，使其将理论与实际相结合的良好形式。在社会实践中学习成长，是学生全面发展的题中之意，也是坚持和贯彻教育与生产劳动相结合方针的必然要求，对于学生来说意义重大。

（一）增强社会认知

社会实践活动可以让学生增加社会阅历，积累工作经验，增强对社会环境的认知，提高社会适应能力，更好地理解社会现象，为未来的职业生涯做好准备，这是校园里学不到的。参加社会实践活动，可以把体验融入自己的知识，通过实践的检验，最终升华为自身的阅历和经验，缩短毕业后适应社会的时间。

（二）提升综合素质

社会实践活动是提升学生综合素质的有效途径。通过参与实践活动，学生可以学习如何解决实际问题，如何与人沟通交流，如何处理突发事件等，从而锻炼自己的沟通、协调、组织和管理能力，增强自己的团队合作意识和领导力。这些能力在未来的职业生涯中具有重要的作用。

（三）培养职业精神

参与社会实践活动可以使学生提前了解社会、认知自我、准确定位，树立正确的立业观和择业观，在就业过程中适应就业市场的要求，在短时间内找到适合自己的岗位，迈出走向社会的第一步。通过参与实践活动，学生可以了解职业要求和职业规范，培养职业意识和职业素养，提高自己的职业竞争力。

（四）增强社会责任感

参与社会实践活动可以增强学生的责任感和使命感。通过参与公益活动、社区服务等活动，学生可以了解自己的社会责任，增强对社会的关注和关心，提高自己的社会责任感，从而树立正确的世界观、人生观和价值观，努力成长为中国特色社会主义事业的合格建设者和可靠接班人。

总之，学生应当积极参加社会实践活动，从而增强社会认知、提升综合素质、培养职业精神、增强社会责任感，为国家和社会做出应有的贡献。

法律条款拓展：

《中华人民共和国劳动法》第十五条

禁止用人单位招用未满十六周岁的未成年人。

文艺、体育和特种工艺单位招用未满十六周岁的未成年人，必须遵守国家有关规定，并保障其接受义务教育的权利。

《中华人民共和国劳动法》第五十八条

国家对女职工和未成年工实行特殊劳动保护。

未成年工是指年满十六周岁未满十八周岁的劳动者。

《中华人民共和国劳动法》第九十四条

用人单位非法招用未满十六周岁的未成年人的，由劳动行政部门责令改正，处以罚款；情节严重的，由市场监督管理部门吊销营业执照。

《中华人民共和国未成年人保护法》第六十一条

任何组织或者个人不得招用未满十六周岁未成年人，国家另有规定的除外。

营业性娱乐场所、酒吧、互联网上网服务营业场所等不适宜未成年人活动的场所不得招用已满十六周岁的未成年人。

招用已满十六周岁未成年人的单位和个人应当执行国家在工种、劳动时间、劳动强度和保护措施等方面的规定，不得安排其从事过重、有毒、有害等危害未成年人身心健康的劳动或者危险作业。

任何组织或者个人不得组织未成年人进行危害其身心健康的表演等活动。经未成年人的父母或者其他监护人同意，未成年人参与演出、节目制作等活动，活动组织方应当根据国家有关规定，保障未成年人合法权益。

小 结

学生时代是人生中最美好的时光之一，而学生活动是学生时代最为丰富多彩的章节。本章主要介绍了学生活动的四个分类——文艺活动、体育运动、学术科技活动、社会实践活动，每类活动都有其深刻的内涵、详细的分类和特定的作用。文艺活动可以使我们放松身心、陶冶情操，体育运动可以使我们锻炼意志、强身健体，学术科技活动可以使我们积极思考、勇于创新，社会实践活动可以使我们服务社会、开阔视野，它们共同组成了我们精彩纷呈的学生活动。这些活动不仅丰富了我们的校园生活，为我们营造了活泼的校园文化氛围，还促进了我们身心健康发展，让我们拥有强壮的体魄、健康的心理、正确的三观和高尚的品格，同时提高了我们的综合素质，培养了实践创新能力，增强了社会责任感，为我们展示自己、实现自我价值提供了广阔的舞台，为我们未来的发展奠定了坚实的基础。

同学们，让我们一起珍惜学生时代美好的时光，一同行动起来，积极主动地参与丰富多彩、健康向上的学生活动，为我们的学生时代增添更多的色彩，用青春和热情去拥抱未来！

自我拓展练习

1. 经过本章学习，思考讨论你更喜欢哪个类型的学生活动，并说出具体原因。
2. 你认为参加学生活动的意义是什么？你对自己的学校生活有何规划？

第九章

人生规划——披荆斩棘，大展宏图

导 读

　　人生如茫茫大海，拥有无比广阔的空间，却充满着不确定性。规划好人生，如同做好充分准备的船只在蔚蓝而神秘的大海中航行。人生规划就如同航海中的指南针，以此指引方向，为我们导航。提前做好规划，无疑会帮助我们预测航行中的不确定性，从而事半功倍。那么，我们如何做好职业生涯规划并且利用职业生涯规划为自己的求职之路指引方向呢？本章中，我们将探索人生规划与就业的相关问题，披荆斩棘，踏浪而行。

踏浪而行的船

学习目标：

　　知识与技能目标：了解职业生涯规划的制订以及求职就业过程中的准备工作，了解求职过程中常见的陷阱，初步认识职场。

　　过程与方法目标：对就业有初步认知，学会职业生涯规划以及制作简历，了解求职面试相关礼仪，为将来求职就业打好基础。

素养目标： 通过本章的学习，树立良好就业心态，提前感受职场文化，从而为将来求职树立长远目标与自信。

学习重点： 职业生涯规划的制订，学生个人对自己的评估定位，就业前的相关准备以及职场常见问题。

学习难点： 在职业生涯计划制订过程中，个体如何利用SWOT分析法对自身进行由内向外的综合评估。

第一节　职业生涯，大浪淘沙

【情境导入】

某职业技术学院学生小李，成绩优异，虽然还有半年毕业，已被国内某公司录取。同时，小李在读书期间一直为自己进行了较好的人生规划，除了学习成绩优异，专业技能也相当出色，先后获得全省职业技能大赛二等奖、市级三好学生等荣誉。在为学弟学妹做经验介绍时，他如实说："能够毕业时找到心仪的工作，离不开入校后制订自己的人生规划，以及确定规划后自己踏踏实实的努力。"

做好人生规划

我们常说要做好自己的人生规划，是努力升学，拿到通向更高知识阶梯的敲门砖？还是取得一纸文凭，找到一份糊口的工作？又或者是习得一技之长，做个无可比拟的"小工匠"？

制订职业生涯规划，发奋图强，砥砺奋进是当代青年的底色。作为青年学生的我们，应该充分认识自己的兴趣、能力、价值观，在目标的激励和指导下，摆脱空想，脚踏实地，朝着目标方向奔赴，过上理想的生活。

💡 **思考讨论：**

1. 你认为小李能在毕业前找到心仪工作的主要原因是什么？
2. 作为新入学的你应该怎么做？

一、职业生涯及其规划

（一）职业生涯

职业生涯是指一个人在一生中所从事工作、承担职务的职业经历或相继历程。它是一个包含了所有与职业相关联的行为、活动及其相关的态度、价值观和愿望的有机整体，是一个连续性的动态经历过程。

个体、职业、时间、发展与动态等要素构成了职业生涯。首先，它的行为主体是个人，特指个体在一生中的职业经历，而不是其他经历或群体和组织经历；其次，它是一个时间概念，是指个体自开始从事某种职业工作到退出社会职业工作的历程；最后，它是一个动态的、发展性的概念，包含着个人对职业的选择、转换，职务晋升、降级等社会分工角色转变的动态过程。

（二）职业生涯规划

职业生涯规划从广义上讲是一种对职业的连续动态计划，简单来说，它就是每个人对自己今后从事学习或者职业情况的规划。对于大多数人来说，这种计划并不陌生，然而，在日常工作学习中，有多少同学可以静下心来仔细思考自己究竟想走什么样的路？又有多少同学能在制订规划后根据规划的目标一步一个脚印去实现？以学生时代每学期的课程计划为例，你会认真学好每一门课程拿到必须拿到的学分吗？你愿意为了一项实践活动每周牺牲周末赖床的时间吗？也许你会问，事事制订计划又费力又麻烦，真的有必要吗？但是，你究竟知不知道你的心之所向呢？

职业生涯规划的目的绝不仅仅是帮助个人按照自己的资历条件找到一份合适的工作，更重要的是设计一种以工作为核心点的连续性计划表。通过帮助个人真正了解自己，根据主客观条件拟定合理且可行的职业生涯发展方向，并促使个体积极展开探索行动，从而得到事业的顺利发展，获取最大程度的事业成功。简言之，职业生涯规划就是在各种内外因素的综合评估后，对自己的职业发展做出合理、可行的规划，为个人的职业成功提供最有效率的路径。

二、职业生涯规划的影响因素

职业生涯规划是在对各类内外因素作出评估后对自己的职业设定的可行的规划，那么，影响职业生涯规划的因素究竟有哪些呢？接下来我们从内部的影响和外部的影响两个方面来探讨职业生涯规划的影响因素。

（一）个人内部影响因素

个人内部因素主要包括性格、性别、能力、健康状态等个人特点因素。因为每个人的经历不同，成长环境不同，每个人都是一个独立的个体，因此，个人的成功经验、职业认同、价值观和自我效能感等内在动力因素也对职业规划起到一定作用。而不论哪种因素影响我们自身，内在动力因素的影响都尤为重要，因为它给我们提供了源源不断的内在动力。

1. 个性化差异

个性化特点既包括受先天影响较大的性别、性格、健康状况等因素，也包括可以后天提高的能力、素质等因素。这些特点决定了我们会选择不同的职业生涯规划路线，例如有些人比较严谨，喜欢按部就班，而一部分人则随遇而安，会更随意选择生涯成长的道路。

2. 自我效能感

自我效能感是指人对自己是否能够成功地完成某一成就或行为的主观判断。它是通过对个人能力、知识、经验、技巧等

自我效能感

各方面做出评估后生成的综合性评价,简单来说,就是认为自己在做某件事情时能不能行。自我效能感高的人对自己的期望值高,相信自己有能力做好事情。而自我效能低的人则往往缺失自信,自我效能感如长期得不到满足,还会产生习得性无助心理,丧失学习的动力。因此,要学会合理归因、优化目标设置策略,培养良好的职业自我效能感,提升职业能力。

(二)外部环境影响因素

外部环境影响因素一般是指外界的客观条件造成的因素,基本有微观、中观、宏观三类,即家庭环境、学校环境和社会环境等。

1. 家庭环境

家庭环境是对个人发展有直接影响的微观环境。有研究表明,家庭的社会经济地位,父母的教育水平、教育方式等都是职业抱负和成就有力的预测指标。父母通过亲子互动、提供社会支持、教育等方式给子女的职业生涯发展施加影响。而父母的教育观念、方法则可能影响一个人最终的职业选择和职业路径。

2. 学校环境

学校环境是处于中观层面的环境影响因素。学校老师对于学生价值观的培养,对于职业规划的渗透,对于就业政策的宣传,对于学生实践的机会提供等,都对学生的职业探索行为产生影响。

3. 社会环境

考虑职业生涯发展不能脱离和自己息息相关的社会环境,它是由每个人所在的大背景决定的,也是在家庭与学校的共同作用下形成的整体环境,是我们在制订职业生涯发展过程中的宏观环境因素。例如,国家的发展政策会为我们的整体择业观带来影响;国家的发展变化、号召等也可能通过给个人职业选择的范围和机会设置限制的方式发挥作用。例如,近几年国家大力倡导工匠精神,对职业院校发展规划也做了倾斜调整,这无疑为职业院校的同学们择业、就业、树立生涯观念奠定了基础。

三、职业生涯规划的意义

学生时代如同一张可塑性很强的白纸,是塑造世界观、人生观、价值观的黄金阶段,也是职业生涯规划的黄金阶段,好的生涯规划对我们的职业起步具有驱动作用。因此,职业生涯规划对于我们的成长成才、成就感及人生理想等都具有特别重要的意义。

(一)职业生涯规划有利于更清晰地自我认知

好的职业生涯规划是学生成长、成才、成功的开始。通过做好职业生涯规划,学生将对自身的个性特点、工作能力、兴趣爱好等有更加客观、全面的了解,从而清楚自己的优势与劣势,实现个性与职业之间的匹配。正所谓"知己知彼,百战不殆",想要寻找到自己合适的职业定位,最首要的条件就是正确认识自我。

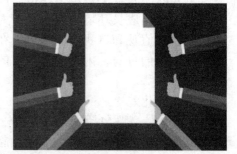

学生时代是可塑性强的白纸

(二)职业生涯规划对职业理想起到导向作用

职业生涯规划可以帮助学生认识自身优势,正确设定自身的职业发展目标,制订可行的行动策略,使自己的才能得以充分发挥,实现自我价值及职业发展目标。这种目标从长远发展的角度看，就是我们的职业理想，因此对我们后续的职业、学习发展起到导向作用。

（三）职业生涯规划具有定向激励作用

职业生涯规划的制订可以为学生的发展起到内在的激励作用，使其产生学习、实践的动力，以及不断为实现各阶段目标和终极目标而进取的动力。它可以鞭策学生付出努力去实现职业目标与职业理想。

激励作用

（四）职业生涯规划有利于提升学生综合素质

稳定的职业生涯规划可以指导学生运用各种科学方法，采取切实可行的措施来学习、实践，参与各种活动丰富自身的职业阅历，从而完善就业能力与技巧，增强核心竞争力，继而提升学生实现职业目标、增加职业成功的可能性。

第二节　知己知职，百战不殆

【情境导入】

某职业院校学生王小明在录取时被调剂到机电一体化专业学习。刚开始，他发现自己并不喜欢这个专业，他讨厌机器的轰鸣声，但又不知道将来想干什么，于是懒惰怠慢地对待学习生活。在经过一学期的学习后，因为讨厌受校规校纪管束，他竟然赌气退了学。退学后的他更加茫然。突然有一天，他听说不少人在股市发了财，便开始对炒股知识产生了兴趣，在草草看过一些专业书之后，他认为这个行业并不难，便一头扎进了股海。令他没有想到的是，理论知识与实际操作有很大的不同，在深入钻研后发现很多专业知识自己根本搞不明白，于是他最终赔掉了从亲朋好友借来的炒股钱。

懒惰怠慢地对待学习生活

后来，他又听说搞计算机有前途，可以进入IT大厂工作，于是他又自学起了计算机。转眼，小明的同学都已毕业工作，而他却还一事无成。他很想重新回到学校继续学习，但现在已经没有机会了。

要做好职业生涯规划，走好自己人生的每一步路，首先要明确自己想要什么，而不是东边不走走西边。这时，规划的重要性就不言而喻了。那么，什么是职业呢？要做好职业规划我们又该如何具体操作呢？

> 💡 **思考讨论：**
> 1. 你认为要想做好一门工作，在制订职业生涯规划时应当注意什么？
> 2. 你打算以后从事什么职业呢？

一、认识职业

在进行职业生涯规划时，对职业世界的探索是不可或缺的。当今世界发展日新月异，职业的定义也越来越多元。从最初的企事业单位，到如今新增的灵活就业、自由职业，我们唯有加深对自己和职业的了解，才可以更好地为自己的职业生涯发展付出时间和精力，从而为自己的职业生涯发展奠定坚实的基础。

（一）职业概述

在求职前对各类职业有个充分的认识，是进入职场前必须做的功课。与其找工作时慌慌张张、漫无目的地投简历，还不如提前做好准备。正所谓"工欲善其事，必先利其器"，对职业有了充分的准备，我们才能在求职这场战争中，知己知彼，赢得胜利。

充分认识各类职业

职业是人类社会发展到一定阶段的产物，它伴随着社会分工而产生，并随着社会生产力的发展而不断发展和变化。职业具有五项基本要素：职业名称、职业主体、职业客体、职业报酬和职业技术。

（二）职业的特征

1. 专业性

职业要求人们通过学习专门知识，获得专业技能，为社会创造价值。每种职业都蕴含着不同的技术含量。工人的工艺是一个个零部件得以生产出来的加工技术在指导，医生对病人

工作需要专业知识支撑

的治疗是专业的医疗知识在引导。技术含量的高低，直接决定对社会创造价值的高低，不仅被企业所需要，同时也能为个人带来高收益。要想创造独特的社会价值，就需要独特的专业知识作为支撑。

2. 多样性

随着社会分工精细化程度的提高，职业的门类也变得多种多样。多样性的职业也塑造了经济结构的多元化以及职业形式的灵活性，随着这些结构发生变化和调整，衍生出了很多新的行业，例如近几年新兴的网络直播带货，就是新时代互联网与物流业发展的结合体。

3. 时代性

各类职业的发展变化与时代变化息息相关。随着时代的发展，人类社会的需求不同，有的职业越来越好，而有的职业则会伴随时代发展而衰亡。如何在职业的兴衰变化中发现机遇，避开不利因素，是一个人能否更好地发展自身职业生涯的关键。

4. 差异性

职业具有具体的社会分工。伴随着社会分工的不同，各类职业也具有差异性，劳动的内容、社会职业心理、从业者的性别、个人行为模式等都存在着差异。而伴随着社会越来越丰富的发展，经济结构会不断升级换代，职业种类与结构也随之发生变化。各类职业在发展过程中，差异性也越来越大。

5. 层次性

从社会需要角度来看，职业并没有高低贵贱之分，但是，现实生活中由于对从事职业的素质要求不同及人们对职业的看法或舆论的评价不同，职业便有了层次之分。这种职业的不同层次往往是由不同职业体力、脑力劳动的付出、收入水平、工作任务的轻重、社会声望、权力地位等因素决定的。

（三）职业的分类

职业的种类多种多样，遵循社会发展规律对社会职业进行正确的分类，可以使人们更好地理解职业，从而在职业之路的选择上做到心中有数，以促进自身发展。

1. 按照从事脑力劳动与体力劳动分工划分

根据从事职业的主要对象不同，可以划分为白领工作人员及蓝领工作人员。白领工作人员包括专业性和技术性的工作，如企业的经理和行政管理人员、销售人员及办公室人员等。蓝领工作人员包括手工艺及类似的工人、非运输性的技工、操作运输装置机的工人、农场以外的工人及服务性行业工人等。这种分类方法最早出现在西方发达国家，具有比较明显的等级性。

职业之路的选择

2. 按照心理差异划分

这种分类方法是根据美国著名的职业指导专家霍兰德创立的人格类型理论进行的划分，根据每种人格类型的不同，该理论把职业类型划分为六种，即实用型职业、研究型职业、艺术型职业、社会型职业、企业型职业以及事务型职业。

3. 按照职业职责范围划分

这是目前国外较为普遍的分类方法。英国在 1841 年将职业分为 431 种。加拿大 1982 年出版的《加拿大职业分类辞典》将职业分为 23 个主类、81 个子类、489 个细类、7200 多个职业。该辞典内容丰富全面、概念清楚、描述翔实，具有很高的实用价值，社会使用非常广泛，是一部具有较大国际影响力的工具书。

为了便于国际比较，联合国国际劳工组织在 20 世纪 40 年代末开始组织许多国家的有关专家和国际组织，着手共同编写职业分类的工具书。1958 年《国际标准职业分类》初版发行，目前的最新版本是《国际标准职业分类（2008）》。这一版的职业分类大类调整为 10 类，分别是管理者，专业人员，技术人员和专业人员助理，办事员，服务人员及销售人员，农业、林业和渔业技术员，工艺及有关人员，机械机床操作员和装配工，非技术工人，军人。

我国参照国际标准，在区分物质资料生产与非物质资料生产的基础上，对所从事的社会经济活动或工作性质的同一性进行了职业分类。

从行业上划分，可分为第一、第二、第三产业；从工作特点上划分，可分为务实（使用机器、工具和设备的工种）、社会服务、文教、科研、艺术及创造、计算及数学（钱财管理，资料统计）、自然界职业、管理、一般服务性职业等十多种类型的职业。

每一种分类方法，对其职业的特定性都有明确的解释，这对我们更好地掌握某一职业的特点、选择适合自身的职业有指导作用。

二、认识自己

从古至今，无数哲学家问出过扣人心弦的问题：我是谁？对于很多人来说，这是一个极其简单的问题，但是答案究竟是什么，却鲜少有人真正能回答正确。因为个人对自己的了解有时往往并不全面。而在职业生涯规划时，能否全面、正确地认识自我，也往往是打开规划思路的最重要一环。

我是谁

（一）职业与性格

1. 性格与职业性格

性格是指一个人在日常生活中对待客观环境和他人的稳定的、持久的态度以及表现出来的待人接物的行为方式习惯。性格是一个人从出生到现在形成的复杂人性特征，主要由态度特征、意志特征、情绪特征以及理智特征组成。

职业性格是指人们在长期特定的职业生活中所形成的与职业相关的、稳定的心理特征。例如，有些人在工作中兢兢业业、一丝不苟，有些人则做事不拘小节、粗枝大叶，有些人拘泥于形式做事严谨……一个人对待工作的态度受社会等因素的影响，有明显的社会道德评价的意义，直接反映了一个人的道德风貌。

职业性格

2. 性格与职业的关系

一方面，性格影响职业选择。性格不仅会影响一个人的待人接物，也会影响其职业选择。如果性格与职业相契合，即"人职匹配"，那么人们在工作时则更加从容自信，更易取得成就。例如，性格比较活泼好动的人往往擅长交际，选择的工作可能更加倾向于与人沟通或者外向型表演类职业，性格内向沉静的人则更适合选择需要耐住性子认真谨慎的工作。

另一方面，职业行为影响性格。性格对职业的影响并非单向的、一成不变的，职业行为反过来也会对性格产生潜移默化的影响。为了适应工作岗位的需求，职场上的人们往往会尝试改变性格以使得性格与岗位相互匹配，从而以更加饱满的状态迎接工作中的挑战。例如，会计/审计人员虽然有些性格开朗，但在工作过程中往往以严谨认真著称，而工匠/技术人员在工作过程中也必须保持精益求精、一丝不苟的职业态度。

（二）能力与职业

能力是人们顺利解决问题的个性心理特征，是完成任务或达到目标的必备条件。在求职过程中，能力往往是用人单位最看重的品质，是求职的敲门砖。能力既包括先天的天赋，如注意力、记忆力、理解力等，也包括后天通过学习形成的相关技能，如学习方法、解决问题的能力等。

根据能力的应用范围，我们可以将能力划分为一般能力与特殊能力。前者指人们完成各项任务所必备的基本认知能力，又称为智力，包括注意力、观察力、想象力和思维能力。后者则是指人们在某项职业领域内所具备的差异性能力，包括语言表达能力、动手能力等特殊类技能，即我们常说的一技之

能力

长。一般能力与特殊技能相互融合、密切联系，共同构成了一个人的综合能力素质。在选择职业时，我们要将两者结合起来，根据自身优势来选择相应的职业，并衡量自己是否具备胜任这种职业所需的能力，这样才能在激烈的人才竞争中脱颖而出。

（三）能力与职业的关系

能力是决定从事何种职业的关键所在。俗话说，"端多大的碗决定吃多少饭"。在求职过程中，我们一般选择与自己能力相匹配的职业，因此，在平时注意对能力的培养往往十分关键。好的能力在匹配职业时往往适用范围更广，如一般能力较好的人从事的职业跨度也较大，而特殊能力则决定了本人的特长与专业是否与所从事职业的最核心部分相匹配。很多人在毕业后所从事的工作往往与本人上学期间所学专业并不相同，从某种意义上说，这类人往往具备适应各种职场生活的一般能力。那么，我们如何根据自身能力选择特定的职业呢？

1. 能力水平要符合职业层次

对于不同的职业，其对应的能力要求也不尽相同。有些人一般能力较强，思维缜密，语言天赋较好，可以从事与言语相关的行业；有些人则逻辑思维较好，对于数字、图形比较敏感，就适合从事会计、审计等工作；而有些人不善言谈，但动手能力强，那么与动手实践类相关的职业就是他们的首选。当然，在求职过程中，因为还要考虑经济环境等客观因素，所以职业的选择往往是个比较复杂的动态过程，个人的选择也需要根据现实进行适时调整。但

从宏观框架来说，职业的选择范围与层次基本要与能力相匹配。例如，一个想要从事电工工作的毕业生，必须具备电工基础的相关知识，在毕业后找的工作也往往跟电工电路等相关联。

2. 求职过程中突出自身优势能力

职业能力是由多种具体能力组成的综合能力，对个人而言，每个人的具体能力优势是不同的。有些人可能语言表达较好，但是逻辑思维不清晰，有的人擅长绘画，但唱歌却找不到调。不同的职业对各种能力的要求也是不同的，这就要求我们在谋求职业发展的时候多多关注自己的优势，在工作中突出自身优势能力。例如，从事工程设计工作需要有较强的空间想象能力，从事文秘工作需要有较强的知觉速度和手指灵活性等。

（四）职业与兴趣

兴趣是指人们喜欢从事、认识、某种事物，并参与该种活动的心理倾向，是人们从事某种活动的内在动力。根据心理学研究，兴趣往往是推动人们去从事某种活动的内驱力，也是维持人们持续坚持某项活动的内核动力。

兴趣

兴趣是成功的前提，因为热爱，所以执着。正是因为对浩瀚宇宙的神秘热爱，才有天文工作者孜孜不倦的突破；正是因为对科学元素的痴迷，才有了居里夫人对镭元素的发现。因此，在规划自己的职业生涯时，个体不仅需要知道自己有能力从事什么样的工作，更重要的是需要知道自己对哪类工作感兴趣。毕竟，能力可以提升，但是要想持续地做好某项工作，兴趣才是那个小推手。

20 世纪 50 年代，美国心理学家霍兰德提出了具有广泛社会影响的职业兴趣与职业匹配理论——霍兰德职业兴趣理论。该理论从兴趣的角度出发，探讨兴趣对职业的影响。霍兰德职业兴趣理论将兴趣与职业结合起来，从而帮助人们做出职业选择和职业设计，成功地进行职业调整，从整体上认识和发展自己的职业兴趣。霍兰德认为，人格是兴趣、需要、技能、价值观、态度、信念和学习风格的综合体，而兴趣作为描述人格特质的方法，在职业选择的过程中具有关键性的作用，是进行职业匹配的依据。霍兰德通过对职业兴趣测试的研究，发现了六种基本的职业兴趣。他认为，大多数人都可以被归类到这六种类型中，即研究型、艺术型、社会型、企业型、事务型和实用型。个人的职业兴趣并不是单一的，而是多种兴趣的组合。

第三节　就业准备，未雨绸缪

【情境导入】

2022 年，全国共有一千多万毕业生。在毕业生求职过程中，为何有人可以脱颖而出？而有些人明明学习成绩不错，为何却在求职时遭遇了滑铁卢？针对毕业生求职问题，某电视台做了一期专访。2022年毕业于某职业学院的小汤告诉记者，她是职业院校毕业生，很幸运刚刚毕业就被一所与自己专业对口的单位录用为财务会计。在接受采访时，小汤说自己平时在校成绩并不是最优异的，而是在三年级时就开始关注求职市场信息，了解就业市场动向，并且根据自己的专业花了三个月时间为自己量身制作了一款简历。与一直忙于其他事务的同学相比，小汤的努力无疑得到了回报。据悉，与小汤同时竞争该岗位的同学纷纷遭遇了瓶颈。而在电视台采访用人单位时，该单位人员告诉记者，每天面试的人数不计其数，出色的简历与面试中发挥稳定的人群往往更加有优势。

毕业生求职

> 💡 **思考讨论：**
> 1. 小汤为何能够在激烈的竞争中脱颖而出，成功在自己心仪的岗位上顺利就业？
> 2. 你认为在毕业生求职过程中，应该做好哪些准备？

一、客观分析，制订规划

我们常说，职业生涯规划是就业的开端，也是就业时必不可少的导航性环节。那么，在了解了影响职业生涯规划的内、外部因素后，如何制订自己的职业生涯规划呢？首先需要客观地评价自己。在职业生涯规划与决策的过程中，曾有许多学者提出过不同的方式，例如"决策平衡单"法、丁克里奇的决策风格分析法等。接下来，我们将以市面上比较通用的SWOT分析法为切入点，带领大家进行职业生涯决策评估。

SWOT分析法也是生涯决策者探索生涯目标的一种方法，由美国学者霍兰德提出。该分析模型是一种基于内、外部竞争环境和竞争条件下的态势分析，将求职者内部的优势（Strengths）、劣势（Weaknesses）以及外部的机会（Opportunities）、威胁（Threats）等评估列举出来，并将各种因素加以分析评估，最终得出职业生涯决策。通过这种由内而外的分析评估，SWOT分析法可以帮助求职者明确自己的定位，以探寻生涯目标。

（一）优势

优势是指与他人相比，求职者自身内部的优势，主要包括以下几个方面：

1. 所学专业

所学专业主要是指职业生涯决策者的专业背景、接受培训的经历等。例如，在学校期间，专业课程主要学习了什么？专业以外学习了什么？具备什么样的专业理论素养和实践能力？这一部分与求职者在校期间的学习以及特殊技能密切相关。

2. 素质与实践经历

这一部分主要包括求职者的个人素质以及实践过程中积累的经验或能力。从前者来看，主要是一般能力，后者则是实践过程中的特殊能力。例如，在校期间，你担任过什么样的班级或学生组织的职务？组织过什么样的活动？参加过什么社会实践活动和专业实习活动？是否做过志愿者？获得过什么样的奖励？这些方面的优势能反映生涯决策者运用能力的素质。

（二）劣势

每个人的优势背后也必然存在个人短板，清楚地找到自身的不足，可以更好地扬长避短,从而为职业生涯决策提供相应依据。

一般而言,求职者的劣势主要从两方面寻找:一方面是从自己的性格方面去分析,例如,有些人不擅长沟通交流,有些人存在社交恐惧,不会表达自身的需求;另一方面是从自己的经历去分析,例如,实践经历对于某些求职者来说是优势所在,而对于另一部分求职者而言,则是缺乏职场经历的,这也是他们的劣势。

（三）机会

机会通常是指外部的相关影响因素,一般而言是环境与政策带来的。分析面临的机会主要包括以下三个方面:

1. 宏观——国际国内大环境分析

这一部分主要指宏观大背景下就业形势如何,例如现行经济运行环境的大背景以及所学专业或者感兴趣的职业领域的职业发展环境。

2. 中观——企业环境分析

主要指想要从事的职业的相关类型企业发展态势以及就业前景。

3. 微观——人际关系可利用分析

周围哪些人可能对你的职业发展有所帮助?如何维持职场上有利于发展的人际关系,从而更顺利地进入职场?等等。

（四）威胁

面临的威胁一般也是指来自外界的客观因素,这些潜在的因素往往对职业生涯决策带来不利影响。例如,在疫情期间的就业政策以及公司的就业包容性比正常时更小,就业难度也相应加大。

通过SWOT分析法列出由内而外的影响因素后,决策者可列出一个短期的发展目标,在实现这一目标的过程中,可以清晰判断出存在的问题以及如何克服各种困难,也可以明确为了达到职业生涯的目标,需要付出的各种努力以及提升的技能等。

SWOT分析法在生涯决策初期的作用非常明显,可以比较顺利地帮助学生明确自己的职业选择方向。制订了初期的规划后,如何逐步实现自己的目标则是真正的关键所在。

二、抓住学校时光,打牢就业基础

在确定了职业生涯目标后,要付诸进一步的行动。而对于初次接触职场的学生来说,学校无疑是打好就业基础的重要一环。如何利用好在校时光,做好就业的相关准备,从而为就业竞争做好准备呢?

就业竞争

（一）学好知识,做能力的储备者

学生在校期间最重要的任务就是学会学习。这一个环节不仅仅要求学生学好知识,同时要求学生掌握学习方法，养成良好的学习习惯。当今世界瞬息万变，对于求职者的要求也越来越多，在提倡终身学习的今天，我们要树立终身学习的理念，善于学习，要明确培养自己的学习能力和专业素养，不仅要学好专业知识，还要精通各类常识性的知识，多读书，多思考。

同时，要善于掌握学习的方法。学生的学习习惯与方法将直接影响学习的效率，因此，还要在实践中有意识地不断改进自己的学习方法、更新自己的知识结构、制订切实可行的学习计划，以适应社会发展变化的需要。

（二）参加实践，做经验的积累者

实践是认识的来源。社会实践是培养学生创新精神和锻炼实战能力的有效途径。与专业特点相结合的实习实践活动能给在校学生提供广阔的模拟空间以及锻炼机会，从而在学校期间给予学生提前进入工作状态的平台。职业院校学生的实训实验尤为关键。通过实习实践，学生可以更直接地认识到自己的专业理论、能力与社会的需求，了解工作步骤，进而巩固专业知识，避免纸上谈兵，有利于学生发挥其主观能动性和创造性，培养其创新能力，提升专业素养。

社会实践

学生在校期间的实践活动内容形式多样，包括实验课、生产实习、志愿者服务、社会实践、社会调查、勤工助学、参与社团活动以及担任学生干部等。在实际学习中，学生应当把握住每一次实践机会，按时参与实习，在不断的锻炼中提升自身的能力及其对所学专业的理解，在实践中提升自身素养。

（三）学会沟通，做高效的交流者

在工作中，除了必备的专业能力与素质，人际交往也是重要的一环。而作为社会动物的人类，在适应环境的过程中，人际关系的适应与群体的合作也是必不可少的。

良好的人际沟通需要充分表达自己的想法。在日常交往中，要学会尊重、理解和信任他人，接受每个人的不同，求同存异，尊重差异，学会站在他人角度思考问题，提高自己的共情能力。同时，要学会包容他人，不过分计较，学会以集体利益为先，好好说话，在友好的交流与交往中提升交流的有效性。

充分表达自己的想法

（四）关注政策，做信息的掌握者

求职者谋求一个理想职业岗位，不仅仅取决于自己的学识、技术和能力，还要时刻关注社会需求、就业环境等客观因素，因此有效的信息收集就格外重要。作为在校生，除了学好相关知识外，还要多关注时事，尤其是与自身就业方向相关的政策、背景、招聘信息等。在对就业前景的发展形势研判的基础上，要学会甄别，判断就业方向的可行性，并利用SWOT分析法对外界机遇与挑战做出相应回应，根据掌握的信息及时调整就业选择，从而实现就业过程的事半功倍。

除了关注环境因素,学生在校期间也要及时关注各种途径的招聘,例如招聘会、互联网招聘、校园招聘等,积极参与招聘,不错过每一次可以就业的机会。

毕业生关注就业政策

三、求职材料准备——简历制作

良好的开端是成功的一半。作为求职者应试时的第一道工序,简历的好坏至关重要。一份令人印象深刻的简历可以给用人单位眼前一亮的感觉,成为通往职场的敲门砖。那么,作为在校生,如何有效地制作简历,为应聘做好准备呢?

（一）简历的制作原则

简历是介绍求职者各类信息的书面材料,内容包括与求职者相关的文字介绍、照片等,其目标是向用人单位展示求职者的基本情况、综合素质能力等,从而使用人单位在未见到求职者之前对其有初步的印象刻画。

编写一份有效的简历是需要技巧的,应把握以下原则:

1. 真实客观

简历是求职者与用人单位交流的第一道桥梁,客观真实的简历内容是最基本的要求,也是求职者求职过程中必须遵循的基本道德素质。如果在此过程中被用人单位发现简历造假,不仅会使用人单位对求职者印象大打折扣,还会使求职者品质受到质疑,影响今后的求职。在简历制作过程中,可以突出自身优势,弱化缺点。例如,部分毕业生缺少奖项等信息,那么在简历制作的过程中,可以突出自己的实习实践经历。

2. 清晰整洁

用人单位查阅求职者简历时一般用时较短,要想在众多求职者中脱颖而出,简历必须清晰。制作简历时要始终围绕着回答"用人单位为什么要选我?"这个问题,突出本人的优势,而且教育经历、学业成绩、实习实践等方面内容一定要有。此外,在制作简历过程中,一定要注意格式与美观性,整体结构要完整整洁,避免出现错别字或者格式问题。例如,需要投递纸质版简历时,一定注意纸面平整干净,避免出现折角或者污渍。

3. 重点突出

一般来说,在简历的制作过程中,简历需要尽可能简洁,尽量控制在一页内,切忌面面俱到、重复啰唆。填写个人基本信息时,要写出关键信息,突出重点内容,让用人单位一眼看到你的关键点以及求职需求即可。但是联系方式一定要准确无误且不可随意更换，以确保用人单位与求职者随时取得联系。

（二）简历制作内容与注意事项

简历一般包括以下内容：个人基本信息（个人信息、教育背景、家庭成员等）、求职意向与目标、个人实习实践经历、获奖情况、在校成绩与表现情况、个人能力与特长、照片等。某些内容可根据求职者基本情况进行调整，但要突出重点、言简意赅。

简历设计的过程既要遵循基本原则和要求，也要追求美观、大方、醒目、整洁，要按照适当顺序编排。如果写字比较好，可以采用手写形式，也可以根据自身情况选取简历模板进行编辑，纸质版统一用 A4 标准纸打印。同时，简历的包装要适度，需要掌握好相关原则与包装的度，做到简洁明了、大方客观，切忌过于华丽复杂，影响用人单位观感。

简历设计

四、面试技巧与礼仪

职场面试是通过甄选进入工作单位的必备环节。在面试环节中，有些需要特别注意的事项与礼仪。熟练掌握这些面试技巧与面试礼仪，可以帮助大家在今后的求职面试中避开误区。

（一）面试前的准备

1. 了解公司和职位需求

在面试前，要通过各种途径了解公司的背景、文化、业务范围等信息，可以查阅公司的官方网站、社交媒体平台以及相关新闻报道等，以便对公司的基本情况有一个清晰的认知。同时也要对所应聘的职位有一个清晰的认知，了解该职位的具体要求和职责。这样做有助于展现出自己的诚意和准备充分的态度。可以通过阅读招聘广告、查看职位描述以及与招聘方进行沟通等方式来了解职位需求。了解公司和职位需求有助于更好地准备面试，并且能够让面试官感受到自己的专业性和准备充分的态度。

职场面试

2. 管理个人形象

整洁得体的着装和仪容仪表能够展现出一个人的精神风貌和专业素养。在面试前，要认真检查自己的着装是否符合公司的着装要求，同时也要注意自己的发型和面部整洁。着装要符合公司的文化和职位的要求，避免过于花哨或休闲。此外，要注意个人卫生和形象的细节方面，例如指甲的修剪、口气的清新等。整理好个人形象不仅能够展现出自己的专业素养和精神风貌，还能够提高自信心和自我形象。

3. 准备好面试材料

在面试前，要准备好个人简历、身份证、学历证书等相关材料，并保证这些材料的真实性和完整性。如果有一些特别的技能或经历，也可以提前准备好相关证明或作品集。此外，还可以准备一些面试中可能会用到的物品，例如笔记本、计算器等。准备好面试材料不仅能够避免在面试中出现尴尬的情况，还能够展现出自己的细心和周到。

4. 准备个人介绍与结构化答题思路

目前用人单位采用的多是结构化面试或者提问类的面试。求职者可以提前准备一下自我介绍，或者针对前期搜集的关于用人单位的信息提前进行相关问题的构思，做一些相关准备，避免因为临场紧张而在面试环节张不开嘴。

（二）面试过程中的礼仪

面试过程中往往需要注意一些细节与礼仪。

面试细节与礼仪

1. 准时到达

提前规划好路线，并留出足够的时间来应对可能的交通堵塞等意外情况。如果遇到特殊情况，要及时通知面试方并表达歉意。准时到达不仅能够展现出自己的时间管理和组织能力，还能够表现出对面试的重视和诚意。要提前出发，避免因为交通堵塞等原因而迟到。同时也要注意与面试方保持联系，及时告知可能的延误情况。

2. 礼貌问候

进入面试室后，要主动向面试官致以礼貌的问候，并保持微笑和眼神交流。在面试官为自己介绍公司和职位时，要认真倾听并做好笔记。问候时要声音清晰、语气自然，表达出自己的友好和关注。同时也要注意与面试官保持眼神交流，展现出自己的自信和真诚。在面试过程中要保持微笑和友好态度，展现出自己的亲和力和沟通能力。

3. 注意言行举止

在面试过程中，要注意自己的言行举止，避免出现一些不雅的动作或言辞，例如不要频繁看手表、不要打断面试官的话等。同时也要注意控制好自己的情绪，保持良好的心态和情绪状态。在回答问题时，要避免过于直接或过于冗长的回答方式，而是要根据情况选择合适的回答方式。此外，还要注意语速和语调的调节和控制，以便更好地表达自己的观点和情感。

4. 主动展示自己的能力和经验

在回答面试官的问题时，要结合自己的实际经验和技能来展示自己的能力和优势，让面试官看到自

面试过程中展示自己的能力与优势

己个性化的一面。要避免过于抽象或空洞的表述，应给出具体的例子或案例来支持自己的观点。

第四节　权益保护，扬帆远航

【情境导入】

小纪在一家知名汽车工厂工作。2021年，小纪突然被公司告知需要裁员，而他因从未与公司签订正式劳动合同，成为第一批被裁员对象。小纪听后当场愣在原地，因为自己不懂劳动法与就业流程，小纪从职专毕业后便被招聘到汽车工厂上班，原本以为自己很幸运，一毕业就可以找到一份与汽修专业对口的工作，没想到自己一直忽略的合同问题竟成了使自己下岗的陷阱。

思考讨论：
1. 小纪为何成为第一批被裁员对象？
2. 据你所知，在职场上还存在什么歧视或陷阱？

招聘

一、就业类型

目前，就业市场中主要的就业类型如下：

就业市场

（一）劳动合同就业

劳动合同是劳动者与用人单位确立劳动关系、明确双方权利和义务的协议。签订劳动合同时，一方的身份由原来的学生变成了劳动者。劳动合同就业是目前比较广泛的就业形式。劳动合同一般是在毕业生毕业且到用人单位报到后签订。

（二）网签

顾名思义，网签即网络签约，即用人单位通过招聘平台向求职者发出邀约，求职者在网络上应约的就业形式。一般银行类的企业或者刚刚与求职者建立劳动关系的单位多采用网签的形式。

（三）协议就业

协议就业与劳动合同就业都是需要签订协议书的就业形式，不同的是签订的主体不同。一般而言，劳动合同是在毕业生毕业报到后与所属单位订立的劳动关系，而协议就业是毕业生在毕业前就与用人单位确定了雇佣关系，适用于应届毕业生与用人单位、学校三方之间，学校是就业协议的鉴证方或签约方。就业协议对用人单位的性质没有规定，适用于任何单位。

（四）灵活就业与自由职业

灵活就业是指在劳动时间、收入报酬、工作场所、保险福利、劳动关系等方面不同于建立在工业化和现代工厂制度基础上的传统主流就业方式的各种就业形式的总称，即非正规部门就业，其劳动标准（劳动条件、工时、工资、保险福利待遇）、生产组织管理及劳动关系运作等均达不到一般企业标准的用工和就业形式，主要是指小型企业、微型企业和家庭作坊式的就业，包括自雇型就业、自主就业、临时就业。自雇型就业有个体经营和合伙经营两种类型。自由职业者、律师、自由撰稿人、歌手、模特、中介服务工作者等属于自主就业。家庭小时工、街头小贩、其他类型的打零工者等属于临时就业。

灵活就业

二、劳动合同的签订

劳动合同就业作为广泛的就业用工形式，在就业过程中必须重视。那么，在劳动合同签订的过程中，需要注意哪些方面的问题呢？

（一）劳动合同的构成

《中华人民共和国劳动法》（以下简称《劳动法》）第十九条规定了劳动合同的法定形式是书面形式，其必备条款有以下七项：

1. 劳动合同期限

劳动合同期限一般分为三种：①有固定期限，如1年期限、3年期限；②无固定期限，即合同期限没有具体时间约定，只约定终止合同的条件，无特殊情况，这种期限的合同应存续到劳动者到达退休年龄；③以完成一定的工作为期限。一般来说，劳动合同的期限应当由用人单位与劳动者协商确定。

劳动合同的签订

2. 工作内容

规定了职工从事的岗位性质、工作内容、工作的数量以及岗位变更情况等。

3. 劳动报酬

规定了劳动者从事岗位工作所得到的工资标准、津贴绩效以及支付时间、支付方式等。

4. 劳动纪律

可将用人单位制定的规章制度纳入进来，也可采用附加条款的形式单独成文。

5. 劳动保护与劳动条件

包括员工工作时间和休息、休假的规定，劳动安全措施，针对女性职工提出的保护措施等。

6. 劳动合同终止的条件

一般适用于劳动者在找到更合适的单位或者在无固定期限的劳动合同中，劳动者需要离职时采用的条件。应当包括离职情境以及流程。

7. 违反劳动合同的责任

违约是指严重违约，即致使劳动合同无法继续履行，例如职工违约离职、单位违法解除劳动者合同等情境下，应当进行赔偿的标准等内容。

（二）劳动合同的签订原则

劳动合同的签订需要遵循一定的原则，在法律框架保护下保证用人单位与劳动者合法合理缔结协议。

1. 平等原则

劳动者和用人单位在法律上处于平等的地位，平等地决定是否缔约，平等地决定合同的内容。任何一方可拒绝与对方签订合同，同时任何一方都不得强迫对方与自己签订合同。

2. 自愿原则

当事人地位的平等性要求双方对于劳动合同的订立不得享有任何特权。当事人订立合同只能出于其内心意愿。用人单位不得强迫劳动者订立劳动合同，其他任何机关、团体和个人都无权强迫劳动者订立劳动合同。

3. 合法原则

任何劳动合同的确立不得违反相关法律法规。

4. 协商一致原则

当事人双方就劳动合同的主要条款达成一致意见后，劳动合同才成立。

三、求职过程中的权益维护

党的二十大报告指出："统筹城乡就业政策体系，破除妨碍劳动力、人才流动的体制和政策弊端，消除影响平等就业的不合理限制和就业歧视，使人人都有通过勤奋劳动实现自身发展的机会。"毕业生在求职过程中，往往容易遇到一些侵权行为，而有些求职陷阱则是隐形的，往往不易被察觉。因此，在求职过程中，毕业生应当格外注意。

（一）职场侵权行为

1. 就业歧视

就业歧视是指用人单位在没有正当理由或者合法因素的前提下，对求职者进行区别性聘用或者对待。

就业歧视

就业歧视包括户籍、民族、性别、健康状况、年龄等方面的歧视。在实际招聘过程中，往往以性别歧视、年龄歧视、学历歧视最为常见。很多求职者在求职过程中表现出自己的低姿态与高能力，但仍被招聘方拒绝，其中除了招聘方更苛刻的选拔水准，也不乏隐性的就业歧视。

2. 试用期问题

用人单位可以通过约定一定时间的试用期来检验劳动者是否符合本单位特定工作岗位工作要求。法律规定：劳动合同期限三个月以上不满一年的，试用期不得超过一个月；劳动合同期限一年以上不满三年的，试用期不得超过二个月；三年以上固定期限和无固定期限的劳动合同，试用期不得超过六个月。同一用人单位与同一劳动者只能约定一次试用期。在试用期内，劳动者可以随时与用人单位解除合同，而有些单位往往利用试用期毕业生的漏洞，不允许解除协议，延长劳动时间。

3. 劳动合同陷阱

在劳动合同订立过程中，某些用人单位可能会利用毕业生法律知识的漏洞或者初入职场的青涩，设计一些"陷阱"。例如，部分单位会模糊薪酬信息，毕业生最开始只关注薪酬数目，对于薪酬的构成以及各类福利、保险缴纳构成并不明确，容易在发工资时产生问题。有的毕业生缺乏法律意识，在就业时不与单位订立劳动合同，仅凭用人单位口头承诺就开始就业。还有的毕业生因为就业市场竞争激烈，因怕错过自己找到的工作，失去就业机会，对于不平等条约也不敢提出异议，最终损害自身利益。

4. 就业传销与非法职介

随着现代社会信息加速传播发展，各类传销组织利用学生社会经验的不足，采取高薪酬等诈骗手段，诱导毕业生加入非法传销组织，不仅欺骗毕业生为非法营利组织赚钱，还会骗取"押金"，非法囚禁毕业生，给毕业生造成了极大伤害。除了传销组织，不少非法职介机构也设下陷阱，打着帮助毕业生就业的幌子，声称毕业生缴纳一定费用后，帮助毕业生推荐就业机会与好的岗位，但最终往往是收到钱后就注销号码，无法再取得联系，从而骗取毕业生的钱财。

非法职介机构的陷阱

（二）防范职场侵权与就业陷阱

面对职场中的侵权现象与求职过程中的各类陷阱，刚出社会的毕业生往往因为经验不足而容易上当受骗。那么，应该如何避免此类现象呢？

1. 保持良好心态

在求职过程中，往往存在两种不良心态：一是急于求成，对于自己的求职过程过于焦虑，这样就容易失去理智，被非法职介或者其他陷阱蒙蔽双眼；另一种是"慢就业"，认为自己还能找到更好的工作，进而不断观望，错过最佳就业时机。这两种就业态度均不可取，要提前做好规划，在求职过程中保持乐观理智的心态，积极争取工作机会，但在求职过程中要三思而行，避免因盲目乐观或者盲目悲观产生问题。

毕业生遇到求职陷阱

2. 积累法律知识

在求职过程中，难免会出现侵权等问题，这就要求求职者具备一定的法律法规常识。例如，对于劳动法的大致了解，或者对于基本性的法律法规有大致的定位，在遇到相关漏洞时可以维护自身权益。因此，对于劳动法等法律条文，可以在日常做简单积累。

3. 认真审核合同

在签订劳动合同过程中，许多求职者往往不认真查看条款内容，导致后面遇到问题处理起来比较被动。劳动合同作为求职者与用人单位构建的具有法律效力的用工依据，里面的规定是对双方最有力的约束。因此，在订立劳动关系时，求职者一定要擦亮眼睛，仔细审核每一项合同内容，这既是对自己工作职责有个明确了解，也是对自身权益的维护。

俗话说："无规矩不成方圆"，生活中，没有规矩与目标，我们就如同漂泊在没有指南针的大海中。职业生涯规划是漫长求职过程的开端，也是我们学业实施过程中必不可少的助推器。职场漫漫，大浪淘沙，有一个好的规划是我们踏浪而行的第一步。进入职业世界，如何制订生涯规划是我们的核心要点。而要清楚自己要什么，就要弄明白影响职业生涯规划的各种因素。另外，在制订好规划后，如何有效为我们的求职做准备，从而敲开职场之门？在面对纷繁复杂的就业市场时，我们如何做好自我，增强意识，保护自我权益？

本章我们带领大家认识了这些问题，学习了职业生涯规划及其相关影响因素、作用等，通过对职业生涯规划前的自我评估、学生在校期间的求职准备、简历的制作以及面试的技巧与礼仪的讲解，也为求职者提供了一定的指导与帮助。而在实际求职过程中，当我们会遇到各种权益问题或者求职陷阱时，如何擦亮眼睛，用法律知识武装自己的头脑，避免不平等问题的发生也是必备技能。希望通过本章的学习，同学们可以明晰职业生涯规划以及求职过程的相关内容，为后续自己的职业发展奠定良好的基础，确保求职过程顺利、畅通，从而为将来就业求职擘画出更美好的蓝图。

> 自我拓展练习

1. 什么是职业生涯规划？

2. 职业生涯规划的意义是什么？
3. 作为职业院校学生，你认为可以根据哪些方面制订职业生涯规划？
4. 什么是职业？
5. 影响职业生涯规划制订的内部因素有哪些？
6. 影响职业生涯规划制订的外部因素有哪些？
7. 你认为在制订个人职业生涯规划时，应如何将能力、兴趣与自身的性格相结合？
8. 请使用SWOT分析法对个人职业生涯做一个基本规划，要求规划过程中由内向外对自己做一个全面评估。
9. 你认为在校期间可以为求职做哪些努力和准备？
10. 面试过程中应当注意哪些礼仪？
11. 请设计一份求职简历。简历可根据自己将来的意向单位进行制作，要求包括完整的简历内容，符合简历设计原则。
12. 就业的基本类型有哪些？
13. 在就业过程中，劳动合同有哪几部分组成？
14. 在签订劳动合同的过程中，需要注意哪些原则？
15. 求职过程中可能出现哪些陷阱？
16. 如何预防求职过程中的各类侵权问题？

第十章

自助求助——同心协力，自强不息

导读

步入职业院校，同学们应逐渐树立自立自强的意识，自觉面对和解决问题。例如：学业方面，在了解国家、学校等各级资助政策之后，可以根据自身条件和相关要求申请国家奖学金、国家助学金，助力自己完成学业；生活方面，可以发挥自己的主观能动性进行力所能及的勤工助学，改善学习和生活条件；当遇见自己确实无法解决的困难时，及时寻求帮助。本章结合职业院校学生的现状，从实际情况出发，向学生讲述自助求助相关内容，主要内容包含国家资助政策、自觉性的培养、医疗保险和困难求助等，重在引导学生学会独立自主完成学业。

学习目标：

知识与技能目标： 了解国家奖学金、国家助学金及勤工助学等资助政策，认识到自觉性的重要意义，熟悉医疗保险的相关政策，学会自我处理问题，知晓如何求助。

过程与方法目标： 通过案例分析、知识学习、小组讨论等了解资助助学政策，并遵守校纪校规，提高自助能力，有效避免与同学们之间的纷争，遇到问题或者伤害能够进行有效求助。

素养目标： 树立自立自强、同心协力的意识，树立正确的自助和求助意识。

学习重点： 了解国家资助政策，了解大学生医疗保险和报销流程，培养主动自觉性，学会正确的资助和求助方式。

学习难点： 掌握医疗保险的报销流程，树立自立自强、自强不息的意识。

第一节 资助政策，了然于胸

【情境导入】

　　林林是职业院校计算机应用专业学生，也是建档立卡贫困家庭子女。在听完班主任李老师关于宣传职业院校学生国家资助政策的主题班会后，林林认识到努力的重要性，坚持良好的行为习惯和学习自觉性，独立思考，肯动脑筋，作业书写整齐，集体荣誉感强，并积极协助老师管理班级工作，获得所有同学们的高度认可。林林学习之余，结合自身条件和家庭情况，申请了国家助学金，并申请了图书馆勤工助学岗位，为学校的发展贡献自己的一分力量。自入校以来，林林因表现优秀多次被评为三好学生和优秀学生干部，在近期的职业院校学生资助评选中，林林不负众望，经过层层选拔和公示获得了国家奖学金。

思考讨论：
1. 林林都申请了哪些符合条件的资助？
2. 林林为了顺利完成三年学业是否进行了自助？

一、国家助学金

　　中等职业学校国家助学金（以下简称中职国家助学金）是由中央与地方政府共同出资设立的，体现了党和政府对中等职业学校学生的关怀，用于资助中等职业学校全日制学历教育正式学籍一、二年级在校涉农专业学生和非涉农专业家庭经济困难学生的助学金。

　　高等职业学校、普通本科国家助学金（以下简称高职国家助学金）是为了体现党和政府对普通本科高校、高等职业学校和高等专科学校家庭经济困难学生的关怀，由中央与地方政府共同出资设立的，用于资助家庭经济困难的全日制普通本专科（含高职、第二学士学位）在校学生的助学金。

（一）中职国家助学金

　　根据2016年财政部、教育部、人力资源和社会保障部印发的《中等职业学校国家助学金管理办法》（财科教〔2016〕35号）摘取部分内容：

　　第二条　本办法所称中等职业学校是指经政府有关部门依法批准设立，实施全日制中等学历教育的各类职业学校，包括公办和民办的普通中专、成人中专、职业高中、技工学校和高等院校附属的中专部、中等职业学校等。

　　第三条　国家助学金资助对象是具有中等职业学校全日制学历教育正式学籍的一、二年级在校涉农专业学生和非涉农专业家庭经济困难学生。

　　第四条　国家助学金由中央和地方政府共同出资设立，主要资助受助学生的生活费开支，资助标准每生每年2000元。以后年度，将根据经济发展水平和财力状况适时调整资助标准。

中等职业学校应当根据本办法和各地制定的国家助学金实施细则，受理学生申请，组织初审，并通过全国中等职业学校学生管理信息系统和技工学校学生管理信息系统报至同级学生资助管理机构审核、汇总。学生资助管理机构将审核结果在相关学校内进行不少于 5 个工作日的公示。

（二）高职国家助学金

1. 资助标准

全国平均每人每年 3000 元，具体标准：中央高校由财政部商有关部门确定，地方高校由各省（自治区、直辖市）确定。

国家助学金公示

2. 基本申请条件

1）热爱社会主义祖国，拥护中国共产党的领导。

2）遵守宪法和法律，遵守学校规章制度。

3）诚实守信，道德品质优良。

4）勤奋学习，积极上进。

5）家庭经济困难，生活俭朴。

3. 申请、评审和发放

国家助学金每学年评定一次。每年 9 月 30 日前，学生向学校提出申请，各高校于当年 11 月 15 日前完成评审。国家助学金各年按 10 个月发放，高校按月将国家助学金发放到受助学生手中。

4. 相关事项

同一学年内，申请并获得国家助学金的学生，可同时申请并获得国家奖学金或国家励志奖学金。试行免费教育的教育部直属师范院校师范类专业学生，不再同时获得国家助学金。

（三）学校实施细则

依据国家颁布的相关文件，各个职业院校制定了相关细则（该内容仅作为对国家助学金评选的了解和参考，学生本人申请时要对标自己学校的国家助学金评选相关内容进行准备），举例说明如下：

1. 资助对象

以下学生优先资助：建档立卡家庭经济困难学生；持有当地民政部门颁发的有效的城乡低保证；父母双亡，无经济来源；父母一方已故（单亲家庭）造成经济困难；父母残疾造成经济困难；因不可抗拒灾害造成经济困难；家庭成员有重大疾病无钱医治；学生本人残疾；军烈属子女。

2. 资助标准

中职每生每年 2000 元，高职每生每年 3000 元。

3. 申请流程

学生本人在新学年开学一周内向就读学校提出申请，并递交家庭经济困难相关证明材料（证明材料包括：户口本、居民最低生活保障金领取证件或由当地民政、扶贫、残疾部门出具的家庭经济困难状况证明材料原件及复印件），学校资助管理部门进行审核公示。

4. 注意事项

如有出现下列情况之一者，取消职业院校国家助学金评审资格：出现违纪现象，受到纪律、刑事处分的；无故缺考的，学习成绩有一门不合格的；没有按规定完成学业的；学习期间退学的和不经批准无故离校的；隐瞒家庭经济状况，弄虚作假骗取国家助学金的。

（四）国家助学金的意义

党的二十大以来，我国学生资助政策体系完善力度进一步加大，经费投入力度进一步增加，学生资助规模不断扩大，数以千万计的家庭经济困难学生在资助政策帮助下顺利入学并完成学业，学生资助事业取得重大进展。

1. 促进教育事业发展

国家实施学生资助政策，推动改变了贫困地区、农村地区落后的教育观念和教育面貌，帮助了家庭经济困难学生顺利入学并完成学业，极大地促进了教育事业快速发展，为加快我国从人口大国迈向人力资源大国、人力资源强国的进程打下了坚实的基础。高中阶段资助政策的实施，特别是职业院校教育资助政策已覆盖超过90%的学生，切实减轻了部分家庭的经济负担，对高中阶段教育普及发展起到了积极作用。

助力学业完成

2. 人民群众获得感不断增强

截至2021年，我国累计资助学前教育、义务教育、普通高中、职业院校教育和高等教育学生（幼儿）近13亿人次，资助金额近2万亿元，经济困难家庭子女上学减负效果十分明显。特别是在高等教育阶段，在多种措施的帮扶下，家庭经济特别困难的学生上学资助力度接近100%。

无数面临家庭经济困难的优秀学子在国家资助政策的帮助与激励下，进入学校，奋发学习，重新获得发展自我、改变命运、阻断家庭贫困代际传递的机会。这是人民群众得实惠最多的制度设计，不仅让数以千万计的贫困家庭子女共享社会发展成果，赢得人生出彩的机会；更让广大人民群众亲身感受到党和政府的关怀，促进了社会和谐稳定。

> **案例链接：**
>
> 芳芳是某职业院校的二年级学生，家庭经济情况尚可，在申请国家助学金过程中，因相关材料不符合条件，而未能如愿获取国家助学金。她认为是宿舍另外一名成功申请的同学抢了自己的名额，从而心生不满。班主任张老师知晓后，耐心告知其准备的材料有一项不符合国家助学金申请条件，建议其好好学习，将来符合条件可以申请国家奖学金。
>
> **思考：**
>
> 是否申请国家助学金就一定能够成功获取？

二、国家奖学金

除了申请国家助学金以外，品学兼优并表现特别突出的职业院校学生还可以申请国家奖学金。

中等职业教育国家奖学金（以下简称中职国家奖学金）由中央财政出资设立，用于奖励中等职业学校（含技工学校）全日制在校生中特别优秀的学生。每年奖励2万名学生，奖励标准为每生每年6000元。

普通本科高校、高等职业学校国家奖学金（以下简称高职国家奖学金）是由中央财政出资设立，为激励普通本科高校、高等职业学校和高等专科学校学生勤奋学习、努力进取，在德、智、体、美等方面全面发展，用来奖励特别优秀学生级别最高的国家级奖学金。奖励标准为每生每年8000元。

荣获国家奖学金

（一）中职国家奖学金申请条件

2023年12月29日，教育部、人力资源和社会保障部、财政部研究制定了《中等职业教育国家奖学金评审办法》（教财〔2023〕11号），摘取第四章中的申请条件如下：

第十五条　申请职业院校国家奖学金的基本条件：

1）具有中华人民共和国国籍。

2）热爱社会主义祖国，拥护中国共产党的领导。

3）遵守法律法规，遵守《中等职业学校学生公约》，遵守学校规章制度。

4）诚实守信，道德品质优良。

5）在校期间学习成绩、道德风尚、专业技能、社会实践、创新能力、综合素质等方面表现特别优秀。

第十六条　在符合基本条件前提下，申请人还应满足以下具体条件：

1）年级要求：全日制二年级及以上学生可以申请职业院校国家奖学金。

2）成绩表现等要求：成绩表现主要依据综合排名，没有综合排名的按照学习成绩排名并突出技能导向。

位于年级同一专业前5%（含5%）的学生可以申请职业院校国家奖学金，学校应当优先推荐在地市级及以上技能大赛等专业技能竞赛中获奖的学生。

位于年级同一专业排名未进入5%，但达到前30%（含30%）且在道德风尚、专业技能、社会实践、创新能力、综合素质等方面表现特别突出的，可以申请职业院校国家奖学金，同时需要提交详细的证明材料。证明材料须由学校审核后加盖学校公章。排名未进入30%的，不具备申请资格。

"表现特别突出"主要是指：

1）在社会主义精神文明建设中表现突出。具有见义勇为、助人为乐、奉献爱心、服务社会、自立自强等突出表现，在区（县）级及以上地区产生重大影响，被区（县）级及以上官方媒体宣传报道。

2）在职业技能竞赛或专业技能竞赛方面取得显著成绩。在世界技能大赛取得优胜奖及以上和入围世界技能大赛中国集训队及国际性职业技能竞赛获前8名，在中国技能大赛等全国性或省级职业技能竞赛获得优秀名次（一类职业技能大赛前20名、二类职业技能竞赛前15名）。在世界职业院校技能大赛取得优胜奖及以上和入围世界职业院校技能大赛中国集训队。在全国职业院校技能大赛等专业技能竞赛获得三等奖及以上奖励，省级选拔赛获得二等奖及以上奖励。

3）在创新发明方面取得显著成绩，科研成果获得省、部级以上奖励或获得通过专家鉴定的国家专利（不包括实用新型专利、外观设计专利）。

4）在体育竞赛中取得显著成绩，为国家争得荣誉。非体育专业学生参加省级及以上体育竞赛获得个人项目前三名、集体项目前二名；体育专业学生参加国际和全国性体育竞赛获得个人项目前三名、集体项目前二名。集体项目应为上场的主力队员。

5）在重要艺术展演文艺比赛中取得显著成绩。非艺术类专业学生参加全国中小学生艺术展演或同等水平比赛省级遴选及以上水平比赛，获得三等奖及以上或前三名奖励；艺术类专业学生参加全国中小学生艺术展演或同等水平全国性及国际性比赛，获得三等奖及以上或前三名奖励，参加上述展演（比赛）的省级遴选获得二等奖及以上或前二名奖励。集体项目应为主要演员。

创新

6）获省级及以上三好学生、优秀学生干部、社会实践先进个人、杰出青年、五四奖章等个人表彰或荣誉称号。

7）参加全国中等职业学校文明风采优秀作品展示展演的个人或集体项目主要创作人员。

8）在创业等其他方面有优异表现的。

（二）高职国家奖学金申请条件

2019年9月18日，教育部、财政部研究制定了《本专科生国家奖学金评审办法》（教财函〔2019〕105号），摘取部分申请条件如下：

第六条 申请国家奖学金的基本条件：

1）具有中华人民共和国国籍。

2）热爱社会主义祖国，拥护中国共产党的领导。

3）遵守宪法和法律，遵守学校规章制度。

4）诚实守信，道德品质优良。

5）在校期间学习成绩优异，创新能力、社会实践、综合素质等方面特别突出。

第七条 在符合基本条件的前提下，申请人还应满足以下具体条件：

1）年级要求：二年级及以上年级本专科学生方可申请本专科生国家奖学金。特殊学制的学生，根据当年所修课程层次确定参与相应学段的国家奖学金评定，原则上从入学第六年开始不再具备本专科生国家奖学金申请资格。

2）成绩要求：学习成绩排名与综合考评成绩排名均位于前10%（含10%）的学生，可以申请本专科生国家奖学金。学习成绩排名和综合考评成绩排名没有进入前10%，但达到前30%（含30%）的学生，如在其他方面表现非常突出，也可申请本专科生国家奖学金，但需提交详细的证明材料，证明材料须经学校审核盖章确认。

其他方面表现非常突出是指在道德风尚、学术研究、学科竞赛、创新发明、社会实践、社会工作、体育竞赛、艺术展演等某一方面表现特别优秀。具体是指：

1）在社会主义精神文明建设中表现突出，具有见义勇为、助人为乐、奉献爱心、服务社会、自立自强的实际行动，在本校、本地区产生重大影响，在全国产生较大影响，有助于树立良好的社会风尚。

2）在学术研究上取得显著成绩，以第一作者发表的通过专家鉴定的高水平论文，以第一、二作者出版的通过专家鉴定的学术专著。

3）在学科竞赛方面取得显著成绩，在国际和全国性专业学科竞赛、课外学术科技竞赛、中国"互联网+"大学生创新创业大赛、全国职业院校技能大赛等竞赛中获一等奖（或金奖）及以上奖励。

4）在创新发明方面取得显著成绩，科研成果获省、部级以上奖励或获得通过专家鉴定的国家专利（不包括实用新型专利、外观设计专利）。

5）在体育竞赛中取得显著成绩，为国家争得荣誉。非体育专业学生参加省级以上体育比赛获得个人项目前三名、集体项目前二名；高水平运动员参加国际和全国性体育比赛获得个人项目前三名、集体项目前二名。集体项目应为上场主力队员。

6）在艺术展演方面取得显著成绩，参加全国大学生艺术展演获得一、二等奖，参加省级艺术展演获得一等奖；艺术类专业学生参加国际和全国性比赛获得前三名。集体项目应为主要演员。

7）获全国十大杰出青年、中国青年五四奖章、中国大学生年度人物等全国性荣誉称号。

8）其他应当认定为表现非常突出的情形。

（三）国家奖学金评选实施细则

1）符合条件的学生根据申请材料准备《中等职业教育国家奖学金评审办法》和《本专科生国家奖学金评审办法》规定的相应证明材料和学校加盖公章的审查证明（纸质版和电子扫描版），并填写《国家奖学金申请审批表》和《国家奖学金获奖学生评审名单汇总表》交给辅导员。

2）学校成立国家奖学金评审委员会，按规定审查国家奖学金评审程序是否规范、推荐学生资格条件是否符合要求等，提出当年国家奖学金获奖学生建议名单，报国家奖学金评审领导小组审定。

3）学校成立国家奖学金评审领导小组，审查评审委员会提交的国家奖学金评审意见。

（四）国家奖学金的意义

1）对学生优异成绩的认可和鼓励，激励其继续努力追求卓越。

2）有助于减轻家庭经济负担，使更多优秀学生有机会接受高质量教育。

培养未来的人才和领导者

3）是国家对教育的投资，培养未来的人才和领导者，推动社会和经济的进步。

三、国家励志奖学金

国家励志奖学金是为了激励普通本科高校、高等职业学校和高等专科学校的家庭经济困难学生勤奋学习、努力进取，在德、智、体、美等方面全面发展，由中央和地方政府共同出资设立，奖励资助品学兼优的家庭经济困难学生的奖学金。奖励标准为每人每年5000元。

2007年6月27日，财政部、教育部研究制定了《普通本科高校、高等职业学校国家励志奖学金管理暂行办法》（财教〔2007〕91号），摘取部分申请条件如下：

（一）国家励志奖学金的基本申请条件

1）热爱社会主义祖国，拥护中国共产党的领导。

2）遵守宪法和法律，遵守学校规章制度。
3）诚实守信，道德品质优良。
4）在校期间学习成绩优秀。
5）家庭经济困难，生活俭朴。

（二）国家励志奖学金评审实施细则

1）国家励志奖学金实行等额评审，坚持公开、公平、公正、择优的原则。
2）国家励志奖学金按学年申请和评审。申请国家励志奖学金的学生为高校在校生中二年级以上（含二年级）的学生。
3）同一学年内，申请国家励志奖学金的学生可以同时申请并获得国家助学金，但不能同时获得国家奖学金。

试行免费教育的教育部直属师范院校师范类专业学生不再同时获得国家励志奖学金。

4）每年9月30日前，学生根据本办法规定的国家励志奖学金的基本申请条件及其他有关规定，向学校提出申请，并递交《普通本科高校、高等职业学校国家励志奖学金申请表》。
5）高校学生资助管理机构负责组织评审，提出该校当年国家励志奖学金获奖学生建议名单，报学校领导集体研究通过后，在校内进行不少于5个工作日的公示。公示无异议后，每年10月31日前，中央高校评审结果报中央主管部门，地方高校评审结果逐级报至省级教育部门。中央主管部门和省级教育部门于11月15日前批复。

四、勤工助学

勤工助学（或勤工俭学）是指学生在学校的组织下利用课余时间，通过劳动取得合法报酬，用于改善学习和生活条件的实践活动，是学校学生资助工作的重要组成部分，也是提高学生综合素质和资助家庭经济困难学生的有效途径。

为了保证家庭经济困难且学有余力的学生顺利完成学业，职业院校普遍会设置勤工助学岗位，鼓励学生通过自己的劳动改善生活和学习条件。这些岗位根据学校的专业和要求各有不同。以下为某职业院校勤工助学岗位相关信息。

（一）申请人基本条件
1）学有余力的家庭经济困难学生，利用课余时间参加劳动服务和科技文化服务。
2）品行端正，思想进步，勤奋好学。
3）近一学年内无违反校规校纪记录。

（二）勤工助学岗位
1）图书馆工作人员，负责书籍摆放、卫生清理等。
2）计算机房工作人员，负责机房卫生清理、桌椅摆放等。
3）各会议室工作人员，负责会议室卫生清理、桌椅摆放等。
4）助理辅导员，协助辅导员在新生入学期间的管理工作等。

（三）勤工助学补贴标准

勤工助学补贴标准依据勤工助学岗位的工作性质、劳动强度、出勤次数和作业时间制定，每月每人补贴为150元/月左右。

（四）招聘与评定方法

负责勤工助学的部门或教师会发布勤工助学岗位招聘通知，请需要的同学及时关注或提前向辅导员（班主任）表达意愿，由辅导员（班主任）留意。

各勤工助学部门按照部门工作量和学生出勤次数给予发放工资。

勤工助学岗

五、其他资助政策

除了以上几种普遍性的资助政策之外,各个省市、社会、学校还会有自己的资助政策,这个因地而异、因时而异,例如山东省有省政府奖学金、雨露计划等。入学之后,务必根据自身条件和需求详细了解自己学校公布的相关资助政策,做到了然于胸,为自己顺利完成学业做好应对。

第二节　医疗保险,保驾护航

【情境导入】

小刚和露露是职业院校二年级数控机床专业学生,两人形影不离。一次在学习机床操作时,小刚正在擦机床卡盘,露露突然不小心按到了启动按钮,致使小刚的手指头卷进了机床里,伤势严重。同学们立马拨打120电话,辅导员将小刚送到医院紧急抢救。

经抢救后,小刚正常恢复上学,因意外产生的医疗费用按照相关标准,由市医保局进行了相应医保理赔,剩余部分由商业保险公司进行了学平险理赔。

💡 思考讨论:
1. 医疗保险有什么好处?
2. 什么时候能用到医保?

一、大学生医疗保险

党的二十大报告指出:"促进多层次医疗保障有序衔接,完善大病保险和医疗救助制度,落实异地就医结算,建立长期护理保险制度,积极发展商业医疗保险。"在职业院校阶段主要有大学生医疗保险和学生团体平安保险。

大学生医疗保险简称大学生医保,属于城乡居民基本医疗保险的范畴,只不过是以在校大学生为主体,所以称之为大学生医保。部分职业院校根据当地医保局要求也可享受大学生医保政策待遇。

面向对象:未参加其他基本医疗保险(包括未参加本市及外省市基本医疗保险),且在本市各类高等院校、科研院所中接受普通高等学历教育的全日制本科、高职高专学生以及非在职研究生(以下简称"大学生"),包括院校中的港、澳、台大学生,不包括外籍留学生。

二、大学生医保的特点

大学生医保具有三大特点:

(1)公益性突出　居民医疗保险属于国家建立的具有社会公益性质的医疗保险,是为解决大学生看病就医问题而推出的社会医疗保险,是一项惠及千家万户的民心工程、爱心工程。

(2)政府补助多　参保大学生个人仅缴纳少部分费用,大部分的医保费由国家补助。

(3)保障水平高　重点保障住院、门诊和生育,兼顾意外伤害。

三、济南市大学生医保

下面以济南市为例,详细介绍大学生医保。

(一)参保范围

各类全日制高等院校、技术职业学校、科研院所等在校学生。

(二)参保登记

大学生的参保登记统一由学校办理,请及时将个人信息报给辅导员或者负责医保的老师。

(三)缴费标准

济南市大学生2024年度城乡居民医疗保险费为240元/年,济南市财政补贴730元/年。

(四)缴费时间与待遇享受

集中缴费期为2023年9月1日—12月31日(各学校根据医保局规定统一缴费时间,具体时间待定);待遇享受时间为2024年1月1日—12月31日(非济南市生源新生首次参加济南市医保,待遇享受时间为2023年9月1日—2024年12月31日);先缴费,次年医保生效后可以报销;集中缴费期外缴费的,属于医疗费补缴,自缴费当月开始三个月后才可以享受待遇。

(五)缴费方式

大学生办理参保登记后,可登录"山东税务社保费缴纳"微信或支付宝小程序→"城乡居民社保费缴纳"→"居民医疗"完成自主缴费。

(六)缴费查询

参保缴费3个工作日后,可登录"济南医保"微信小程序→"居民医疗缴费查询"查询缴费记录。

（七）大学生门诊费用如何报销

1. 普通门诊统筹待遇

校医院承担本校全部大学生的普通门诊统筹医疗服务工作。一个医疗年度内普通门诊就医没有起付线，大学生报销比例为65%，最高可报销600元。参保大学生于寒暑假、实习、法定节假日及休学期间发生的急诊费用（门诊上发生的急诊费用）和经本校批准转诊的普通门诊医疗费用先由个人全额垫付，回校后将医院收费有效票据、费用清单、门诊病历等手工报销材料交至校医院办理报销手续。

2. 门诊慢特病待遇

济南市执行统一的《基本医疗保险门诊慢特病基本病种目录及认定标准》和《门诊药品单独支付病种目录》。一个医疗年度内门诊慢特病起付线为200元，社区医院和乡镇卫生院无起付线，精神障碍无起付线。报销比例见下表。

报销比例

医院级别	大学生		
	其他病种	恶性肿瘤的门诊治疗、组织或器官移植（抗排异治疗）、血友病	尿毒症透析治疗
省部三级	70%	各级医疗机构报销比例，低于75%的统一按75%执行	一级及以上医院80%
其他三级	70%		
二级	80%	80%	
一级	90%	90%	
社区医疗机构	90%	90%	
乡镇卫生院	90%	90%	90%

注：二级的精神专科医院为85%。

一个医疗年度内封顶线25万（与住院费用合并计算，含个人按一定比例负担部分），高血压年度支付限额为1100元，糖尿病年度支付限额为1800元，重组人生长激素每人每年报销不超过3万元。

3. 大学生意外伤害待遇

参保人因意外伤害发生的门（急）诊医疗费用，累计超过200元的，按80%的比例报销，一年内最高支付限额为2000元（含个人按一定比例负担部分）。

4. 大学生门诊费用手工报销的办理流程

本人提交门（急）诊病历、医院收费票据、费用明细及本人银行卡号（意外伤害的需提供受伤情况说明、有无第三方赔付）等手工报销材料，经辅导员（班主任）、医保专员审核后至校医院或市医保经办机构。

（八）大学生住院费用如何报销

1. 住院基本待遇

大学生居民医保参保人在本市定点医疗机构办理住院时，持医保电子凭证（或社会保障卡）进行住院登记，出院时刷码（或卡）结算住院费用，具体待遇见下表。

住院具体待遇

项目	医疗机构级别	驻济高校大学生
起付标准	三级医疗机构	700元
	二级医疗机构	400元
	一级医疗机构（含社区卫生服务机构）及乡镇卫生院	200元
报销比例	三级医疗机构	70%
	二级医疗机构	80%；精神卫生专科医院85%
	一级医疗机构（含社区卫生服务机构）及乡镇卫生院	90%
	封顶线	25万元（含个人按一定比例负担部分）

注：1. 在一个医疗年度内，大学生居民医保参保人第二次住院的起付标准相应降低20%，第三次住院不再计算起付标准。
2. 中医定点医疗机构起付标准降低20%，精神卫生专科医疗机构无起付标准。

2. 大病保险报销待遇

大病保险报销待遇见下表。

大病保险报销待遇

额度报销	概念	参保人一个医疗年度内发生的住院、门诊慢特病医疗费用，经基本医保报销后，个人累计负担的合规医疗费用纳入居民大病保险
	起付线	1.4万元
	报销比例	起付线~10万元报销60%；10万~20万元报销65%；20万~30万元报销70%；30万元以上报销75%
	封顶线	40万元
特药报销	概念	将省统一组织价格谈判的抗肿瘤分子靶向药和治疗其他疾病的特效药品纳入居民大病保险支付范围，对参保人患重大疾病发生的合规特药费用，给予一定补偿
	药品种类	盐酸沙丙蝶呤片、盐酸多柔比星脂质体注射液、注射用伊米苷酶、注射用阿糖苷酶α、注射用阿加糖酶β
	起付线	2万元
	报销比例	盐酸沙丙蝶呤片、盐酸多柔比星脂质体注射液：报销80%；注射用伊米苷酶、注射用阿糖苷酶α、注射用阿加糖酶β：40万元以下报销80%，40万元以上报销85%
	封顶线	盐酸沙丙蝶呤片、盐酸多柔比星脂质体注射液：40万元；注射用伊米苷酶、注射用阿糖苷酶α、注射用阿加糖酶β：90万元

3. 住院医疗费用手工报销

报销材料：医院收费有效票据，费用清单，出院记录（诊断证明）。属于意外伤害情形的，须提供病历复印件、第三方赔付材料（或个人书面承诺书）。

办理流程：提交材料——准备手工报销相关材料提交至学校负责老师处，或自行前往全市各级医保经办机构办理报销手续；受理审核——医保经办机构受理审核，材料齐全的9个工作日内办理完结，对材料不全的，一次性告知需补齐的材料。

注意：参保人有下列情况之一的，发生的医疗费用居民医保基金不予支付：因违反有关法律规定所致伤病的；自杀自残（精神病除外）导致伤亡的；整形、美容、矫正治疗的；因引产、流产和实行计划生育手术发生的；在境外发生的；有第三者责任赔偿的；其他不符合居民医保规定支付范围的。

（九）大学生异地住院如何享受医保待遇

大学生参保人在省内其他地市支持异地联网结算的定点医疗机构住院治疗的，不需要办理异地备案手续，入院时凭本人身份证或医保电子凭证办理住院手续，出院时可直接联网结算报销，享受与济南市本地就医相同的报销比例，支付范围（基本医疗保险药品、医疗服务项目和医用耗材等）执行就医地的有关规定。

大学生参保人在省外其他地市支持跨省异地联网结算的定点医疗机构住院治疗的，需要在"济南医保"微信或支付宝小程序自助办理异地备案手续后，入院时凭本人身份证或医保电子凭证办理住院手续，出院时可直接联网结算报销，享受与济南市本地就医相同的报销比例，支付范围（基本医疗保险药品、医疗服务项目和医用耗材等）执行就医地的有关规定。

大学生参保人到省外其他地市住院治疗，没有办理异地就医备案手续的，需要留存好医院收费的有效票据、费用清单、出院记录（诊断证明），回济南后可到医保经办机构进行手工报销，执行与济南市本地就医相同的报销比例及济南市医保目录。

（十）如何办理停保

方式一：单位办。找辅导员办理停保。

方式二：线上办。登录"济南医保"微信或支付宝小程序→"我要办事"→"城乡居民医疗保险中断"，选择停保原因后提交即可。

方式三：现场办。本人携带身份证原件到医保经办机构现场办理。也可选择代办，代办时须携带双方身份证原件。

四、学生团体平安保险

学生团体平安保险是学校与商业保险公司合作的商业保险，该保险既有大学生医保的补充条款，又有意外伤害的保障条款。参保学生因病住院或于规定病种门诊，符合医保开支范围的自付医疗费可以向商业保险公司申请理赔；参保大学生因意外伤害发生的门诊、急诊医疗费，也可以向商业保险公司申请理赔。

第三节 主动自觉，奋勇争先

【情境导入】

某职业学校的学生平时比较散漫，学习和生活规矩意识不强，学校和教师常常感到力不从心，力图改变当前现状。于是，学校决定推出新一轮的管理方案。

新方案的关键词是"自觉性"。学校积极引导学生自觉遵守规矩,具体做法是将一些校规转变为必须遵守的情境化传统,例如,学生在学校时需要自觉排队,不在走廊大声喧哗,自觉捡起地上的垃圾等。通过这样的方式,学生们在"被看到"的时候自觉地遵守规矩,并且逐渐养成平时自觉遵守规则的习惯。此外,学校还会定期对学生进行轻松的小测验,以检查学生们对规矩的把握和自觉性的水平。

通过实践,学生纪律松散情况明显减少,环境保护意识和尊重他人的意识明显得到提高,校园也变得更加整洁、更加美丽。

💡 **思考讨论:**
1. 怎样理解"自觉性"?
2. 如何养成自觉遵守规则的习惯?

一、自我管理的定义及特征

职业院校学生自我管理是为了实现教育培养目标以及满足社会日益发展对个人素质的要求,充分调动自身的主观能动性,卓有成效地利用和整合自我资源(身体、心理、时间、信息、思想和行为等),运用科学管理方法而开展的自我认知、自我计划与组织、自我监督、自我开发与自我教育等一系列的活动。

自我管理具有三个最基本的特征。从管理主体看,自己是自我管理的主体;从管理客体看,是以自我为管理对象;从管理过程看,自我管理以自我认知(感知、想象、思维等)、自我体验和自我调控去进行管理。因此,自我管理是管理主体、管理过程和管理对象三者的统一体。

二、自我管理的内容及类型

(一)学习与能力培养的自我管理

学习与能力自我管理是职业院校学生自我管理的最重要内容,其中学习自我管理主要包括:了解学习化社会的到来及终身学习的概念,明确自己学习的目的和动机,制订适合自己的科学而有效的学习计划,学习目标具有远期和近期的层次性,能积极调控自己的学习行为,形成良好的学习习惯(尤其是自学习惯),能主动尝试产生成功体验的学习行为,以增强自己的学习兴趣,能对自己的学习行为进行有效的反思、评估与总结。

能力自我管理主要包括:了解认知能力的含义及重要性、一般能力与特殊能力的区别与联系、影响能力形成与发展的因素;认识到实践活动是发展能力的有效且唯一的途径;

学习自我管理

认识到自己能力的基本结构与特长所在,尤其是自己的创新意识与创造力;认识自己的智商与情商;懂得如何培养和提高自己能力的基本策略和方法以及怎样表现自己的方法等。

当代职业院校学生学习与能力自我管理表现出其独有的特征,在处理两者关系时常表现为以下几种类型：

1. 学习至上学霸型

这部分学生重视读书学习，忽视能力培养，坚持"两耳不闻窗外事，一心只读圣贤书"的求学哲学。这类学生又可分两类：一部分只对学习感兴趣，即所谓真正的"书呆子"，相比较而言，他们只有在学习中才能体会到自身的价值；另一部分学生虽然也有自己的兴趣爱好，也有较强的能力，但他们认为学习成绩比能力更重要，因而忽视能力的培养。

2. 能力至上活跃型

这类学生认为能力培养比读书学习要重要得多，故而学校中各项活动不分大小一概积极参加，而对于学习，哪怕是专业课程的学习都坚信"60 分万岁""多一分浪费，少一分残废"的观念。

3. 学习与能力并重型

这类学生认为两者都很重要，关系也很密切，并能正确地对待和处理两者之间的关系。

4. 今朝有酒今朝醉之混日子型

这部分学生到学校来，不为专业学习，不求能力发展，只为混日子、混文凭。

（二）理想与志向自我管理

职业院校学生充满理想与志向，在理想与志向上具有一定的指向性和稳定性。但由于自我意识尚未完全成熟，表现出理想自我与现实自我的差异性，这种差异常表现为以下五种类型：

1. 积极进取型

这类学生参照的标准是理想自我，通过不断地完善现实自我，逐渐靠近理想自我，最终达到现实自我与理想自我的统一。

2. 现实型

这类学生参照的标准是现实自我，通过不断修正理想自我中不切实际的内容，以使之能和现实自我相吻合，最终达到理想自我与现实自我的统一。

3. 庸碌型

有部分学生不是主动地调整理想自我，也不是努力地改造现实自我，而是完全放弃了理想自我，迁就于现实自我而表现出庸碌性，例如心无大志、得过且过的那类学生。

4. 虚假型

由于对自我存在过高或过低的评价，没有看到现实自我的真实面貌，以致盲目乐观而自命不凡，或盲目悲观而自怨自艾。

5. 消极堕落型

这类学生的理想自我与现实自我都不符合社会发展要求，都表现出消极一面，例如自甘堕落、执迷不悟等。

显然，第一种和第二种类型是最好的，也是我们提倡的学生自我管理的最重要内容。

（三）思想品德自我管理

加强职业院校学生品德修养的管理也是自我管理的重要内容之一。当代职业院校学生在思想品德自我管理方面主要表现为以下几种类型：

1. 思想品德高尚型

思想品德高尚型具体表现为有正确价值观、人生观，责任心强，有爱心，讲诚信等。

2. 思想品德低下型

思想品德低下型表现为错误的价值观、低俗的人生观、自私、缺乏爱心和责任心等。

3. 思想品德有待提高型

思想品德有待提高型的这部分学生所占比重最大，表现为他们在各方面是积极向上的，但也存在着一些这样或那样的毛病，需要不断加强修养。据调查，100%的职业院校学生认为不爱护公物、乱闯红灯、随地吐痰等是不文明行为，但100%被调查的职业院校学生又都承认自己参与了这些不文明行为。从这里我们看出，当代职业院校学生的知行不统一是比较普遍的，这也从侧面彰显了当代职业院校学生在思想品德自我管理方面有待提高的现实。

讲诚信

（四）日常生活自我管理

职业院校学生日常生活的特点是既丰富多彩又枯燥乏味，丰富在于活动的频繁与多彩，枯燥在于"三点一线"式的单调与反复。职业院校学生在日常生活自我管理上存在着很大的差异，具体有以下几种类型：

1. 自立型

这种学生的生活自理能力很强，例如，一到学校马上就能适应新的环境，并主动寻找朋友或参与各种活动，慢慢成为班级活动的积极分子，在吃、穿、住、行、玩等方面能应付自如。

2. 依赖型

依赖型主要有两种类型。一种是对人的依赖，他们完全依赖父母或教师，生活上基本不能自理，表现为不懂生活常识，例如，不会洗衣服，只好邮寄或一次性带回家让父母洗，不知道如何将钱打入饭卡中，

自立型学生

不知怎样从银行中取款与存款，更不会与人交流等。另一种是对物的依赖，例如，网络依赖或网络成瘾的学生，他们的时间与精力绝大部分都花在网络游戏或聊天等上面，一旦离开网络就无法正常生活，上网成了他们生活的全部。

3. 中间型

这类学生虽有一定的生活自理能力，但也具有一定的依赖心理，例如，衣服能自己洗，但往往要别人提醒或数周才洗一次，饮食无规律，早餐常是从中午开始，吃饭是饿一顿、饱一顿，玩起游戏、上起网来常不分昼夜，虽能自制，但意志力不够强等。绝大部分学生属于这种类型。

（五）人际交往与情感自我管理

人际交往与情感交流自我管理是职业院校学生自我管理能力发展的一门必修课，能否顺利结业，收获能有多大，全在于学生本人的自我掌握与实践。职业院校学生情感非常丰富，一方面喜欢结交各类同性朋友，以拓宽自己的人际圈子，积累自己的人缘人脉，另一方面又对异性充满好奇，大胆尝试与自己喜欢的异性交往，但需要遵守校纪校规，举止文明。

情感丰富

（六）身心健康自我管理

职业院校学生对于自己的身体和心理健康方面的关注和自我管理常表现出不一致性，主要表现为以下三种类型：

1. 身心健康两者兼顾型

这部分学生对自己的身体健康与心理健康都十分关注，身体上哪方面稍有不适，或心理上稍有情绪低落或焦虑、紧张不安，会立即去找医生寻求帮助。

2. 高度关注身体健康忽略心理健康型

这部分学生对自己的身体健康表现出高度关注，却对心理健康不闻不问，即使有心理问题甚至很严重，也不愿承认自己心理有问题，更不用说去看心理医生了。在他们的心里，这是一个禁区，因此不肯谈及更不敢面对和承认。

3. 身体与心理健康都不关心型

这类学生对自己的身心健康状况表现出漠不关心。例如，数周如一日地上网玩通宵游戏，饿一顿饱一顿饮食无规律，挑食、厌食，即使身体不舒服，也觉得自己年轻无所谓，能挺就挺过去；或者心理上经常性地出现紧张、抑郁、烦恼等情绪，或经常性失眠，虽倍感痛苦也觉得无所谓。这样的学生不在少数。

挑食、厌食

总体而言，更多的职业院校学生重视自身的身体健康而忽视心理健康。

三、班级的自我管理

为保证本班级正常的教育教学秩序，需积极发挥班级所有同学自我管理、自我服务、自我教育、自我监督的主观能动性，养成自觉遵纪守法的行为习惯，形成"人人有事干、事事有人干"的良好风貌。

（一）建立学生干部组织

新学期开始，在辅导员（班主任）的指导下，班级成立学生干部组织，为同学们做好管理和服务工作。各学生干部的职责如下：

1. 班长

团结全班同学，协助班主任工作；管理班委分工并监督各班委执行情况；督促班委定期召开班委会；及时处理班内各种情况，并及时向班主任老师汇报和解决；带领全班同学完成老师及年级分配的任务；对班级利益和荣誉负责。

2. 团支书

主持班级团务工作，负责班级团课等工作；协助班长负责班级工作；管理团员信息和团活动；负责监督班委的日常工作，对不负责的班干部给予记录，并及时汇报。

3. 副班长

协助班长工作，班长不在时代理行使班长职权；执行班主任临时安排的各项工作。

4. 纪律委员

专抓班内纪律问题，包括课前纪律、课堂纪律和课下纪律，尤其是自习课纪律的维持；负责检查迟到、早退、旷课，负责班级同学的考勤工作；及时向班主任汇报班内纪律情况。

5. 教室卫生委员

负责全班教室卫生工作，督促各组及时打扫卫生并检查和汇报；领导教室大扫除及其他大型卫生活动。

6. 宿舍卫生委员

负责全班宿舍卫生工作，督促各宿舍及时打扫卫生并检查和汇报；领导宿舍大扫除及其他大型卫生活动。

7. 生活委员

负责班费的管理；负责教室和宿舍的消毒工作；了解班内同学遇到的困难和问题，并及时汇报和给予帮助。

8. 组织委员

负责组织班内活动和跨班级活动，必要时可与其他班干部协商合作；组织和动员同学们参加学校或校外大型活动，例如运动会、作文比赛、创新大赛等。

9. 宣传委员

负责班级黑板报和班务栏的管理和更新；了解班内扣分情况，并及时向班主任汇报。

10. 学习委员

负责班级学习氛围的培养、学习成绩的计算；以优异的成绩成为全班学习的榜样；负责领导班内课代表班子，督促班内收发作业并记录特殊情况；及时了解班内学风和大部分同学学习情况；及时向班主任汇报班内学习情况。

11. 心理委员

负责同学们的心理健康工作；及时了解班内同学的心理，发现班内不正风气和不好的现象并及时向班主任汇报。

12. 体育委员

负责带好课间操和体育课；与组织委员合作，组织运动会等体育活动；记录跑操和体育课质量并向班主任汇报。

13. 文艺委员

与组织委员合作组织文艺活动和文艺比赛；领导同学们参加学校有关文艺方面的活动、比赛的培训、排练。

14. 多媒体管理员

负责多媒体的管理、打开或关闭；如遇多媒体故障，及时报修，有特殊情况的向班主任汇报。

15. 宿舍长

负责安排宿舍卫生值日，值日同学请假时应及时安排好替补；督促舍友注意节水节电；做好宿舍安全防范工作；负责督促舍友按时就寝；在宿舍内营造良好的学习、生活氛围，带领舍友积极开展宿舍文化建设，争当文明宿舍。

（二）学习管理

1）早晚自习期间，应保持良好的学习状态，不得吵闹、随意走动或做与学习无关的事情。

2）上课、早晚自习提前十分钟到教室，不得迟到、早退、旷课；遇到特殊情况迟到的同学，需在门口打报告经老师允许后方可进入教室。

3）上课期间，认真听讲，尊敬师长，主动回答老师提问的问题，未经辅导员（班主任）批准，不得滞留宿舍或校园。

4）按照要求，及时认真完成并上交作业。

（三）精神面貌管理

1）务必穿全套校服，着装应简洁、大方。

2）禁止穿奇装异服（露背、露肚脐等）、拖鞋等。

3）禁止佩戴项链、手链、戒指、耳环、耳钉。

4）禁止浓妆艳抹、染发烫发等。

5）禁止文身。

（四）教室管理

1）保持教室内地面干净整洁，及时倾倒垃圾桶并保持整洁。

2）保持桌椅摆放整齐，讲台上物品及卫生工具有序摆放。

3）教室无人时，及时关闭灯、投影仪；课桌桌面上书全部放置桌洞内，不允许摆放其他物品。

4）保持窗户、窗户槽、窗台、黑板及黑板槽干净清爽，白天应最大程度拉开教室内窗帘。

5）教学区域内，除瓶装水、水杯外，一律禁止携带其他食品或杯装奶茶、咖啡类饮料进入。

6）不得在教室内使用违章电器。

（五）宿舍管理

1）宿舍无人时，关闭门窗、灯、空调、风扇，插座上不允许有任何电器或插头。

2）禁止使用窗帘、窗幔。

3）内务整理时，值日生和全体宿舍成员应根据军训期间要求整理到位。

（六）课间操管理

1）根据规定时间成一路或两路纵队排列，学生干部、学生会及时清查人数。

2）动作应准确、整齐、有律动感，动作与节奏合拍，不得东张西望、大声喧哗。

班干部是协助班主任进行班级管理的重要组成部分，同时，对于班干部本人来说，既是一次极好的锻炼机会，也是重要的人生经历。学生时代是今后走向社会之前的演练，希望同学们能积极申请担任班干部，增加一份责任，取得一分收获。

四、学生社团组织的自我管理

（一）学生会概况

学生会是学生自己管理自己、自己教育自己的群众性组织。建立健全学生会组织，对发扬学生民主，培养学生自我管理能力，开展自我教育，培养学生的集体主义观念和自觉纪律意识，提高学生思想觉悟，反映学生意愿，维护学生的正当利益，促进学生德、智、体、美、劳全面发展，都具有十分重要的意义。各个学校根据自己的情况，将学生会分为主席团、秘书处、学习部、文艺部、纪律部、文明部、外联部等。每年军训结束之后，都会进行学生会组织的纳新，广大同学可以根据自己的兴趣爱好、人生规划积极参与。

学生会纳新

（二）学生会的组织形式

学生会是直接代表学生参与学习教育和管理事务的学生群众性组织，在校党委的直接领导和校团委的具体指导下，独立自主开展各种有益学生的工作活动，是联系学校、老师、学生之间的"桥梁"和"纽带"，是学生代表大会的执行机构，在建设校园文化和丰富学生生活等方面起着重要作用。

（三）学生会的宗旨

学生会的工作宗旨是促进学生德、智、体、美、劳全面发展，引导学生开展以学习为中心，以"特别有志气，特别有作为；特别能吃苦，特别能守纪；特别懂技能，特别懂奉献"为目标，培养有理想、会学习的综合型人才，培养懂技术、能操作的技能型人才，培养敢创新、善发展的创业型人才。

（四）学生会的职责范围

1）参与管理、检查、监督学校的各项工作。

2）在政教处、团委的直接领导下开展各项工作。

3）配合学校各科室工作。

4）在全校范围内组织有益的各项活动。

5）反映学生意见，维护学生正当权益。

对于职业院校学生来说，不仅仅要学习课堂和书本上的知识，更要锻炼自己的各项能力，追求个人的全面发展。学生会等社团经常组织各类活动，还要负责全校学生日常事务，在这个过程中，很多学生会干部都有锻炼和提升自己的机会。加入学生会能够极大地提高学生的组织、沟通、交流能力，因此，鼓励学有余力的同学积极地加入学生会等社团组织，增长见识、锻炼能力、挑战工作、超越自我！

第四节 问题求助，谘师访友

【情境导入】

湖南某职业院校学生江某，小学时父母离异，上中学时染上一些不良习惯，例如打架、吸烟、喝酒、偷拿别人的东西、欺软怕硬、上课睡觉、自控能力较差等。但他愿意继续上学，中学毕业后父亲将他送到该职业院校学习，在新的学校里江某自己也想改变坏习惯，想好好表现，但是他却坚持不住，不知道该怎么办。

思考讨论：
1. 江某的困惑是什么？
2. 你认为如何帮助江某解决以上困惑？

与同龄人相比，职业院校的学生存在更多的困惑和问题，要解决这些困惑和问题，需要学生本人正视问题，积极主动去寻找解决办法，也需要老师和同学们的积极协助，引导学生以积极的眼光和正确的视角去看待这个世界，去创造属于自己的一片辉煌。

一、树立信心，制订计划

（一）树立信心，坚信职业教育一样可以成就精彩人生

职业院校中的部分同学由于对课程的接受程度和喜爱不同，以至于基础没打好，但动手能力较强。考试分数不能全面衡量一个学生的优和劣，分数高低不能界定学生将来的好与坏，任何一个学生只要其大脑没有先天性缺陷和后天性损伤，都具有一定的潜能可以开发和利用。人要发挥自己的长处，做到扬长避短，才能使自己的人生价值达到最大化，成为对社会有用的人才。"适合自己的教育就是最好的教育"，人人有才，但人无全才，读职业院校，扬长避短，每个人都能成才。只要心中有梦，只要坚信自己能行，只要付出努力，即使你是一名职业院校的学生，你也可以跟那些大学生一样去收获成功。

职业教育大有可为

（二）制订计划，充实度过自己的每一天

学生要根据自己所学专业的特点，有针对性地制订自己每天的计划，包括学习、生活、

交友、健身等，让自己每天都过得充实有干劲。学生要了解自己想要学什么、为什么学以及如何去学，有了明确的目标，就会有内驱力。因此，在学习过程中需要有目的地制订计划和安排时间，确保自己能够实现各方面的目标。

二、同学之间，融洽互助

（一）相处融洽

同学关系是学生在学校中最为密切的人际关系。学生应该珍惜与同学之间的友谊，互相帮助，互相学习，共同进步。大家在与同学沟通的过程中要学会理解和包容，处理好人际关系，避免因为小事产生矛盾和冲突。

研究表明，人缘型的学生之所以受同学欢迎，是由于他们有受人喜欢的个性品质：尊重他人，关心他人，对人一视同仁，富有同情心；热心班集体的活动，对工作非常负责任；待人真诚，乐于助人；重视自己的独立性，且具有谦逊的品质；有多方面的兴趣和爱好；有审美眼光和幽默感；有整洁的仪表。大家可以对照标准，从以上方面塑造自己，把自己打造成一个同学欢迎、人缘好的人。同学之间关系良好，也会有利于让自己度过欢快、愉悦的校园时光。

（二）互帮互助

同学之间互帮互助是一种非常重要的行为，它不仅可以增强同学之间的友谊，还可以提高大家的学习成绩和生活质量。在我们的日常生活中，有很多例子可以证明互帮互助的重要性。

1. 互相分享书籍

在学习中，书籍是非常重要的资源。有时候，我们需要一些特定的书籍来完成作业或者准备考试，如果没有这些书籍，我们的学习进度就会受到影响。在这种情况下，同学之间可以互相分享书籍，这样就可以节省时间和金钱，同时也可以提高学习效率。

2. 互相讨论问题

在学习中，我们经常会遇到一些不知道该怎么解决的难题。在这种情况下，同学之间可以互相讨论问题，分享自己的想法和经验。这样可以帮助我们更好地理解问题，找到解决问题的方法。

3. 互相帮助完成作业

在做作业的过程中，我们可能会遇到一些困难。有时候，我们可能会卡在某个问题上，不知道该怎么解决。在这种情况下，同学之间可以互相帮助，一起解决问题。这样可以提高我们的学习效率，同时也可以增强我们的友谊。

4. 互相分享笔记

在学习中，笔记是非常重要的资源。有时候，我们可能会错过一些重要的内容，或者没有听清楚老师的讲解。在这种情况下，同学之间可以互相分享笔记。这样可以帮助我们更好地理解课程内容，提高学习效率。

5. 互相提供帮助

在生活中，我们可能会遇到一些困难。有时候，我们可能会需要一些帮助，例如请假时帮忙代替打扫卫生等。在这

互帮互助

种情况下，同学之间可以互相提供帮助，也可以增强我们的友谊。

6. 互相照顾

在生活中，我们可能会生病或者受伤。在这种情况下，同学之间可以互相照顾，例如照顾病人、送药等。这样可以减轻我们的负担，同时也可以增强我们的友谊。

7. 互相鼓励

在学习和生活中，我们可能会遇到一些挫折和困难。在这种情况下，同学之间可以互相鼓励，给予对方支持和帮助。这样可以增强我们的信心和勇气，让我们更加坚强。

8. 互相分享经验

在学习和生活中，我们可能会有一些经验和技巧。在这种情况下，同学之间可以互相分享经验，让大家都受益。这样可以提高我们的学习效率，同时也可以增强我们的友谊。

9. 互相支持

在学习和生活中，我们可能会遇到一些挑战和困难。在这种情况下，同学之间可以互相支持，给予对方鼓励和帮助。这样可以让我们更加坚强和自信，同时也可以增强我们的友谊。

同学之间互帮互助是一种非常重要的行为，它可以增强我们的友谊，提高我们的学习成绩和生活质量。在我们的日常生活中，我们应该积极地参与到这种行为中来，让我们的生活更加美好。

> 案例链接：
>
> 小张和小李是同班同学，一天下午放学后，两人一起打篮球。小张跳起来抢球时，不小心踩到了小李的脚，小张崴了脚，摔倒在地。小张感到疼痛难忍，无法继续行走。
>
> 这时，小李主动承担起帮助小张的责任。他给小张买了冰块，帮助他冷敷减轻疼痛，并背他回宿舍。在接下来的几天里，小李都会帮助小张带饭、上药，扶着他上课、上厕所，照顾他的生活。
>
> 小张非常感激小李的帮助，两人的友谊也因此更加深厚。这个例子展现了同学之间互帮互助的美德，让我们明白在困难时刻，友谊的力量是无比强大的。
>
> 思考：
> 1. 如果你是小李，你会帮助小张同学吗？
> 2. 如果你是小张，你怎么感谢小李同学无微不至的帮助？

三、良师益友，主动求助

师生关系对于学生的学习和成长具有重要影响。学生应该尊敬师长，与老师保持良好的沟通，积极向老师请教问题，争取得到老师的指导和帮助。但是，并不是每一个学生都能够正确地向老师请教问题，有时候会因为担心被嘲笑或者误解而选择保持沉默。因此，学生应该学会正确地向老师请教问题，下面是一些建议。

首先，学生在请教问题之前应该做好准备

良师益友

工作。在遇到问题时，学生应该尽量先自己思考并尝试解决。如果自己努力尝试后仍然不能解决，可以仔细思考问题的关键点和困难之处，并制定清晰明确的问题陈述，准备好问题的详细背景、自己的理解以及碰到的困难，这样才能更好地向老师请教。

其次，学生在请教问题时应该选择合适的时间和地点。提前跟老师沟通，确定好老师方便的时间去找老师请教问题，这样可以保证老师有足够的时间和精力去解答。至于地点，学生可以在老师办公室或者自习室等安静的地方进行请教。

再次，学生在请教问题时应该保持礼貌和尊重。向老师请教问题是一种尊重老师知识和经验的体现，因此在表达问题时要注意用词得体、语气友好。同时，学生应该尽量用简洁明了的语言陈述问题，不要拖泥带水，这样可以帮助老师更快地理解问题并给予解答。

最后，学生在请教问题后应该对老师的回答表示感谢并且记录笔记。老师回答问题是出于对学生的关怀和教育责任，所以学生要学会珍惜老师的时间和付出。感谢老师对问题的解答，并且要在老师解答后认真记录下来，以备日后参考。同时，如果有其他相关问题，也可以继续向老师请教，但要注意控制问题的数量和频率，避免给老师过多的负担。

> **案例链接：**
>
> 小祝同学自入学以来，上课一直要么搞小动作，要么乱说话影响别人；下课追逐打闹，喜欢动手动脚，常常违反学校和班级的规章制度，为班级抹黑；还常常引发同学间的矛盾，许多同学都指责他，讨厌他，不和他一起玩；各门作业做得都不完整……几乎每天都要惹出一点事情。于是，他找到辅导员王老师，希望王老师能够帮助他管控住自己，遵守学校的规章制度，以学习为重，按时完成作业，争取进步。
>
> 自此，每当他有丁点进步时，王老师便适时鼓励与表扬他，还借助班干部的力量共同帮助他。
>
> 通过一段时间的努力，他上课开始认真起来，作业也能按时上交，与同学之间的关系也改变了，比以前进步了许多……现在他已经融洽地与同学们生活在集体中，学习情况也今非昔比。班级的纪律和学习风气也有了明显的改善。
>
> **思考：**
> 1. 如果你是小祝，你会听老师的话吗？
> 2. 如果不听老师的话，结果会怎么样？你希望成为这个样子吗？

有问题主动找老师

总之，学生向老师请教问题是一种有效解决困惑和提高学习效果的方式。通过合理的准备、选择合适的时间和地点、保持礼貌和尊重以及感谢和记录，学生可以更好地向老师请教问题，并获得满意的答案和指导。希望学生们能够积极主动地与老师互动，共同促进学习的进步。

新生入学之后总会遇到各种问题，例如学业、生活、交友等，同时也应该认识到自己要成长与进步，学会自我解决和处理问题，认识到锻炼自我的重要性；同时也需要与同学关系融洽，做到互相尊敬、互帮互助；当碰到棘手问题的时候，及时向老师进行求助。

本章从学生的成长着手，讲解资助政策，便于引导学生更好地完成学业；讲解医疗保险，便于引导学生及时参保并在出现意外时能合理处置；讲解主动自觉，便于引导学生最大限度地发挥主观能动性；讲解树立自信，便于引导学生认识到自我价值；讲解及时求助，便于学生能够解决困难，快乐成长。

自我拓展练习

1. 国家的资助政策有哪些？当你符合国家助学金申请条件时，你会积极申报吗？
2. 勤工助学的目的是什么？你的家庭条件如果不好，你会积极参加到勤工助学的队伍中来吗？
3. 如何认识自我管理？自我管理的内容和类型有哪些？你会积极加入学生组织，锻炼自己吗？
4. 如何认识大学生医疗保险？医疗保险报销的流程是什么？
5. 面对困难和问题，哪些可以自己处理？哪些可以同学之间沟通和交流？哪些必须请老师帮助？请举例说明。

参考文献

[1] 陈革，秦雪峰.大学新生导航［M］.北京：现代教育出版社，2011.

[2] 楼世礼.大学之道：新生入学教育［M］.苏州：苏州大学出版社，2021.

[3] 宋继革，张莉.大学生入学教育读本［M］.青岛：中国海洋大学出版社，2017.

[4] 杨国辉，曾臻.新生入学教育［M］.苏州：苏州大学出版社，2018.

[5] 宁得君.走进象牙塔：新生入学教育读本［M］.南宁：广西人民出版社，2007.

[6] 高润霞，许迪楼.赢在新起点：高职新生入学教育［M］.合肥：合肥工业大学出版社，2010.

[7] 中华人民共和国教育部.中国职业教育发展报告：2012—2022［M］.北京：高等教育出版社，2023.

[8] 林靖.建党百年来中国职业教育的演进历程、历史经验与实践路向［J］.九江职业技术学院学报，2023（2）：15-22.

[9] 李钰靖.中国近代职业教育制度历史变迁与当代启示：基于学制改革的研究视角［J］.职业教育研究，2023（11）：89-96.

[10] 庄西真.技能形成的历史变迁与职业教育的改革逻辑［J］.中国高教研究，2023（11）：95-101.

[11] 杨继龙.高质量发展背景下职业教育与开放教育协同发展研究：历史变迁与制度逻辑［J］.职教通讯，2023（6）：24-33.

[12] 谢琴，梁心妍.中国近代职业教育思想溯源与启示［J］.河北大学成人教育学院学报，2023（2）：30-36.

[13] 文玉锋，马倩妮，尚宏利.我国职业教育专业设置及其发展前景解析［J］.河北师范大学学报（教育科学版），2023（6）：56-63.

[14] 闫俊.建党百年高等职业教育的历史轨迹、发展成就和前景展望［J］.教育与职业，2021（13）：21-27.

[15] 杨晶，李哲，吴宇.中国工匠精神：内涵演变与培育路径［J］.科技与社会，2023（12）：55-58.

[16] 杜卉.融入工匠精神的高职"四位一体""双创"人才培养策略［J］.创新创业理论研究与实践，2023（24）：87-90.

[17] 张海锋，郑楚云.自我管理［M］.2版.北京：中国劳动社会保障出版社，2020.

[18] 朱漫，董浩.自主学习［M］.2版.北京：中国劳动社会保障出版社，2021.

[19] 牟岩，郑静.交往与合作［M］.北京：中国劳动社会保障出版社，2021.

[20] 巢燕.心理健康教育读本［M］.3版.北京：中国劳动社会保障出版社，2018.

[21] 俞国良.心理健康［M］.5版.北京：高等教育出版社，2020.

[22] 《思想道德修养与法律基础》编写组.思想道德修养与法律基础：2018年版［M］.北京：高等教育出版社，2018.

[23] 人力资源和社会保障部教材办公室.德育：道德法律与人生：2020年版［M］.北京：中国劳动社会保障出版社，2020.

[24] 张丹，贺珊刚，李文善.领航职场：大学生职业发展与就业指导［M］.北京：首都师范大学出版社，2021.

[25] 张大均.教育心理学［M］.3版.北京：人民教育出版社，2015.

[26] 梁达友.大学生职业发展与就业创业指导［M］.2版.北京：电子工业出版社，2017.

[27] 马克思，恩格斯.马克思恩格斯全集：第四十二卷［M］.中共中央马克思恩格斯列宁斯大林著作编译局，译.北京：人民出版社，1979.

［28］段福生.劳动教育［M］.北京：中国人民大学出版社，2022.
［29］习近平.习近平谈治国理政：第一卷［M］.北京：外文出版社，2014.
［30］雷鸣，勾俊，马永玲.中职生劳动教育［M］.北京：中国人民大学出版社，2023.
［31］洪应党，朱浩，向米玲.新时代劳动教育教程：职业院校版［M］.北京：航空工业出版社，2020.
［32］姜正国.劳动教育与工匠精神教程［M］.北京：北京理工大学出版社，2021.
［33］惠均芳.劳动教育：职业院校版［M］.西安：西安交通大学出版社，2021.
［34］师海荣.学术科技活动促进大学生就业能力提升［J］.长春工程学院学报（社会科学版），2016（4）：123-125.
［35］杨洁.开展社会实践活动，提升学生综合素质［J］.西部素质教育，2019（5）：8-9.
［36］刘敏芳，李佳.大学生入学导读［M］.青岛：中国海洋大学出版社，2017.
［37］葛玉军，邹娟."天使"领航　德技兼修：新生入学教育读本［M］.苏州：苏州大学出版社，2020.
［38］林英姿.大学生入学教育［M］.北京：科学出版社，2015.